HEYNE

BRIAN B. SCHOFIELD

GELEITZUG-SCHLACHTEN

in der Hölle des Nordmeeres

WILHELM HEYNE VERLAG
MÜNCHEN

HEYNE-BUCH Nr. 01/6226
im Wilhelm Heyne Verlag, München

Titel der englischen Originalausgabe
THE ARCTIC CONVOYS
Deutsche Übersetzung Otto von Bülow

Genehmigte, ungekürzte Taschenbuchausgabe

Printed in Germany 1983
Umschlagfoto: Süddeutscher Verlag, Bilderdienst, München
Umschlaggestaltung: Atelier Heinrichs & Schütz, München
Gesamtherstellung: Ebner Ulm

ISBN 3-453-01759-5

Inhalt

Danksagung

Der Verfasser möchte die Hilfe von allen denen, die ihn in der einen oder anderen Weise beim Schreiben dieses Buches unterstützt haben, dankbar anerkennen. Insbesondere möchte er Rear Admiral Peter Buckley CB, DSO, den Stäben der Büchereien der Admiralität und des Verteidigungsministeriums (RUSI), Dr. F. Forstmeier vom Militärgeschichtlichen Forschungsamt, Freiburg, und Prof. Dr. Jürgen Rohwer von der Bibliothek für Zeitgeschichte, Stuttgart, danken. Auch möchte er die Mithilfe seiner Frau, die das Manuskript mit der Schreibmaschine schrieb, dankbar erwähnen.
Der Verfasser und der Verlag möchten allen denjenigen danken, die die Genehmigung dazu gegeben haben, in diesem Buch Anführungen aus Büchern zu machen, an denen sie das Urheberrecht haben, nämlich der Fa. B. T. Batsford, für die der Verfasser bereits ein Buch mit dem Titel »The Russian Convoys« geschrieben hat, William Kimber and Company Ltd, Putnam & Co Ltd, Barrie & Jenkins Ltd, Cassell & Co Ltd, Hamish Hamilton, George Weidenfeld & Nicolson Ltd., Frederick Muller Ltd, Wehr und Wissen Verlagsgesellschaft, Athenäum Verlag, Bonn und dem Direktor von Stationery & Printing, Her Majesty's Stationery Office.

Henley on Thames, im Oktober 1980

Verfasser und Verlag

Geleitwort zur deutschen Ausgabe

Seit mehr als 30 Jahren haben die dramatischen Geleitzugschlachten im Nordmeer immer wieder das Interesse der Schriftsteller auf sich gezogen, die versuchten, die Atmosphäre dieser Kämpfe gegen eine übermächtige Natur und einen entschlossenen Gegner aus der Sicht der Seeleute auf den Handelsschiffen und Geleitfahrzeugen auf alliierter Seite und der Männer auf den deutschen Schiffen, U-Booten oder Flugzeugen einzufangen. Teilnehmer der damaligen Kämpfe schilderten bewegt die Erlebnisse im Ringen um das Durchkommen und Überleben in dieser Hölle aus Sturm, Eis und Schnee, Nebel und Dunkelheit sowie feindlicher Waffenwirkung. Historiker bearbeiteten ganze Chroniken dieser arktischen Operationen und analysierten die Fahrten einzelner Konvois und der gegen sie geführten Angriffe. Man konnte meinen, daß es kaum Bereiche gab, die ihren Niederschlag in diesen Veröffentlichungen noch nicht gefunden hatten.

Das Buch von Viceadmiral Brian B. Schofield (RN, Ret.) belehrt uns eines Besseren! Der Autor ist wie wenige andere in der Lage, uns Neues mitzuteilen, war er doch von 1941—1943 — in der ersten, entscheidenden Phase der Nordmeer-Geleitzüge — Director der Trade Division der britischen Admiralität, die für die Konvoi-Steuerung verantwortlich war. So hatte er persönlich wesentlichen Anteil an der Planung der Operationen in der Admiralität und erlebte die meisten der Konferenzen und Besprechungen mit, auf denen die wichtigen Führungsentschlüsse vorbereitet und getroffen wurden. Aus eigener, unmittelbarer Kenntnis weiß er, welche Rolle für die britische Operationsführung jeweils die Erkenntnisse der britischen »Intelligence«, insbesondere aus der Entzifferung des deutschen Funkverkehrs der Luftwaffe und Marine gespielt haben — ein Bereich, der in den bisherigen Darstellungen des Krieges im Nordmeer aufgrund der strengen Geheimhaltung strikt ausgeklammert bleiben mußte. Schließlich hat er als Kommandant der Schlachtschiffe *Duke of York* und *King George V.* selbst Erfahrungen auf Flaggschiffen der »Home Fleet« bei Operationen im Nordmeer sammeln können.

Dieser Hintergrund eigenen Mithandelns und eigener Erfahrung kommt dem durch seine vielen Bücher bekannt gewordenen Seekriegs-Historiker in besonderer Weise zugute, vermag er doch so die umfangreichen benutzten Aktenbestände des »Public Record Office« in ganz anderer Weise zu sehen und zu interpretieren, als der »normale« Historiker. Doch hat sich Admiral Schofield nicht darauf beschränkt, die eigene Seite darzustellen. Mit großer Intensität hat er sich auch darum bemüht, die Vorgänge auf deutscher Seite mit großer Fairness und Objektivität zu zeichnen, und auch der russische Verbündete im Nordmeer erfährt eine zwar nicht immer unkritische, aber doch wohltuend differenzierte und abgewogene Beurteilung unter Berücksichtigung der sowjetischen Nachkriegsveröffentlichungen und der Berichte der britischen Verbindungsoffiziere.

Diese Geschichte der Nordmeer-Konvois beschränkt sich nicht auf die berühmten, verlustreichen Konvois des Jahres 1942 oder die Dezember-Seeschlachten 1942 und 1943, die im Mittelpunkt der meisten Bücher zu diesem Thema stehen. Vielmehr werden Konvois in ihrer Gesamtheit von den politisch-strategischen Erwägungen über die operativen Vorbereitungen bis zur taktischen Durchführung abgehandelt, gleich ob nun bei einer Operation viel, wenig oder »gar nichts« geschah. Dabei war Admiral Schofield aus seiner Tätigkeit als Director der Trade Division vielleicht mehr gegenwärtig als irgend jemand anderem, daß gerade der Konvoi, bei dem »gar nichts« geschah, der eigentlich erfolgreiche Konvoi war!

Stuttgart, im Oktober 1980

Prof. Dr. Jürgen Rohwer
Präses des Arbeitskreises für Wehrforschung

Vorwort zur deutschen Ausgabe

Dieses Buch wurde geschrieben, bevor die Geheimhaltungsbestimmungen über bestimmte Aspekte der britischen Nachrichtenaufklärung während des Zweiten Weltkrieges gelockert wurden. Einer der wichtigsten Aspekte dieser nachrichtendienstlichen Tätigkeit war unzweifelhaft die Fähigkeit auf britischer Seite, einen Teil der von der deutschen Wehrmacht benutzten Funkschlüsselverfahren, soweit sie die Schlüsselmaschine »Enigma« benutzten, zu entziffern. Seit Mitte 1941 war es den britischen Kryptologen in Bletchley Park möglich, den mit der von der deutschen Kriegsmarine benutzten Funkschlüsselmaschine M verschlüsselten Funkverkehr zu entziffern. So lagen ab Sommer 1941 die von den deutschen Schiffen im norwegischen Küstenvorfeld abgegebenen Funksprüche mit durchschnittlich ein bis zwei Tagen Verzögerung dem »Operational Intelligence Centre« (O.I.C.) der Admiralität vor. In Bezug auf die alliierten arktischen Konvois war dieser Funkverkehr jedoch zunächst von geringer Bedeutung, da die Operationsbefehle und der Nachrichtenverkehr zwischen der deutschen Seekriegsleitung, dem Marinegruppenkommando Nord in Kiel und den ihnen unterstellten Befehlshabern, wie dem Kommandierenden Admiral Norwegen in Oslo, dem Admiral Nordmeer in Narvik oder dem Admiral der Norwegischen Polarküste in Kirkenes ebenso wie mit den im Hafen liegenden Seebefehlshabern über Land-Drahtverbindungen abgewickelt wurden, die zwar im Ganzen sicher waren, jedoch eine schwache Stelle hatten, da sie zwischen Kiel und Oslo über schwedisches Territorium liefen. Der schwedische Nachrichtendienst hatte diese Leitungen angezapft, und es war ihm gelungen, die auf diesem Wege übermittelten Fernschreiben, die mit dem Siemens »Geheimschreiber« verschlüsselt waren, zu entziffern. Der alliierten Seite zuneigende schwedische Offiziere teilten verschiedentlich den wesentlichen Inhalt der auf diese Weise zu ihrer Kenntnis gelangten deutschen Operationsbefehle dem norwegischen Militärattaché mit, der diese Informationen dann über den britischen Marineattaché nach London weitergab. Die aus dieser Quelle und aus der Funkentzifferung gewonnenen Erkenntnisse wurden vom O.I.C., sofern sie zeitgerecht eintrafen, als »Ultra«-Signal an in See stehende britische Flaggoffiziere übermittelt.

In der ersten Phase — 1941 — spielten diese Erkenntnisse für die arktischen Konvois noch keine Rolle. Als jedoch Anfang 1942 U-Boote in größerer Zahl

von norwegischen Häfen aus gegen die Konvois zu operieren begannen und über Funk ihre Meldungen an die Führungsstelle an Land gaben, die ihrerseits über Funk ihre Befehle übermitteln mußte, gewann die Entzifferung der Funksprüche eine zunehmend bedeutendere Rolle bei den Operationen der arktischen Konvois zwischen England und Island und den nordrussischen Häfen. Wenn man auch während des weiteren Verlaufs des Krieges immer besser in die bei der Benutzung der Schlüssel »M«- und »Enigma«-Maschinen verwendeten Verfahren der Marine und Luftwaffe eindrang, so muß doch deutlich gesagt werden, daß wegen der häufigen Änderungen in diesen Verfahren und Verbesserungen der Schlüsselsicherheit die laufende Entzifferung immer wieder vor neue Probleme gestellt wurde, die nicht sofort gelöst werden konnten, sodaß die Entzifferungen durchaus nicht ständig vorlagen.
Auf der anderen Seite wuchs die Bedeutung der Vorauskenntnis deutscher Operationsabsichten umso mehr, als die deutsche Seite als Reaktion auf die gewonnenen Kenntnisse über die arktischen Konvois dazu überging, in Norwegen außer U-Booten starke Teile der Luftwaffe sowie das Schlachtschiff *Tirpitz* und andere schwere Schiffe mit Zerstörern zu stationieren.
Die erste Gelegenheit, bei der »Ultra«-Informationen eine wichtige Rolle bei einer arktischen Konvoioperation spielten, war die Fahrt der Konvois PQ.8 und QP.12 (siehe Kapitel 2). Als Ergebnis der gewonnenen »Special Intelligence« konnte die Admiralität am 7. März um 17.30 Uhr, dem Commander-in-Chief der »Home Fleet«, Admiral Tovey, in See die nötigen Informationen zugänglich machen, die schließlich zu dem Torpedofliegerangriff gegen die *Tirpitz* führten, der dann allerdings ohne Erfolg blieb.
Am 1. Februar 1942 wurde für die U-Boote im Atlantik eine neue Schlüsselmaschine und ein neues Schlüsselverfahren »Triton« eingeführt, das zu dem bekannten »Black out« in der Möglichkeit der Entzifferung des U-Bootfunkverkehrs im Atlantik führte. Zum Glück für die alliierte Seite wurde diese Änderung jedoch zunächst für die U-Boote im Nordmeer nicht wirksam, sodaß deren Verkehr ebenso wie der der Vorpostenstreitkräfte und der Minensucher in norwegischen Gewässern weiterhin entziffert werden konnte. In Verbindung mit dieser Möglichkeit und dem späteren Eindringen in den in der Ostsee für die U-Bootausbildung verwendeten »Thetis«-Schlüssel und durch die Erkenntnisse, die aus der Entzifferung des Luftwaffenfunkverkehrs gewonnen werden konnten, war es dem »Submarine Tracking Room« der Admiralität 1942/43 möglich, stets ein verhältnismäßig genaues Bild der deutschen U-Boot- und Schiffsbewegungen in norwegischen Gewässern vorzulegen.
Doch abgesehen von Luft- und U-Bootangriffen sowie einem Vorstoß von Zerstörern, die immerhin zum Verlust von zwei britischen Kreuzern und manchen Handelsschiffen führten, machte die deutsche Seekriegsleitung nicht vor

dem Juli 1942 einen ernsthaften und entschlossenen Versuch, die Fahrt der Nordmeerkonvois zu unterbrechen. Schon im Juni gingen über den britischen Marineattaché in Stockholm zuverlässige Nachrichten darüber ein, daß ein massierter Angriff gegen die Konvois PQ.17 und QP.13 geführt werden sollte, die Anfang Juli 1942 zu erwarten waren. Eine Bestätigung dieser Nachrichten wurde aus der Entzifferung des Funkverkehrs gewonnen, der sich bei der Verlegung und Konzentration der für diese Operation »Rösselsprung« vorgesehenen schweren deutschen Schiffe und Zerstörer ergab. Eines dieser Signale wurde von dem deutschen Flottenchef, Admiral Schniewind, am 4. Juli um 7.40 Uhr abgegeben und deutete das beabsichtigte Eintreffen seines Flaggschiffes *Tirpitz* im Altenfjord am 4. Juli um 09.00 Uhr an. Dieser Funkspruch erreichte die Admiralität am gleichen Tag um 18.54 Uhr und wurde als der endgültige Beweis für die Absicht, einen Angriff auszuführen, angesehen. Unbekannt war allerdings der Zeitpunkt, zu dem die starke, im Altenfjord versammelte Kampfgruppe auslaufen würde. Doch britische, französische und sowjetische U-Boote wurden vor den möglichen Ausgängen aufgestellt, und tatsächlich wurde die *Tirpitz* und ihre begleitenden Schiffe zunächst von einem sowjetischen und dann auch von britischen U-Booten gesichtet.

Der Erste Seelord, Admiral of the Fleet Sir Dudley Pound, wurde von manchen Autoren scharf kritisiert, weil er den Befehl an den Konvoi PQ.17, sich aufzulösen, gab, bevor er vom O.I.C. der Admiralität positive Bestätigungen für das Auslaufen der *Tirpitz* gegen den Konvoi erhalten hatte. Nach meiner Meinung baut diese Kritik auf einer falschen Voraussetzung auf. Die bloße Anwesenheit der *Tirpitz* im Altenfjord, nur wenige Stunden von dem nach Norden und Osten laufenden Konvoi entfernt, war ein ausreichender Grund für seinen Entschluß, und man kann ihn deshalb nicht beschuldigen, die nur vorhandene »negative Intelligence« aus »Ultra« und anderen Quellen nicht genutzt zu haben. Die Katastrophe, die die Schiffe des PQ.17 dann traf, war das Ergebnis einer erfolgreichen strategischen Planung von Admiral Raeder und der deutschen Seekriegsleitung und der unzulänglichen britischen Reaktion gegen eine bekannte Gefahr.

Zwei weitere Ereignisse in arktischen Gewässern, bei denen »Ultra«-Intelligence eine bedeutende Rolle spielte, war die Versenkung des Minenlegers *Ulm* (siehe Seite 88), dessen Position und Kurs in der Nähe der Bäreninsel von einer Entzifferung eines abgefangenen Funkspruches bekannt war, und schließlich die Folge von Ereignissen, die zur Versenkung des Schlachtschiffes *Scharnhorst* bei seinem Angriff gegen den Konvoi JW.55 B im Dezember 1943 führte. Die Notwendigkeit, die Operationsweisungen an die in einem Seitenfjord ohne Land-Drahtverbindungen vor Anker liegende *Scharnhorst* mit Funk zu übermitteln, gab unseren Kryptologen eine Menge von Informationen, die über das O.I.C. an den Commander-in-Chief der Home Fleet, Admiral Sir Bruce Fraser, zunächst per Fernschreiber an sein Flaggschiff in Scapa Flow übermittelt wurden. Als im Herbst 1943 die arktischen Konvois nach einer Pause während der Sommermonate, wieder aufgenommen wurden und der neue Oberbefehlshaber der deutschen Kriegsmarine, Großadmiral Karl Dönitz, Hitlers Erlaubnis für den Ansatz der *Scharnhorst* gegen diese Konvois erhielt, wurden der Admiralität und Admiral Fraser viele Details der vorgesehenen Operation als Ergebnis von Entzifferungen deutscher Funksprüche bekannt. So konnte Admiral Fraser rechtzeitig in See gehen, und er wurde über »Ultra«-Signale über die neuesten Erkenntnisse auf dem Laufenden gehalten, so auch über den mit Stichwort »Ostfront« übermittelten Auslaufbefehl an die *Scharnhorst*. Das Ergebnis der Operation ist in dem Kapitel »Der Verlust der *Scharnhorst*« beschrieben.

Der letzte Beitrag von »Ultra« — abgesehen von dem laufenden Anteil an den Anti-U-Boot-Operationen — führte zu dem Angriff der Flugzeuge des »Fleet Air Arm« gegen die *Tirpitz* im April 1944, und nachdem sie zu dem neuen Ankerplatz bei Tromsö verlegt worden war, zu dem Angriff der schweren Bomber der »Royal Air Force«, der zu ihrer Versenkung führte.

Dieser kurze Abriß der Bedeutung, welche die Entzifferung der deutschen Funksprüche für die Operationen in der Arktis hatte, soll zeigen, daß die gewonnenen Informationen für die operative Führung auf britischer Seite von größter Bedeutung waren.

Henley on Thames, im Oktober 1980 — Brian B. Schofield

Einleitung

»They fought their way through, whatever the odds, during four years of war and so made a great contribution to the final victory.«

Admiral of the Fleet Sir Roderick McGrigor, GCB, DSO.[1]

»Sie erkämpften sich ihren Weg, welche Übermacht auch immer entgegenstand, während vier Jahren des Krieges und leisteten dadurch einen großartigen Beitrag zu dem endlichen Sieg.«

Einige der härtesten Schlachten des Zweiten Weltkrieges wurden bei Geleitzug-Operationen geschlagen, besonders im Nordmeer, im Atlantik und im Mittelmeer. Die Nordmeer-Geleitzüge, die sich nach und von Nordrußland durchkämpften, hatten wegen der widrigen klimatischen Bedingungen und der günstigen strategischen Ausgangslage des deutschen Gegners einen besonders heroischen Charakter. Häufig wurde die Grenze menschlicher Leistungsfähigkeit erreicht, wenn die Kälte so stark war, daß diese auch durch noch so viel Kleidung nicht abgehalten werden konnte. Spritzwasser gefror an Masten, Takelage und an Deck, so daß es eine ständige Anstrengung war, die Geschütze einsatzklar zu halten und bei kleinen Fahrzeugen, wie etwa Trawlern, eine Topplastigkeit durch die anwachsende Eisschicht zu verhindern.
Nach Sammlung in einem schottischen Hafen oder in dem ungeschützten Hafen von Hvalfjord, an der Westküste von Island, wurden die Geleitzüge durch das Europäische Nordmeer und das Barents-Meer zu Rußlands einzigem eisfreien Hafen Murmansk, an der Spitze der Kola-Bucht, geführt. Wenn die Eislage es erlaubte, wurden auch die Häfen Archangelsk und Molotovsk im Weißen Meer angelaufen. Das Gebiet, welches die Geleitzüge durchfuhren, ist berüchtigt für heftige Schneeböen, Nebel und schwere Stürme. Dazu herrscht in diesen hohen nördlichen Breiten ein Winter mit immerwährender Nacht, der sich allmählich in einen Sommer mit andauerndem Tageslicht wandelt (siehe Skizze I).
Diese Verhältnisse hatten eine tiefgreifende Einwirkung auf die Operationen der Geleitzüge. Das Nordlicht (Aurora Borealis), das man in früheren Zeiten

Skizze 1

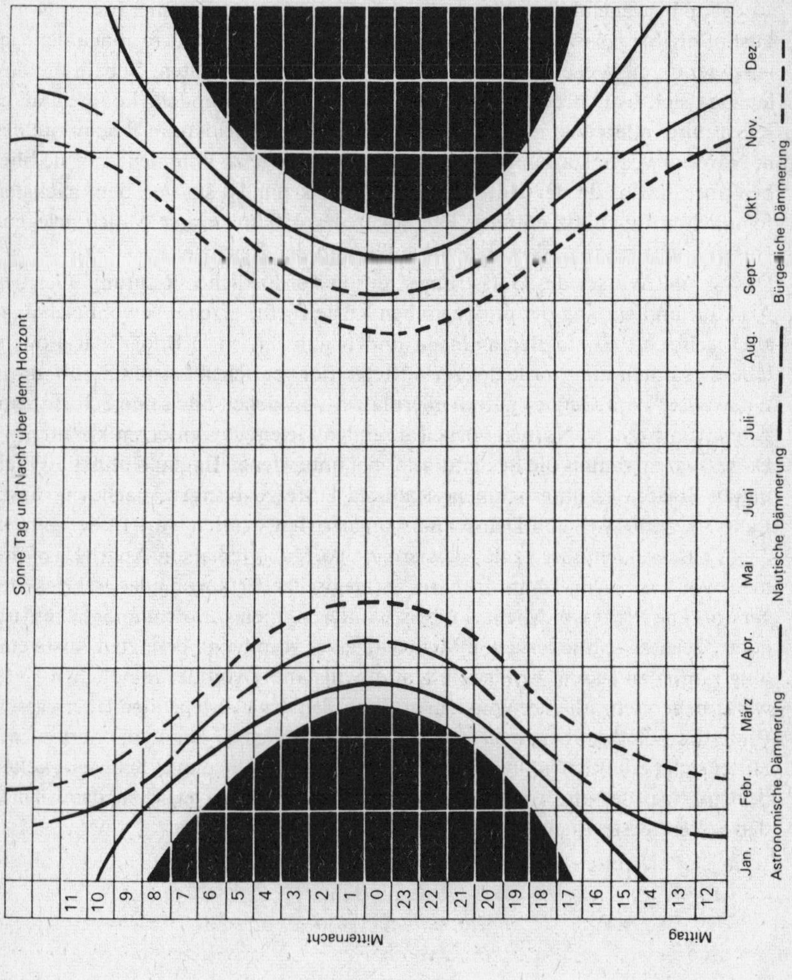

Sonne Tag und Nacht über dem Horizont
11
10
9
8
7
6
5
4
3
2
1
0
23
22
21
20
19
18
17
16
15
14
13
12
Mitternacht
Mittag
Jan.
Febr.
März
Apr.
Mai
Juni
Juli
Aug.
Sept.
Okt.
Nov.
Dez.
Astronomische Dämmerung
Nautische Dämmerung
Bürgerliche Dämmerung

als Unglücksvorzeichen ansah, warf sein farbig leuchtendes Lichtfiligran über den Nachthimmel wie Krallen eines schemenhaften Ungeheuers, die nach den tief beladenen, durch die eisige See pflügenden Handelsschiffen greifen. Auch die jahreszeitlichen Bewegungen der Polareisfelder, die sich im Winter dem Nordkap bisweilen bis zu 80 sm nähern, während sie im Sommer bis zur Nordküste Spitzbergens zurückweichen, beeinträchtigten die Operationen der Geleitzüge, deren Wege entsprechend angepaßt werden mußten. Sobald die Geleitzüge sich östlich des Meridians von Greenwich befanden, konnten sie es selbst unter allergünstigsten Verhältnissen nicht vermeiden, in Reichweite der in Nordnorwegen stationierten deutschen Flugzeuge zu kommen, und sie blieben auch darin, da der Hafen von Murmansk nur 90 sm von dem nächsten feindlichen Flugplatz entfernt lag; sogar der 450 sm weiter östlich gelegene Hafen von Archangelsk war nicht außerhalb der Reichweite.
Das warme Wasser des Golfstromes, der in nordöstlicher Richtung über den Atlantik und entlang der norwegischen Küste fließt, erzeugt sowohl Nebel als auch schlechte Sonar-Bedingungen und begünstigt so U-Boot-Operationen. Überdies boten die Fjorde der zerklüfteten norwegischen Küste mit ihrem tiefen Wasser dem Gegner gute Ankerplätze, von denen aus seine Schiffe zum Angriff auf die im Norden vorbeifahrenden Geleitzüge ansetzen konnten.
Dieses waren damals die Begleitumstände, unter denen England und die Vereinigten Staaten es unternahmen, Rußland Hilfe zu bringen, nachdem dieses Land im Juni 1941 von Deutschland angegriffen worden war. In der ganzen Seekriegsgeschichte ist keine schwierigere Aufgabe jemals in Angriff genommen worden. »Angesichts früherer strategischer Erfahrungen«, schrieb der verstorbene Professor Michael Lewis, »unternahmen wir die unmögliche Aufgabe, Geleitzüge hunderte von Meilen an einer vom Feind besetzten Küste entlang fahren zu lassen, wo der Luftraum vollständig von der feindlichen Luftwaffe beherrscht, die See von dem größten Teil der überlebenden Überwasserflotte des Feindes überwacht wurde, und wo so viele U-Boote operierten, wie Hitler sich bemüßigt fühlte, hierfür einzusetzen.«[2] Wie diesen Schwierigkeiten begegnet wurde, und wie diese schließlich überwunden wurden, das wird in den Seiten dieses Buches berichtet.

---

1 Vice Admiral Sir Ian Campbell and Captain Donald Macintyre, »The Kola Run« (Frederick Muller Ltd) Foreword, 1958

2 Michael Lewis, »The History of the British Navy« (George Allen & Unwin Ltd, 1957), Seite 233

Unternehmen Barbarossa

Die Meinung Großadmiral Raeders

Als Hitler am 1. März 1940 die Planung einer Invasion Norwegens anordnete, hatte diese Entscheidung die volle Unterstützung des Oberbefehlshabers der deutschen Kriegsmarine, des Großadmirals Raeder. Sie entsprach ganz seinen Plänen für den Einsatz seiner Überwasserschiffe und seiner U-Boote, die zur Voraussetzung hatten, »daß er sich in Norwegen festsetzen mußte, um den deutschen Seestreitkräften freien und gesicherten Zugang zum Atlantik zu verschaffen«[1].

Es war ein kühner und erfolgreicher Handstreich, aber er kostete die deutsche Marine 1 Schweren und 2 Leichte Kreuzer, 10 Zerstörer, 1 Torpedoboot, 6 U-Boote und 15 kleinere Fahrzeuge; zusätzlich wurden die beiden Schlachtschiffe *Scharnhorst* und *Gneisenau* beschädigt. Demgegenüber beliefen sich die Verluste der Alliierten auf 1 Flugzeugträger, 1 Kreuzer, 1 Flak-Kreuzer, 9 Zerstörer und 6 Unterseeboote.

Aber die Verluste der Deutschen wogen im Verhältnis zu dem Umfang ihrer Seekriegsmittel sehr viel schwerer, und sie konnten sich diese schlecht leisten, wie die weiteren Ereignisse zeigen sollten. Jedoch war der strategische Gewinn, wie Raeder vorausgesehen hatte, beträchtlich, tatsächlich sogar größer als er damals erkennen konnte.

»Wann Hitler begonnen hat, sich im einzelnen und ernsthaft mit dem Gedanken eines Feldzuges gegen die Sowjetunion zu beschäftigen, vermag ich nicht zu sagen, . . .«[2], schrieb Raeder. Doch wissen wir heute, daß Hitler bereits im Juli 1940 seinen militärischen Beratern befohlen hatte, mit der Planung eines Angriffs gegen Rußland zu beginnen, ohne davon seinen Marine-Oberbefehlshaber zu unterrichten, der — wie ihm bekannt war — jede Aktion im Osten ablehnte, solange England noch nicht besiegt war. Der am 23. Au-

---

1 Carl-Axel Gemzell, »Raeder, Hitler und Skandinavien« (Bernard und Graefe München, 1965) Seite 235

2 Großadmiral Raeder, »Der Kampf um die See«
Erich Raeder, »Mein Leben, von 1935 bis Spandau 1955« (Verlag Fritz Schlichtenmayer, Tübingen, 1957) Seite 245/246

gust 1939 unterzeichnete Deutsch-Russische Nichtangriffspakt paßte sehr gut in Raeders Konzept, da er somit in der Ostsee keine Schiffe gegen die russische Flotte benötigte und alle verfügbaren Kräfte in der Nordsee und im Atlantik konzentrieren konnte. Auf einer Konferenz mit Hitler am 26. September 1940 gab Raeder seine Meinung über eine künftige Strategie der Kriegführung ab, die seiner Lagebeurteilung entsprach. Er trat für Operationen im Mittelmeer ein, mit dem Ziel, Gibraltar und Malta in Besitz zu nehmen, die britische Flotte in diesem Seegebiet auszuschalten und so die italienische Flotte für den Einsatz im Atlantik freizumachen. Er befürwortete die Unterstützung der italienischen Armee in Libyen, um damit die Inbesitznahme des Suez-Kanals zu erreichen und in der Folge die Besetzung Palästinas und des unter französischem Mandat stehenden Syriens. Dadurch würden die Türkei und der Balkan von britischer Hilfe abgeschnitten sein, und der Weg für einen Angriff auf die lebenswichtige britische Ölversorgung aus dem mittleren Osten frei werden. Es war ein kühner, jedoch im ganzen gesehen ein strategisch gut fundierter Plan. Hierbei war aber die spanische Kooperation unbedingt erforderlich, und diese kam nicht zustande. Hitler gab dem Plan bedingte Zustimmung und sagte, er würde sich mit Mussolini besprechen und möglicherweise auch mit General Franco, sobald die Allianz mit den Japanern zum Abschluß gekommen sei. Wegen des vorgeschlagenen Einmarsches in Syrien würde mit Frankreich Rücksprache genommen werden müssen. Inzwischen verstärkte England, trotz der drohenden Invasion, seine Position im Mittelmeer in der klaren Erkenntnis, die auch Raeder hatte, daß dieses, wie in den Napoleonischen Kriegen, der entscheidende Kriegsschauplatz werden würde.
Inzwischen traten andere Ereignisse ein, die Hitler in dem Entschluß eines Angriffs auf Rußland bestärkten. Die Inbesitznahme von Litauen, Estland und Lettland sowie das Ultimatum an Rumänien mit der Forderung, Bessarabien zurückzugeben und die nördliche Bukowina abzutreten, hatten Hitlers Mißtrauen in die russischen Absichten und seine Sorge um die rumänischen Ölfelder, von denen Deutschlands Versorgung abhing, wachgerufen. Auch kam er zu der Überzeugung, daß Englands Ablehnung eines Einlenkens mit der Hoffnung auf eine Intervention Rußlands begründet sein könnte. Am 18. Dezember 1940 wurde die »Führer Weisung Nr. 21« mit dem Code-Wort »Barbarossa« herausgegeben. Damit war der Angriff auf die Sowjetunion für den Mai des folgenden Jahres in Aussicht genommen. Obgleich die Herausgabe einer solchen Weisung darauf hindeutete, daß alle weiteren Erörterungen hierzu nutzlos waren, legte Raeder am 27. Dezember einen letzten Protest dagegen ein und setzte sich nochmals für die Annahme seines Mittelmeer — Planes ein. »Die Erkenntnis ist unumgänglich notwendig, daß als dringlichstes Gebot der Stunde die klare und ausschließliche Schwerpunktbildung gegen England er-

forderlich ist«[3], sagte er, aber er hatte keinen Erfolg. Hitler versuchte, ihn mit dem Gedanken zu vertrösten, daß der Feldzug gegen Rußland zum Jahresende erledigt sein würde und es sich nur um die Frage handele, die Operation im Mittelmeer um einige Monate zurückzustellen. Jedoch so liefen die Dinge nicht. Der Beginn des Unternehmens »Barbarossa« mußte von Mitte Mai auf Ende Juni verschoben werden. Der Grund war Mussolinis unzeitgemäßer und erfolgloser Versuch, in Griechenland einzufallen, der Hitler zwang, ihm zu Hilfe zu kommen und schließlich die Kontrolle über den Balkan zu übernehmen. Darüberhinaus wurde der Feldzug in Rußland der beherrschende Faktor des Krieges in Europa, entgegen den Erwartungen Hitlers nicht etwa nur für wenige Monate, sondern für drei lange Jahre.

Das Verhalten Rußlands

Der sowjetische Diktator und Generalissimus Josef Stalin gab sich alle Mühe, seinen westlichen Nachbarn versöhnlich zu stimmen, nachdem er sich alles angeeignet hatte, was er haben wollte. Er ignorierte die Warnungen vor der Bedrohung durch Hitlers Vorbereitungen gegen sein Land, die der britische Geheimdienst ihm übermittelte, und der ihm schließlich zwei Wochen vor dem Datum, an dem der deutsche Angriff erfolgen sollte, hiervon Kenntnis gab.

Wenn auch Stalin seine Augen vor den Ereignissen, die um ihn vorgingen, bewußt verschloß, so tat dieses offensichtlich nicht der Oberbefehlshaber der russischen Nord-Flotte, der Konteradmiral Arsenij Golovko, einer der fähigsten sowjetischen Admirale. »Die Operationen der Nazis überrumpelten uns nicht«, schrieb er, »denn wir waren äußerst wachsam gegenüber den Vorgängen auf der anderen Seite der Grenze, sowohl auf See als auch zu Lande.«[4] In einer Rundfunkrede am Abend des Tages, an dem die deutschen Armeen den Angriff begannen, dem 22. Juni 1941, versprach der britische Premierminister Winston Churchill Rußland und dem russischen Volk den Beistand seines Landes. Jedoch bei Stalin verursachte diese plötzliche Kehrtwendung seines ehemaligen Verbündeten einen Nervenzusammenbruch, und er konnte für eine Antwort auf dieses edelmütige Angebot keine Worte finden. Bei ihm hatte die Erinnerung an das Münchener Abkommen und an die fehlgeschlagenen englisch-französischen-sowjetischen Besprechungen vom Sommer 1939

---

3 Lagevorträge des Oberbefehlshabers der Kriegsmarine vor Hitler 1939—1945 (J. F. Lehmanns Verlag, München, 1972) Seite 173, Ziffer 3

4 Admiral Arseni Golovko, »With the Red Fleet« (Putnam & Co. Ltd. 1965), Seite 20

einen bitteren Nachgeschmack hinterlassen. Nachdem er sich jedoch von dem ersten Schock erholt hatte, antwortete er am 18. Juli auf ein vor 11 Tagen abgesandtes persönliches Schreiben Churchills und forderte die Eröffnung einer zweiten Front. Ein Thema, welches, wie Churchill berichtet: »sich während der Dauer unserer nachfolgenden Beziehungen immer wiederholen sollte, wobei seitens der Russen die geografischen Gegebenheiten, ausgenommen derjenigen im hohen Norden, mit sturer Konsequenz ignoriert wurden.«[5] Churchill antwortete ausführlich und informierte Stalin, daß ein Angriff mit Seestreitkräften auf den deutschen Schiffsverkehr im Norden Norwegens und Finnlands geplant sei, und daß Kreuzer und Zerstörer wie auch U-Boote nach Spitzbergen entsandt werden sollten, um den deutschen Verkehr an der Nordmeerküste abzufangen. Außerdem werde der Minenleger HMS *Adventure* mit diversem Versorgungsmaterial, einschließlich einer Minenausrüstung, nach Archangelsk in Marsch gesetzt. »Diese war«, nach Admiral Golovko, »nur brauchbar bei Wassertiefen unter 20—25 m und infolgedessen ganz wertlos für uns«.[6]

Im Verfolg dieser Absprache lief am 23. Juli eine Kampfgruppe, bestehend aus den Trägern *Furious* und *Victorious* mit den Kreuzern *Devonshire* und *Suffolk*, eskortiert von 6 Zerstörern, unter dem Befehl von Rear Admiral W. F. Wake-Walker aus Scapa Flow aus, um den deutschen Schiffsverkehr und Einrichtungen im Gebiet Kirkenes—Petsamo anzugreifen. Die Kampfgruppe wurde am 30. Juli von einem feindlichen Aufklärungsflugzeug gesichtet, damit ging das Überraschungsmoment verloren. Da auch die Verteidigungskräfte, insbesondere im Kirkenes-Gebiet, stärker waren, als man erwartet hatte, wurden nur geringe Ergebnisse erreicht und diese mit schweren Flugzeugverlusten bezahlt. Dennoch bekräftigte diese Unternehmung Raeders Argument, daß die Inbesitznahme von Murmansk von größter Bedeutung sei, was er Hitler gerade 2 Tage nach dem Auslaufen der Kampfgruppe erneut nahegelegt hatte. In diesem Fall hinderte jedoch die Zähigkeit des russischen Widerstandes, unterstützt durch das schwierige wegelose Gelände, die deutschen Truppen daran, den Wunsch des Admirals zu erfüllen; wenn es ihnen auch schließlich gelang, die Bahnverbindung zwischen Murmansk und Leningrad zu unterbrechen. Diese Störung umgingen die Russen jedoch, indem sie eine Verbindung zwischen Bjelomorsk und Obozerskaja zu der Archangelsk—Moskau-Linie bauten.

---

5 W. S. Churchill, »The Second World War« (Cassell & Co. Ltd. 1948—53) Band III, Seite 343
6 Golovko, ebenda, Seite 91

Murmansk

Die Stadt und der Hafen von Murmansk, die in der Geschichte der Nordmeer-Geleitzüge solch eine bedeutende Rolle spielen sollten, liegen an der Spitze der Kola-Bucht, deren Einfahrt sich 200 sm östlich des Nordkaps und 450 sm westlich des Weißen Meer Einganges zum Hafen von Archangelsk befindet. Wie bereits erwähnt, ist Murmansk ganzjährig eisfrei. Der Hafen verdankt seine Entstehung dem Ersten Weltkrieg, wo er für den Nachschub der russischen Armeen gebraucht wurde. Die Stadt hatte im Jahre 1939 eine Bevölkerung von ca. 130.000, deren größter Teil jedoch evakuiert wurde, als 1941 der Krieg ausbrach. Die Luftverteidigung der Stadt war minimal und wurde erst im Juli 1942 wirksam verstärkt. Dieses zu einer Zeit, als der größte Teil der Stadt, mit den Worten des Admirals Golovko, »aufgehört hatte, zu existieren.«[7] Die Hafenanlagen reichten zwar für den Umschlag von normalem Frachtgut in kleinen Mengen aus, sie waren aber nicht für die erheblichen Anforderungen angelegt, die bald an sie gestellt werden mußten. Die Tragkraft des größten Kranes betrug 11 t und genügte nicht zur Löschung von Panzern, deshalb mußte hierfür schließlich ein Kranschiff nach dort entsandt werden. Darüberhinaus waren die Lagerbestände an Kohle und Heizöl für die Versorgung eines Geleitzuges von Schiffen und deren Sicherungsfahrzeugen nicht ausreichend.

Die Kola-Bucht

Auf dem Ostufer der Kola-Bucht, wenige Meilen südlich von Murmansk, liegt Vaenga, dort lag ein Tanker zu Anker, aus dem die Sicherungsfahrzeuge beölten. Es war kein guter Ankerplatz, da das Wasser dort tief, und der Ankergrund schlecht ist. Am Ende der Bucht war eine Pier, an der 2 Zerstörer liegen konnten, und wo später ein Barackenlager für die Unterbringung von Überlebenden der unterwegs versenkten Schiffe gebaut wurde. Frachter, die auf ihren Liegeplatz in Murmansk warteten, ankerten zwischen Vaenga und dem Hafen und waren währenddessen oft Luftangriffen ausgesetzt. In der Nähe der Einfahrt in die Bucht und auf ihrer Westseite liegt der sowjetische Marinestützpunkt Poljarnoe, ein tiefer, schmaler und gut geschützter Hafen mit Holzpieren, an denen die Schiffe der Nord-Flotte lagen. In Admiral Golovkos Memoiren findet man seltsamerweise keine Angaben über die Größe der unter seinem Befehl stehenden Flotte, aber nach anderen sowjetischen und zuverläs-

7 Golovko, ebenda, Seite 91

sigen deutschen Quellen bestand diese aus 3 alten und 5 modernen Zerstörern (von diesen wurde einer bei dem ersten Luftangriff versenkt), 7 Wachschiffen einschließlich 3 Torpedobooten, 15 U-Booten, 2 Minensuchbooten, 2 Schnellbooten, 15 Küstenwachbooten und aus einer Anzahl von Hilfsschiffen sowie dazu 116 Flugzeugen. Während der folgenden Wochen wurde diese Nord-Flotte durch Requisition von Fischereifahrzeugen für Überwachungs- und Minensuchaufgaben und durch die Überführung von Schnellbooten aus der Ostsee noch verstärkt. Die Anzahl der Unterseeboote wurde durch 8 Boote aus der Ostsee erhöht, von denen 6 gegen Ende 1941 einsatzbereit waren. Während der folgenden Jahre kamen weitere Boote von der Fernost-Flotte und von der Kaspischen Flottille dazu.

Unter dem Befehl von Konteradmiral G. A. Stepanov wurde aus Fischereifahrzeugen und Handelsschiffen eine Weiß-Meer-Flottille zusammengestellt, die zeitweise eine Stärke von 100 Einheiten erreichte. Diese Flottille wurde mit der Sicherung des nördlichen Seeweges beauftragt und dem Kommando von Glasevmorput unterstellt, der Dienststelle, die für diesen Schiffahrtsweg verantwortlich war. Die Zusammenarbeit zwischen dem Oberbefehlshaber der Nord-Flotte und Glasevmorput war alles andere als zufriedenstellend, wie Admiral Golovko darzulegen bemüht ist. Außerdem hinderte die Kärglichkeit der russischen Hilfsmittel und dazu ein niedriger Ausbildungsstand die Nord-Flotte daran, die Beihilfe für die Operation der Nordmeer-Geleitzüge zu leisten, die man als Möglichkeit von ihr erhoffte.

Die britische »Home Fleet«

Die britische »Home Fleet« mit dem Stützpunkt Scapa Flow auf den Orkney Inseln, welche die Hauptlast der Sicherung des Nachschubs nach Nordrußland tragen sollte, stand unter dem Kommando des 56jährigen, aber bemerkenswert jung aussehenden, Admirals Sir John Tovey, der während des ersten Weltkrieges für seine besonderen Verdienste als Zerstörerführer in der Skagerak-Schlacht mit dem DSO ausgezeichnet worden war. Die Stärke seiner Flotte war durch die ständigen Anforderungen von Schiffen für Operationen in anderen Seegebieten variabel, doch 1941 bestand diese aus 2 Flugzeugträgern (von denen einer, die *Furious*, das Ende seiner Indiensthaltungszeit nahezu erreicht hatte), 2 Schlachtschiffen, 4 Kreuzern und ca. 20 Zerstörern. Wenn sein Flaggschiff in Scapa Flow an der Boje lag, hatte der Befehlshaber der »Home Fleet« den Vorzug einer direkten Telefonverbindung mit der Admiralität, so daß er operative Angelegenheiten mit dem Ersten Seelord persönlich besprechen konnte. Was die Zusammenarbeit mit den Luftstreitkräften anbetrifft, die damals im Seekrieg eine so bedeutende Rolle spielte, so konnte Admiral Tovey sich über die Admiralität auch direkt mit dem Oberbefehlshaber des »Coastal Command« in seinem Hauptquartier in Northwood bei London besprechen und für tägliche Anforderungen von Aufklärungs- und U-Bootabwehr-Einsätzen auch das »Combined Area« Hauptquartier bei Pitreavie nahe Rosyth ansprechen, das mit einem gemischten Stab von See- und Luftwaffen-Offizieren besetzt war. Obgleich die Stärke des »Coastal Command« gegen Mitte 1941 beträchtlich zugenommen hatte, war die Zahl der zur Verfügung stehenden Flugzeuge immer noch nicht ausreichend, um den vielen Anforderungen nachzukommen. Darüberhinaus waren die Operationsbedingungen für die Flugzeuge wie auch für Schiffe in den hohen nördlichen Breiten sehr ungünstig, besonders während der Wintermonate.

Die englisch-russische Zusammenarbeit

Mit der Absicht, den Kontakt mit der russischen Nord-Flotte herzustellen, entsandte Admiral Tovey Mitte Juli den Rear Admiral Philip Vian auf dem Luftwege nach Poljarnoe, um Besprechungen mit Admiral Golovko zu führen. Er wurde begleitet von Rear Admiral G. Miles, der sein Kommando bei der Militär-Mission, mit deren Stationierung sich die Russen in Moskau einverstanden erklärt hatten, antreten sollte. Bei diesem Treffen sollte herausgefunden werden, welche Anlagen in der Kola-Bucht zur Verfügung standen, und was die Russen besonders dringend benötigten. Aus den Eintragungen im Tagebuch von Golovko scheint hervorzugehen, daß dieser mit Miles besser auskommen konnte als mit Vian, dem er vorwarf, schroff zu sein und »in einem lauten anmaßenden Ton zu sprechen«. Vian berichtete, daß die Luftverteidigung der Kola-Bucht nicht ausreichend gewährleistet sei, um diese zur Nutzung als Stützpunkt für britische Streitkräfte zuzulassen. In Übereinstimmung mit den Anweisungen der Admiralität entsandte Tovey ihn, bald nach seiner Rückkehr, mit den Kreuzern *Nigeria* und *Aurora* sowie mit 2 Zerstörern zu einer Erkundung von Spitzbergen, der Inselgruppe 450 sm nördlich des Nordkaps, von der die Admiralität annahm, daß sie an Stelle der Kola-Bucht als Stützpunkt benutzt werden könnte.

Wenn auch eine Abzweigung des Golfstromes die Buchten an der Westküste der Inseln während des Sommers eisfrei hält, so waren dort jedoch keinerlei Anlagen außer einem Lager für die Männer, die in den Kohlengruben arbeiteten. Es hätte einen ungeheueren Aufwand an Bauwerken erfordert, um diese eisbedeckten Inseln in eine Operationsbasis zu verwandeln; deshalb wurde

nach Auswertung von Vian's Bericht entschieden, nur die Siedlung der Minenarbeiter, die meist Norweger und Russen waren, zu evakuieren.
Am 19. August lief Vian erneut mit seiner Kampfgruppe aus Scapa aus, um diesen Auftrag auszuführen, und um die Anlagen zu zerstören. Nachdem dieses bis zum 3. September erfolgreich durchgeführt war, stieß er auf seinem Rückmarsch nach Scapa bei schwerem Wetter und schlechter Sicht auf einen deutschen Geleitzug, der für das Gebiet östlich des Nordkaps bestimmt war. In dem folgenden Gefecht wurde das deutsche Schulschiff *Bremse* (Korv. Kapitän v. Brosy-Steinberg) versenkt, während es jedoch den beiden von ihm geleiteten Truppentransportern, mit 1.500 Mann an Bord, gelang zu entkommen. Wie in der Folge berichtet werden wird, sollte sich die Inselgruppe Spitzbergen noch als Rendezvous zur Beölung von Geleitfahrzeugen als nützlich erweisen; auch arbeiteten dort sowohl alliierte als auch deutsche meteorologische Gruppen gleichzeitig, ohne voneinander zu wissen.

Der erste Nordmeer-Geleitzug

Die Russen hatten eine große Zahl von Flugzeugen während der ersten deutschen Angriffshandlungen verloren, und ihr Bedarf an Jagdflugzeugen für die Verteidigung von Murmansk und des Stützpunktes bei Poljarnoe war dringend. Es wurde deshalb die Beladung des alten Flugzeugträgers HMS *Argus* mit 24 »Hurricane»-Jagdflugzeugen des No.151 Wing der RAF veranlaßt. Dieser lief am 21. August von Scapa zusammen mit 6 Handelsschiffen aus, die mit Rohmaterialien beladen waren, welche nach unserer Kenntnis bei unseren neuen Verbündeten besonders knapp waren, wie Wolle, Gummi, Zinn u. s. w. Eines der Schiffe hatte zudem 15 in Lattenkisten verpackte »Hurricanes«, den Reservebestand der No.151 Wing, an Bord. Dieses war der erste Geleitzug von vielen folgenden, deren Organisation die Aufgabe Admiral Tovey's war. Er wurde von 6 Zerstörern geleitet und durch den Träger HMS *Victorious* sowie durch die Kreuzer *Devonshire* und *Suffolk* unter dem Kommando von Rear Admiral W. F. Wake-Walker gesichert. Im Flugbereich von Murmansk startete dann die *Argus* ihre Jagdflugzeuge, während die sechs Handelsschiffe wegen der deutschen Lufttätigkeit über der Kola-Bucht nach Archangelsk umgeleitet wurden. Sonst gab es von seiten des Feindes keine Störung der Operation.
Die deutsche Marine litt noch unter den Verlusten bei der Besetzung Norwegens und nach Vizeadmiral Ruge[8] waren in Nordnorwegen zur Sicherung der

8 Vizeadmiral Friedrich Ruge, »Der Seekrieg« (K. F. Koehler Verlag, Stuttgart, 1962), Seite 162

linken Flanke von General Dietl's Truppen als einzige Überwassereinheiten die 5 Zerstörer der 6. Z-Flottille (siehe Anhang VII) mit einigen Minensuch- und Vorpostenbooten stationiert. Nachdem Raeder am 25. Juli Hitler erneut auf die Bedeutung einer Einnahme von Murmansk und auf die unerfreuliche Tatsache hingewiesen hatte, daß Dietl's Truppen auf einem toten Punkt angelangt seien, weil sie nicht in der Lage waren, den russischen Widerstand auf der Fischer-Halbinsel zu brechen, fuhr er in seinem Vortrag fort: »ein Eindringen in die Motowskij-Bucht ist somit für die Z-Flottille nur möglich, wenn eine R-Flottille mit ausgebrachtem Gerät und außerdem in Anbetracht der Luftlage entsprechender Jagdschutz gestellt wird«[9]. Er berichtete weiter, daß in dem Gebiet noch U-Boote operierten und zwei weitere nach dort entsandt seien[10].

Die deutschen Streitkräfte im Nordmeer

Die deutschen Seestreitkräfte in dem nördlichen Seegebiet unterstanden dem Marinegruppenkommando Nord, Generaladmiral Carls, mit seinem Hauptquartier in Kiel, und dieser war für alle Seeoperationen in seinem Befehlsbereich verantwortlich. Ihm unterstellt waren der Admiral Nordmeer in Kirkenes, ab Mai 1942 in Narvik, und der Kommandierende Admiral Norwegen in Oslo (Admiral Boehm). Der erstere leitete den operativen Einsatz von Flotteneinheiten in dem Seegebiet als vorgeschobene Dienststelle des Gruppenkommandos, während der Kommandierende Admiral Norwegen für alle die Angelegenheiten zuständig war, die Norwegen als Basis für Seeoperationen betrafen, was auch den Küstenschutz sowie Minenlegen- und räumen einschloß. Als Seebefehlshaber der Flottenstreitkräfte kamen der Flottenchef (Generaladmiral Schniewind) und gegebenenfalls der Befehlshaber der Kreuzer hinzu. Diese etwas topplastige Organisation bestand bis Anfang 1943, als die Stellen des Flottenchefs und der Marinegruppe Nord unter Schniewind vereinigt wurden. Der Kommandierende Admiral Norwegen wurde zum Oberbefehlshaber des Marineoberkommandos Norwegen. Die Führung der U-Boote übernahm ein Führer der U-Boote Norwegen.
Admiral Ruge äußert sich kritisch über das Versäumnis des Oberkommandos der Wehrmacht, die Marine in stärkerem Maße zur Unterstützung der Heeresoperationen zu nutzen. Dieses trifft insbesondere auf den nördlichen Kriegs-

9 Nach Golovko waren dort auch drei norwegische Zerstörer der »Steg«-Klasse, ein Minensucher und ein Hilfskreuzer.
10 Lagevortrag des Oberbefehlshabers der Kriegsmarine vor Hitler, am 25. 7. 41, ebenda, Seite 276 Anlage 4 Ziffer 1

schauplatz zu. Es war jedoch in der Führerweisung No. 21 festgelegt, daß die Anstrengungen der Marine weiterhin gegen England konzentriert bleiben sollten. So war zu Beginn des Unternehmens Barbarossa die Verteilung der deutschen schweren Schiffe folgende:

(a) in der Ostsee das neue Schlachtschiff »Tirpitz« bei Erprobungen.
(b) in Brest die Schlachtschiffe »Scharnhorst« und »Gneisenau« sowie der Schwere Kreuzer »Prinz Eugen«. Die »Gneisenau« war am 6. April torpediert worden, fünf Tage später erhielt sie vier Bombentreffer und war infolgedessen nicht einsatzklar.
(c) in Kiel lag der Schwere Kreuzer »Lützow« zur Reparatur, nachdem er während der Norwegen-Unternehmung von dem britischen Unterseeboot »Spearfish« torpediert worden war.
(d) in der Ostsee befanden sich auch der Schwere Kreuzer »Admiral Hipper« sowie die Leichten Kreuzer »Emden«, »Köln«, »Nürnberg« und »Leipzig« mit allen verfügbaren Zerstörern außer der 6. Flottille.

Wenn auch bei Petsamo, Kirkenes, Banak, Tromsö, Bardufoss und Narvik Flugplätze in Nordnorwegen vorhanden waren, von denen aus etwa 230 Flugzeuge der Luftflotte 5 zur Unterstützung von Dietl's Truppen starteten, so hatten diese Flugzeugführer jedoch keine Ausbildung für eine Mitwirkung in Seekriegsoperationen. Trotzdem flogen sie häufig Angriffe, auch in der Kola-Bucht, und waren eine Bedrohung für die dort ankernden Schiffe. Angesichts des gigantischen Kampfes, der auf der ganzen, sich 1000 Meilen nach Süden erstreckenden Front entbrannt war, muß dem Oberkommando der Wehrmacht, dessen Blick auf Moskau gerichtet war, die Einnahme von Murmansk, die Raeder so brennend wünschte, vergleichsweise von geringer Bedeutung erschienen sein. Erst nachdem der Fortschritt der Offensive sich zu verlangsamen begann, und die Aktivität der britischen Streitkräfte an der Murmansk-Küste das wachsende Interesse der Alliierten in diesem Bereich offensichtlich machten, fühlte Raeder sich verpflichtet, die Angelegenheit wiederum aufzugreifen. Bei seinem Lagevortrag vor Hitler am 17. September 1941 hat er, wie berichtet wird, ausgeführt:

> »Die Engländer haben die lebenswichtige Bedeutung des Seeweges vor der norwegischen Küste für den Nachschub der deutschen Streitkräfte klar erkannt, und sie operieren in dem nördlichen Seegebiet mit mehreren Kreuzern, Zerstörern, ein oder zwei Flugzeugträgern und mit U-Booten«,

und er fuhr fort, sich über die Schwäche der deutschen See- und Luftkriegsmittel sowie über das Unvermögen der Truppentransporte, in das Gebiet östlich des Nordkaps vorzudringen, zu beklagen. Er wies darauf hin, daß der herannahende Winter die Wirksamkeit der Luftwaffe einschränken würde und forderte immer wieder die Einnahme von Murmansk. In dem anschließenden Gespräch mit Hitler warf er auch die Frage einer Besetzung von Archangelsk auf. Doch alles, was Hitler glaubte, ihm versprechen zu können, war, daß die Bahnlinie zwischen diesem Hafen und Moskau unterbrochen werden würde. Eine Voraussage, die seine Armee jedoch nicht erfüllen konnte.

Die Hilfeleistung für Rußland

Rußlands einziger Verbündeter während der kritischen ersten sechs Monate des deutschen Angriffs war England. Sobald Stalin eingesehen hatte, daß dieses Land nicht in der Lage war, die von ihm lautstark geforderte direkte militärische Hilfe zu leisten, verlegte er sich darauf, Maximalforderungen von Mengen an Bewaffnung und Rohmaterialien zu stellen, die, wie er zuversichtlich erwartete, Churchill, seinem Hilfsangebot entsprechend, ihm zur Verfügung stellen würde. Auch die Vereinigten Staaten, obgleich sie noch neutral waren, bemühten sich, Hilfe zu leisten. Doch die Hauptfrage, die sowohl die Engländer als auch die Amerikaner am meisten beschäftigte, war die: würde Rußland in der Lage sein, dem Ansturm der deutschen Wehrmacht standzuhalten?

Bei seinem Treffen mit Präsident Roosevelt's Sonderbeauftragtem, Mr. Harry Hopkins, der im Juli nach Moskau geflogen war, betonte Stalin den besonderen Bedarf der Roten Armee an großen Mengen von Flugabwehrkanonen, an Aluminium für den Flugzeugbau und an automatischen Geschützen und Gewehren. Er empfahl Archangelsk als Löschhafen, da er fälschlicherweise glaubte, man könnte diesen während des Winters mit Eisbrechern offen halten. Aber erst nach dem Eintreffen von Mr. Averell Harriman und Lord Beaverbrook, der erstere die amerikanische und der letztere die englische Regierung vertretend, und nach ihrer Besprechung mit Stalin am 29. September, wurde eine vollständige Stückliste des sowjetischen Bedarfs aufgestellt.

Das offizielle Protokoll, welches die Artikel einzeln aufführt, die beide Länder Rußland in der Zeit von Oktober 1941 bis Juni 1942 zur Verfügung zu stellen sich verpflichteten, schloß, wie Churchill dargelegt hat, mit der Zusage ab: »Großbritannien und die Vereinigten Staaten werden bei dem Transport dieses Materials zur Sowjetunion Unterstützung geben und bei der Auslieferung Hilfe leisten«, aber unglücklicherweise war nichts über den Ersatz irgendwelcher Verluste ausgesagt, die während des Vorganges der Lieferung eintreten könnten. Diese Unterlassung sollte viele Mißhelligkeiten zur Folge haben, da die Russen die Tatsache, daß es nicht gelang, das erwartete Liefersoll zu erfüllen, als gleichbedeutend mit Sabotage von seiten ihrer Alliierten ansahen und nicht von seiten des Feindes!

Der Beginn der PQ.- QP.-Geleitzüge

Trotz der ziemlich frostigen Aufnahme, die man ihm in Moskau zuteil werden ließ, blieb Beaverbrook der unbeirrbare Fürsprecher des Rußland-Hilfe-Programms. Es sollte nach seiner Meinung sogar Vorrang vor dem Bedarf seines eigenen Landes haben. Er machte mit seinen Ansichten auf Churchill einen derartigen Eindruck, daß dieser am 6. Oktober Stalin mitteilte: »Wir beabsichtigen, einen ständigen Zyklus von Geleitzügen einzurichten, die alle zehn Tage abfahren« und »bei der Planung dieses fahrplanmäßigen Zyklus rechnen wir mit Archangelsk, um die Hauptmenge der Lieferungen abzuwickeln.«[11] Es war die Absicht der Admiralität, die Geleitzüge nach Nordrußland in einem 40-Tage Zyklus fahren zu lassen und am 28. September, an dem Tage, als die englischen und die amerikanischen Delegierten in Moskau ankamen, lief der erste dieser berühmten »PQ.« Serie von Geleitzügen (die Wahl der Buchstabenbezeichnung hing mit einem Fregattenkapitän in der Operationsabteilung der Admiralität zusammen, dessen Initialen P.Q.R. waren) von Island nach Archangelsk aus, wo er am 12. Oktober ankommen sollte. Er bestand aus 10 Handelsschiffen und wurde von dem Kreuzer *Suffolk* und 2 Zerstörern geleitet. In der Ladung befanden sich 20 Panzer und 193 Jagdflugzeuge. Der Geleitzug hatte eine Überfahrt ohne Zwischenfälle und kam einen Tag früher an als geplant.
Der verkürzte Zyklus, den der Premierminister für die Abfahrten der Geleitzüge Stalin versprochen hatte, und der ohne vorherige Erarbeitung der operativen Auswirkungen versprochen worden war, brachte den Oberbefehlshaber der »Home Fleet«, Admiral Sir John Tovey, in eine ziemlich mißliche Lage. Bei einem minimal bemessenen Geleit von 1 Kreuzer und 2 Zerstörern müßten dauernd 4 Kreuzer und 8 Zerstörer dieser Aufgabe zugewiesen werden. Dabei waren weder Wetterschäden und höchstwahrscheinlich mit dem Einbruch des Winters eintretende Ereignisse noch das Auftreten von Defekten in Rechnung gestellt. Er benötigte Zerstörer, um seine Schlachtschiffe und Flugzeugträger zu sichern, wenn diese eingesetzt werden sollten, um deutsche Schiffe bei dem Ausbruchsversuch in den Atlantik abzufangen, welches die Hauptaufgabe der »Home Fleet« war; jedoch hatte er niemals genug von diesen Schiffen, um den Erfordernissen gerecht zu werden. Admiral Golovko berichtet über eine

11 Churchill, ebenda, Band III, Seite 418

Vereinbarung, die während des Besuchs von Admiral Vian getroffen worden war, wonach der Geleitzugweg in zwei Operationszonen eingeteilt werden sollte — »Die eine erstreckte sich von England über Island bis zur Bären-Insel, und auf dieser Strecke wurden die Geleitzüge ausschließlich durch die Engländer mit Geleitschutz versehen. Die zweite Zone deckte das Gebiet zwischen der Bären-Insel und Archangelsk, und der Weg des Geleitzuges in diesem Abschnitt wurde von englischen Schiffen und unseren eigenen Unterwasser-, Luft- und Überwasserstreitkräften gesichert.«[12] Aber, wie sich herausstellen sollte, konnte man sich auf die sowjetische Unterstützung nicht verlassen, deshalb mußte die englische Sicherung stark genug sein, um die Geleitzüge während der ganzen Überfahrt zu schützen. Von Zeit zu Zeit liefen russische Zerstörer in die Barents-See aus, um einen einkommenden Geleitzug aufzunehmen. Sie gaben dann einen sehr geschätzten und wirksamen Flakschutz, aber sie waren nicht dafür ausgelegt, in den besonders stürmischen Seegebieten zu operieren.

Die Geleitzüge PQ.2—5

Ein zweiter Geleitzug, PQ.2, lief am 17. Oktober von Scapa Flow nach Archangelsk aus. Er bestand aus 6 Schiffen, und alle kamen sicher an. Er wurde am 9. November gefolgt von PQ.3 mit 8 Schiffen (von denen eines wieder umkehren mußte), am 17. November von PQ.4 mit 8 Schiffen und am 27. November von PQ.5 mit 7 Schiffen, die alle von Hvalfjord in Island ausliefen und Archangelsk ohne Verluste erreichten.

Die deutschen Gegenmaßnahmen

Auf einer Konferenz mit Hitler am 13. November bemerkte Großadmiral Raeder, daß die Feindtätigkeit im Nordmeergebiet geringer gewesen sei als zu erwarten war, aber er erkannte richtig, daß die langen Winternächte für das Durchbringen von Geleitzügen günstig wären. Er wies den Führer mahnend darauf hin, daß eine Luftaufklärung fehlte — eine Tatsache, die zweifellos das Versagen bei der Erfassung der vorerwähnten ersten PQ.-Geleitzüge erklärte. Er ersuchte Hitler um die Genehmigung, das neue Schlachtschiff *Tirpitz* nach Beendigung von Reparaturen und Ausrüstung für den Nordmeer-Einsatz nach Drontheim zu verlegen, und er schlug einen Atlantik-Einsatz für den Schweren Kreuzer *Admiral Scheer* vor, da für das erstere die Heizölk-

---

12 Golovko, ebenda, Seite 82

nappheit eine derartige Operation nicht erlauben würde, während reichlich Dieseltreibstoff für den letzteren vorhanden sei. Nach dem Verlust der *Bismarck* fanden Atlantik-Einsätze jedoch keinen Anklang mehr bei Hitler und alles, wozu er sich bereitfinden würde, war die Verlegung der *Scheer* nach Drontheim oder Narvik. Er versprach aber, die Dislozierung der *Tirpitz* noch in Erwägung zu ziehen.

Kurz nach dieser Lagebesprechung ordnete Raeder die Ablösung der 5 in Nordnorwegen eingesetzten Zerstörer der *Leberecht Maass*-Klasse durch 5 Zerstörer der *Narvik*-Klasse an. Dieses waren größere und stärker armierte Schiffe, bestückt mit 4—15 cm Kanonen und 8—53 cm Torpedorohren. Er wies außerdem den Befehlshaber der U-Boote an, die Zahl der U-Boote in diesem Seegebiet so zu verstärken, daß der Einsatz von wenigstens jeweils 3 Booten stets sichergestellt war.

Den russischen Eisbrechern gelang es, die Gorlo-Straße — die schmale Wasserstraße, die den Zugang zum Weißen Meer bildet — bis zum 12. Dezember offen zu halten. Sie brachen eine Durchfahrt für 7 Schiffe des PQ.6, der am 6. Dezember von Island ausgelaufen war. Es wurde aber der 23. Dezember, bevor diese in Molotovsk, dem Löschhafen für die Hilfsgüter, festmachen konnten. Der Eisbrecher selbst wurde dann zusammen mit den Schiffen vom Eis eingeschlossen, so daß sie gezwungen waren, dort den ganzen Winter über zu bleiben, bis das Weiße Meer im Juni des folgenden Jahres für die Schifffahrt wieder offen wurde. Die anderen beiden Schiffe des Geleitzuges hatten Murmansk angelaufen. Admiral Golovko bemerkt in einer Eintragung für den 10. Dezember in seinem Kriegstagebuch: »Die Dinge laufen offensichtlich zugunsten von Murmansk als Empfangshafen der Geleitzüge«, und dazu vermerkte er, daß er diese Tatsache bereits schon im August und September in Moskau zur Sprache gebracht hatte, aber scheinbar habe man von seinen Darlegungen keine Notiz genommen. Am Weihnachtstag, 5 Tage nach der Ankunft der zwei Schiffe des PQ.6, vertraut er seinem Tagebuch an: »Die Zeichen stehen auf Murmansk als zukünftiger Anlaufhafen für Frachtschiffe. Gegenwärtig haben wir Schwierigkeiten ohne Ende«.[13]

Ergebnisse bis zum Jahresende 1941

Bis zum Jahresende 1941 waren 53 Schiffe nach Nordrußland geleitet worden (50 nach Archangelsk und 3 nach Murmansk) und 34 waren zurückgekehrt. Kein Einziges war verloren gegangen. Eine Gesamtmenge von 750 Panzern,

---

13 Golovko, ebenda, Seite 86

800 Jagdflugzeugen, 1.400 Fahrzeugen und mehr als 100.000 Tonnen an Versorgungsgütern war einem hartbedrängten Verbündeten geliefert worden und dieses trotz der Tatsache, daß die Sicherung der Geleitzüge erbärmlich schwach war. Ein Kreuzer begleitete jeden Geleitzug auf dem ganzen Weg, während ein zweiter sich zur Unterstützung westlich der Bären-Insel aufhielt. Die U-Boot Sicherung bestand normalerweise aus 2 Zerstörern, einem Minensuchboot und 2 Trawlern auf der Ausreise und aus einem Zerstörer und 2 Minensuchbooten auf der Rückreise. 5 Minensuchboote, die in der Kola-Bucht stationiert waren, und 2 oder 3 russische Zerstörer verstärkten die Nahsicherung, wenn der Geleitzug sich der Murmansk-Küste näherte. Luftsicherung gaben die auf Island stationierten Squadrons Nr. 269 und 330 des »Coastal Command« nur für die ersten 150 sm der Reise, dann gab es nur noch die wenigen weitreichenden Aufklärungsflüge vor der norwegischen Küste, deren Hauptaufgabe die Suche nach U-Booten war.

Die auftretenden Widerstände

Admiral Tovey war sich der Risiken voll bewußt, die er mit den Nordmeer-Geleitzügen einging, und durch den Eingang von Geheimnachrichten über die Verstärkung von deutschen Überwasserstreitkräften und U-Booten in Nordnorwegen wurde seine Besorgnis vermehrt. Der zu jener Zeit allgemein bestehende Engpaß an Sicherungskräften und die kurze Folge des Geleitzugumlaufs schlossen jede Verstärkung des Geleitschutzes aus. Es erwies sich in der Tat als unmöglich, den 10-Tage-Zyklus, den der Premierminister in Aussicht genommen hatte, aufrecht zu erhalten, und der durchschnittliche Zeitabstand kam auf 15 Tage. Dieses war zum Teil bedingt durch eine 9tägige Zurückstellung der Ausreise des PQ.3 infolge von Geheimnachrichten, die über Vorbereitungen eines Ausbruchs von *Tirpitz* und *Scheer* in den Atlantik bei der Admiralität eingingen. Es war aber auch die Folge von Wetterschäden, welche die Sicherungsfahrzeuge erlitten hatten, und von der Unmöglichkeit, diese in der zwischen den Reisen verfügbaren kurzen Zeit zu beseitigen. Um die Überforderung, die auf den Geleitfahrzeugen lastete, zu mindern, und um den Vorteil der langen Stunden der Dunkelheit zu nutzen, die in den nördlichen Breiten des Operationsgebietes der Geleitzüge vorherrschte, wurde die Entscheidung getroffen, den Geleitzug nach Passieren der Bären-Insel aufzulösen und die Schiffe selbständig und ohne Sicherung zur Kola-Bucht weiterfahren zu lassen. So konnten die Sicherungsfahrzeuge vorlaufen und mit der Beölung aus dem Tanker beginnen, der dort stationiert war, um die Russen von der Verantwortung für diese Aufgabe zu entlasten.

Der Eintritt der Vereinigten Staaten in den Krieg gegen Deutschland, der am 7. Dezember 1941 dem Überraschungsschlag Japan's gegen die amerikanische Flotte in Pearl Harbor folgte, sollte eine tiefgreifende Wirkung auf den Umfang der militärischen Nachschublieferungen, die für Rußland verfügbar gemacht wurden, haben. Was als ein Rinnsal begonnen hatte, sollte bald zu einer Flut anschwellen. Es dauerte geraume Zeit, bis das deutsche Oberkommando die steigende Bedeutung der Nordmeer-Geleitzüge richtig einschätzte.

Der deutsche Historiker General v. Tippelskirch sagt hierzu:

> »Im Jahr 1941 schenkte die deutsche Führung dem Transport von Kriegsgerät zu den russischen Häfen nur geringe Beachtung. Hitler war noch von der schnellen Beendigung des russischen Feldzuges überzeugt. . . Erst nach dem Scheitern des Angriffes auf Moskau, als der Krieg gegen die Sowjetunion ein ganz neues und unerwartetes Gepräge erhielt, wurde eine planmäßige Bekämpfung des Geleitzugverkehrs durch deutsche leichte Seestreitkräfte, U-Boote und Luftverbände eingeleitet.« [14]

Unter der gegebenen Lage des strategischen Vorteils, welche die deutsche Besetzung Norwegens mit sich brachte, hätte ein koordinierter Einsatz dieser drei Waffengattungen die Operation dieser Geleitzüge so verlustreich machen können, daß sie zwecklos wurden. Jedoch das Versäumnis seitens des Feindes, vollen Gebrauch von seinen Möglichkeiten zu machen — mit Ausnahme bei einer Gelegenheit, wie berichtet werden wird — und die unbeugsame Entschlossenheit zum Erfolg auf seiten der Verteidiger ermöglichten es, die Nordmeer-Geleitzüge in wechselnder Zeitfolge bis zum Ende des Krieges fahren zu lassen.

---

14 Kurt v. Tippelskirch, »Geschichte des Zweiten Weltkrieges« (Athenäum Verlag, 1951), Seite 478

Der deutsche Schwere Kreuzer *Admiral Hipper* in Nordnorwegen, wo er zu der Kampfgruppe Nord gehörte. Er war mit acht 20,3-cm-Rohren bewaffnet; aber seine Hauptmaschinen waren unzuverlässig (Imperial War Museum).

Das Vorschiff von HMS *Witch* kaum zu erkennen unter einem dicken Mantel arktischen Eises. Der »Hedgehog«-Raketenwerfer ist vollständig zugedeckt, und von der darüberstehenden 12-cm-Kanone ist nur das Rohr zu sehen. Zerstörer waren besonders gefährdet durch die Topplastigkeit, die von der Vereisung verursacht wurde (National Maritime Museum).

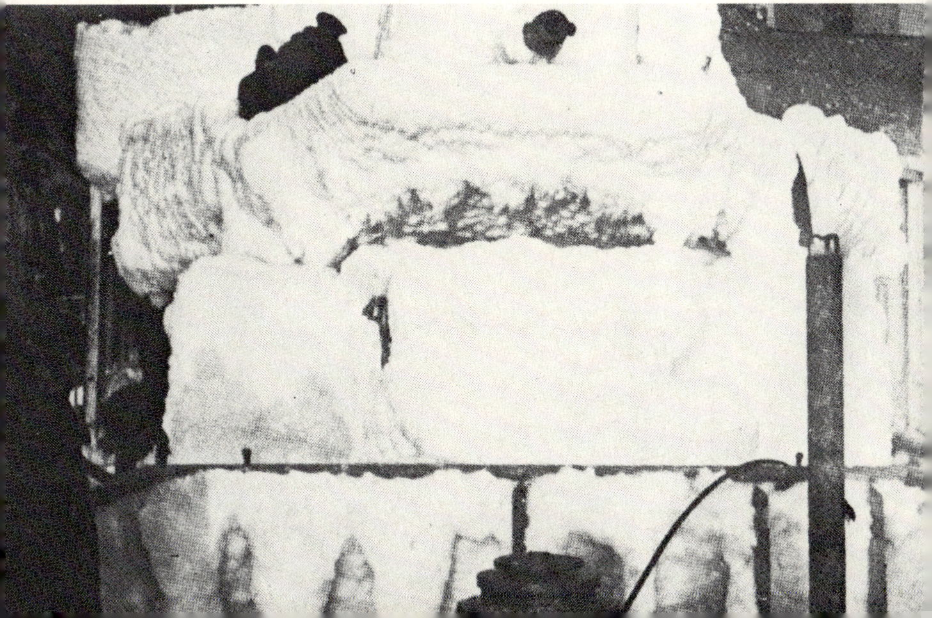

Die vom Eis überzogenen 15,2-cm-Drillingstürme des Kreuzers HMS *Belfast.* Bei Fahrt gegen schwere, von vorn anlaufende See, mußten die Türme querab gedreht werden, um das Eindringen von Wasser durch die Rohrscharten zu verhindern (Imperial War Museum).

Admiral Arseni Golovko, Oberbefehlshaber der sowjetischen Nord-Flotte, (links) und Rear Admiral D. B. Fisher, Dienstältester britischer Seeoffizier Nordrußland, (zweiter v. links) in der Unterhaltung mit Offizieren des britischen Stabes (Novosti Press).

Admiral Arseni Golovko (Bildmitte) mit Besatzungsangehörigen des Unterseebootes *K 21,* das gerade von Operationen vor der vom Feind besetzten Küste zurückgekehrt ist. Rechts der U-Boot-Kommandant, Kapitän 2. Ranges N. Lunin (Novosti Press).

HMS *Onslow* und HMS *Ashanti* während der Operationen im Nordmeer. Die letztere hat einen hellen, den arktischen Gewässern angepaßten Tarnanstrich, während die erstere in einem zweifarbigen Grau gemalt ist (Imperial War Museum). HMS *Bulldog*, einer der britischen Zerstörer der »B«-Klasse, Baujahr 1930, die für Geleitsicherungsoperationen umgebaut wurden. Die vordere 12 cm Kanone wurde durch einen »Hedgehog« U-Bootabwehr-Raketenwerfer ersetzt, und anstelle der achteren 12 cm wurden zusätzliche Wasserbombenwerfer eingebaut. Eine Bord-Kurzwellenpeiler-Antenne (HF/DF) ist auf dem achteren Mast, eine Luftwarnung-Radar-Antenne auf dem vorderen Mast und eine Seewarnung-Radar-Antenne ist über der Brücke zu sehen (Imperial War Museum).

Die Bedrohung durch die »Tirpitz«

Raeder definiert die Rolle der »Tirpitz«

Man wird sich daran erinnern, daß bei der letzten Besprechung von Hitler mit seinem Oberbefehlshaber der Marine, Großadmiral Raeder, ersterer versprochen hatte, die Verlegung der *Tirpitz* von der Ostsee nach Nordnorwegen in Erwägung zu ziehen. Bei der nächsten Lagebesprechung am 29. Dezember brachte Raeder die Angelegenheit erneut vor. Zwei erfolgreiche englische Vorstöße in den Vestfjord und auf die Insel Vaagsö, die sich wenige Tage vorher ereignet hatten, brachten das Gesamtproblem der Verteidigung Norwegens zur Sprache, deshalb begann er damit, seine Ansichten über die dieses Land betreffende Lage vorzutragen. Er betonte die Verletzlichkeit der deutschen Schiffahrt auf der Strecke zwischen Narvik und Bergen sowie die Möglichkeit von weiteren Überfällen, welche die Vernichtung von Küstenbatterien und sogar die Errichtung von Brückenköpfen zur Folge haben und zum Verlust des ganzen Landes führen könnten. Indem er dann auf das Thema *Tirpitz* zurückkam, erklärte er, wie sich ihre Überführung nach Drontheim auswirken würde:

a) Verstärkung der Stellung Deutschlands in diesem Gebiet und Verminderung des Risikos von Feindoperationen an der nordnorwegischen Küste mit dem Ziel, die Flanke aufzurollen.
b) Zwang für die Engländer, starke Seestreitkräfte in heimischen Gewässern aufrecht zu erhalten, was Verstärkungen im Mittelmeer, im Indischen Ozean und im Pazifik verhindern würde.
c) Es würde strategische Gelegenheiten schaffen für Angriffe auf die Geleitzugwege zwischen England und Nordrußland sowie auf feindliche Kriegsschiffe und auch für die Bekämpfung von militärischen Stützpunkten neben allgemeiner Störung von Feindoperationen in dem Gebiet.

Er wußte sehr wohl, daß die Knappheit an Heizöl, dessen Bevorratung auf 156.000 t geschrumpft war, die Fähigkeiten der *Tirpitz*, alle diese Aufgaben auszuführen, einschränken würde, aber er lag vollkommen richtig mit der Beurteilung der Wirkung, welche die Gegenwart des Schiffes in Nordnorwegen auf die englische Strategie haben würde. Trotz dieser starken Argumente verschob Hitler jedoch wieder seine Entscheidung zur Verlegung des Schlachtschiffes, und erst bei der nächsten Lagebesprechung am 12. Januar gab er seine Zustimmung zu Raeders Forderung. Er war jetzt davon überzeugt, daß die Drohung einer Besetzung Norwegens durch englische Streitkräfte voll der Wirklichkeit entsprach, und daß »jedes nicht in Nordnorwegen stationierte Überwasserschiff seine Zeit vergeudet.«[15]

Auswirkungen des Eintreffens der »Tirpitz« in Norwegen

Die *Tirpitz*, die in Voraussicht von Hitlers Zustimmung nach Wilhelmshaven verlegt worden war, machte die Überfahrt von diesem Hafen nach Drontheim in der Nacht vom 14. auf den 15. Januar, aber erst am 17. Januar hatte der englische Geheimdienst diese Tatsache erfaßt, und selbst dann war nur berichtet worden, daß sie ausgelaufen sei, und deshalb die Möglichkeit eines Ausbruchversuchs in den Atlantik bestehe. Als Folge hiervon wurde die Ausreise des PQ.9 von Island zurückgestellt. Der vorhergehende Geleitzug, der am 8. Januar ausgelaufen war, war der erste, der unter Feindeinwirkung zu leiden hatte, indem die *Hermatris*, das Schiff des Commodore, von *U 454* (Kapitänleutnant Hackländer) vor der Einfahrt in die Kola-Bucht torpediert wurde. Sie wurde zwar in den Hafen eingeschleppt, aber Hackländer erzielte bald hinterher einen weiteren Erfolg, als er den Zerstörer *Matabele* torpedierte, der die *Hermatis* sicherte, und dieser sank innerhalb von zwei Minuten. Nur zwei Mann von einer Besatzung von 200 wurden lebend gerettet, obgleich dort viele Menschen in Schwimmwesten herumtrieben, deren Leben das eisige arktische Wasser schnell ausgelöscht hatte. Es war ein grimmiger Vorgeschmack dessen, was der Seekrieg in diesen Regionen noch bringen würde.

U-Boote vor der Kola-Bucht

Die Anwesenheit von U-Booten nahe der Einfahrt in die Kola-Bucht warf nach Admiral Tovey's Ansicht ein schlechtes Licht auf die Wirksamkeit der russischen Gegenmaßnahmen, und er befahl Rear Admiral H. M. Burrough,

---

15 Jochen Brennecke, »The Tirpitz«, (Robert Hale & Company) 1963, Seite 36. Das hier angeführte Zitat der Äußerung Hitlers findet sich nicht in der deutschen Originalausgabe Jochen Brennecke »Schlachtschiff Tirpitz« (Deutscher Seeverlag GmbH, Hamm, 1953).

wenn er mit seinem Flaggschiff HMS *Nigeria* in den ersten Februartagen nach Murmansk käme, mit Admiral Golovko darüber zu sprechen. Der sowjetische Oberbefehlshaber macht jedoch keine Eintragung von diesem Gespräch in seinem Kriegstagebuch, obgleich er über die Torpedierung der vorerwähnten beiden Schiffe berichtet und hierzu bemerkt: »Es scheint, daß die Information über die Entsendung von besonderen Feind-U-Booten mit erfahrenen Kommandanten genau richtig war.« [16]

Hitler befürchtet eine Invasion von Norwegen

Am 22. Januar hatte Hitler eine weitere Lagebesprechung mit Raeder, bei der wiederum über die Drohung einer alliierten Invasion Norwegens beraten wurde. Er erklärte nun, daß dieses der entscheidende Kriegsschauplatz sei, und befahl Raeder, Verstärkungen von Überwasserschiffen und U-Booten dorthin zu schicken — »unbedingt und ohne Rücksicht auf irgendwelche anderen Überlegungen«. Zwei Tage später, nachdem Hitler einen Befehl, alle verfügbaren U-Boote nach Norwegen zu verlegen, widerrufen hatte, ordnete Raeder an, daß die Anzahl der dort stationierten Boote von sechs auf acht erhöht werden sollte, und daß je zwei auslaufbereit in Drontheim und Bergen zu halten seien, zusammen mit acht Booten, jeweils im Einsatz im Gebiet Island - Hebriden. Diesen neuen Dispositionen trat der Befehlshaber der U-Boote, Vizeadmiral Karl Dönitz, entgegen, da seine U-Boote zu jener Zeit vor der Ostküste der Vereinigten Staaten eine reiche Ernte einbrachten. Außerdem teilte er nicht Hitler's Glauben an die Drohung einer Invasion der Alliierten in Norwegen, trotzdem aber hatte er die Aufstellungen, die Raeder befohlen hatte, auszuführen.

Churchill und die »Tirpitz«

Am 23. Januar sichtete ein Aufklärungsflugzeug des Coastal Command die *Tirpitz* vor Anker liegend im Asafjord, 15 sm östlich von Drontheim, trotz der Tarnung, mit der sie abgedeckt war. Das Schiff war durch aufgebojte Torpedonetze gesichert und deshalb für einen Angriff ein sehr schwieriges Ziel. Die Nachricht von dieser Entdeckung löste ein stark formuliertes Memorandum des Premierministers an das Chiefs of Staff Committee aus.

---

16 Golovko, ebenda, Seite 87

»Die Vernichtung oder selbst die Beschädigung dieses Schiffes ist zur gegenwärtigen Zeit das größte Ereignis zur See«, schrieb er. »Die ganze Kriegsstrategie dreht sich gegenwärtig um dieses Schiff, welches die vierfache Anzahl britischer Großkampfschiffe lahmlegt, geschweige denn die zwei neuen amerikanischen Schlachtschiffe, die im Atlantik zurückgehalten werden[16a].«

Raeder würde mit Genugtuung gelächelt haben, wenn er dieses Memorandum hätte lesen können.

Auf den ohnehin überforderten Kräften des Coastal Command lastete die starke Beanspruchung, welche die Überwachung der *Tirpitz* mit sich brachte, äußerst schwer. Unglücklicherweise waren die meisten torpedotragenden Flugzeuge zum Schutz von Ägypten gegen eine Invasion zum Mittelmeer entsandt worden, so daß trotz der schwerwiegenden Bedeutung, die Mr. Churchill der Anwesenheit des Schlachtschiffes zumaß, die für einen Angriff verfügbaren Luftstreitkräfte, falls dieses auslaufen sollte, minimal waren, zumal es sich auch in äußerster Reichweite der damals im Dienst stehenden »Halifax«- und »Stirling«-Bomber befand.

Die Geleitzüge PQ.9, 10 und 11

Am 1. Februar lief der zurückgehaltene Geleitzug PQ.9, zusammen mit dem als nächstem geplanten Geleitzug PQ.10, von Island aus, was insgesamt 10 Schiffe ergab. Diese und die 13 Schiffe von PQ.11, der 5 Tage später vom Loch Ewe auslief, erreichten alle Murmansk ohne Einwirkung von seiten des Feindes. Die Begründung hierfür lag weitgehend in dem fürchterlichen Wetter und in den langen Stunden der Dunkelheit.

»Ozeanische Stürme, anhaltendes Schneetreiben, starker von der See aufsteigender Dunst und dichter Nebel schufen ungewöhnlich erschwerte navigatorische Bedingungen und wurden zu einem zweiten Feind für uns«, schrieb Admiral Golovko zu dieser Zeit in sein Kriegstagebuch und, indem er Lob spendete, da, wo es zweifellos angebracht war, fuhr er fort, »die Geleitzüge konnten natürlich unter keinen Umständen irgendwo beidrehen und auf erträgliches Wetter warten, sondern sie mußten rücksichtslos weiterfahren. Und die Geleitzüge fahren weiter!«[17]

Gleichviel, mit dem Herannahen längerer Tage und mit der Erwartung von besserem Wetter war mit der Durchführung von Hitler's Befehlen, die Streit-

---

16a Churchill, ebenda, Band IV, Seite 98

17 Golovko, ebenda, Seite 88

kräfte in Nordnorwegen zu verstärken, aber auch gleichzeitig die Freiheit von Angriffen, deren sich die Nordmeergeleite bislang erfreuten, nahezu zu Ende.

Deutsche Reaktionen auf die Nordmeer-Geleitzüge

Als Nachrichten über zunehmende Lieferungen von Kriegsmaterial und Versorgungsgütern, die im Hafen von Murmansk eintrafen, das deutsche Oberkommando erreichten, kam die Vermutung auf, daß die Alliierten dabei seien, eine große Landungsoperation zur Unterstützung der russischen Nordflanke vorzubereiten, die im Frühjahr stattfinden sollte. Im Rahmen der geplanten Konzentration von deutschen Überwasserstreitkräften in Norwegen wurden die Schlachtschiffe *Scharnhorst* und *Gneisenau* mit dem Schweren Kreuzer *Prinz Eugen* zwischen dem 12. und 13. Februar von Brest nach Wilhelmshaven und Brunsbüttel verlegt. Sie hatten den Spießrutenlauf durch den englischen Kanal erfolgreich überstanden, aber beide Schlachtschiffe erhielten vor der holländischen Küste Minentreffer. Dazu wurde die *Gneisenau* später von Bomben getroffen, und sie nahm am Kriege nicht mehr weiter teil, während die *Scharnhorst* längere Zeit zur Reparatur benötigte. So blieb nur die *Prinz Eugen*, die zusammen mit der *Admiral Scheer* in Begleitung von drei Zerstörern am 20. Februar nach Bergen auslief. Sie wurden am folgenden Vormittag von einem britischen Aufklärungsflugzeug gesichtet, doch eine zum Angriff angesetztes Torpedoflugzeug-Squadron konnte das Ziel nicht finden. Am 22. Februar wurden die beiden Schiffe vor Anker liegend im Grimstad Fjord, südlich von Bergen, festgestellt, und als diese sich am folgenden Tag dem nach Drontheim führenden Kanal näherten, torpedierte das britische Unterseeboot *Trident* die *Prinz Eugen* und beschädigte sie schwer. Es gelang ihr jedoch, den Hafen zu erreichen, aber es wurde Oktober, bevor sie wieder einsatzbereit war.

Die Geleitzüge PQ.12 und QP.8

Obwohl die Mißgeschicke, von denen vorstehend berichtet wurde, Raeder's Absichten, eine starke Konzentration von Schiffen zum Angriff auf die Nordmeer-Geleitzüge herzustellen, vereitelt hatten, betrachtete Admiral Tovey die Lage immer noch mit großer Sorge. Mit den ihm zur Verfügung stehenden Kräften konnte er nicht gleichzeitig Vorkehrungen gegen einen Ausbruch der *Tirpitz* in den Nordatlantik treffen und zur selben Zeit den Schutz der Geleitzüge nach und von Rußland gegen Überwasserschiffe sicherstellen. Deshalb veranlaßte er, um von seinen Schlachtschiffen und seinem einzigen

Flugzeugträger den besten Nutzen zu haben, daß die nächsten beiden korrespondierenden Geleitzüge, der ausgehende PQ.12 und der heimwärts gehende QP.8, jeweils gleichzeitig sowohl von Hvalfjord (Island) als auch von der Kola-Bucht auslaufen sollten. Es waren 16, beziehungsweise 15 Schiffe, die am 1. März mit verstärkter Nahsicherung ausliefen. Auch war die Luftüberwachung verstärkt worden, und die Einfahrt nach Drontheim wurde scharf beobachtet.

Am 5. März sichtete ein deutsches Focke Wulf-Aufklärungsflugzeug den PQ.12, siebzig Seemeilen südöstlich von der Jan Mayen-Insel. Um 13.15 Uhr des folgenden Tages ging die *Tirpitz* unter dem Kommandozeichen des Vizeadmirals Otto Ciliax, begleitet von den Zerstörern *Z25, Hermann Schoemann* und *Friedrich Ihn*, in See, um ihn abzufangen. Vier U-Boote, die westlich der Bären-Insel im Einsatz standen, wurden in einem Aufklärungsstreifen quer zur erwarteten Vormarschrichtung des Geleitzuges aufgestellt. Ciliax hatte keine Kenntnis davon, daß sein Auslaufen bemerkt und von dem Unterseeboot *Seawolf* gemeldet worden war; aber die Meldung erreichte Admiral Tovey erst am 7. März, kurz nach Mitternacht. In der Zwischenzeit hatte er Vice Admiral A. T. B. Curteis auf dem Schlachtkreuzer *Renown* befohlen, mit dem Schlachtschiff *Duke of York*, dem Kreuzer *Kenya* und sechs Zerstörern am 3. März aus Hvalfjord auszulaufen, während er selbst auf dem Schlachtschiff *King George V*, mit dem Flugzeugträger *Victorious*, dem mit 20,3 cm bestückten Kreuzer *Berwick* und mit sechs Zerstörern am folgenden Tage von Scapa auslief, um sich mit der anderen Kampfgruppe zu vereinigen. Es war seine Absicht, während der Zeit, in der PQ.12 und QP.8 einander passieren würden, auf einer Linie zwischen 50 und 100 sm südlich des Geleitzugweges zu patrouillieren.

Ein »Blinde-Kuh« Spiel

Außer der einen Sichtmeldung erhielt Ciliax von der Luftaufklärung keine weitere Information, und so hielt er nichtsahnend Kurs auf eine stark überlegene englische Kampfgruppe. Tovey, dessen Flotte zu dieser Zeit 200 sm südlich des PQ.12 stand, befahl, nach Erhalt der Meldung von *Seawolf*, Dampf für Höchstfahrt aufzumachen und änderte den Kurs, um näher an den Geleitzug heranzuschließen. Er befahl *Victorious* sich klarzuhalten, um bei Tagesanbruch eine Luftaufklärung nach Süden durchzuführen, und wenn das schlechte Wetter Flugoperationen nicht verhindert hätte, wäre die *Tirpitz* mit großer Wahrscheinlichkeit gesichtet worden, bevor sie in die Nähe des Geleitzuges kam. Während der Nacht vom 6. auf den 7. März war PQ.12 in Eis geraten, und einer der Geleitzerstörer hatte ernsthafte Beschädigungen erlitten;

deshalb hatte der Befehlshaber der Geleitsicherung auf der Suche nach offenem Wasser den Kurs des Geleitzuges in südöstlicher Richtung geändert. Die Schneeböen und die schlechte Sicht, welche die *Victorious* am Einsatz ihrer Flugzeuge gehindert hatte, gaben auch den Bordflugzeugen der *Tirpitz* keine Startmöglichkeit, so mußte sich Ciliax auf eine geschätzte Position des PQ.12 verlassen, von der er selbst annahm, daß diese erheblich fehlerhaft sein könnte.

Um 10.00 Uhr am 7. März befahl er seinen drei Zerstörern, einen Aufklärungsstreifen nach Nordwesten quer zu dem erwarteten Geleitzugkurs zu fahren, während er der *Tirpitz* befahl, in westlicher Richtung zu steuern. Zu dieser Zeit befand sich der PQ.12 etwa 75 sm nördlich von ihm, und da dieser um 08.00 Uhr seinen nordöstlichen Kurs wieder aufgenommen hatte, stieß der Aufklärungsstreifen der Zerstörer hinter dem Geleitzug vorbei (siehe Skizze II).

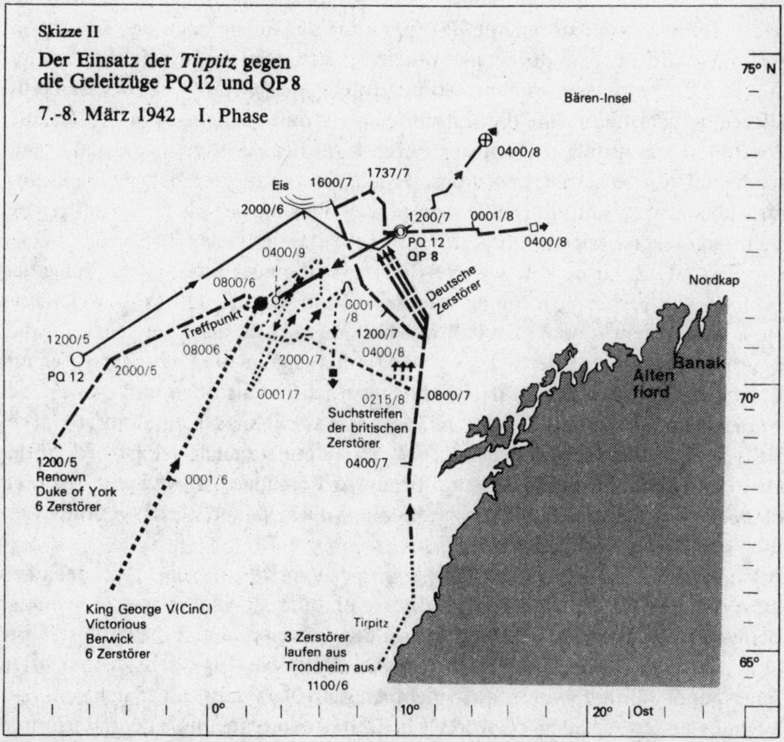

Skizze II

Der Einsatz der *Tirpitz* gegen die Geleitzüge PQ 12 und QP 8

7.-8. März 1942 I. Phase

Zur Mittagszeit passierten sich die beiden Geleitzüge und Admiral Tovey, der bis zu einer Position 75 sm südwestlich von ihnen herangeschlossen war, drehte in dieser Richtung ab, nicht ahnend, daß die *Tirpitz* in diesem Augenblick 60 sm südöstlich von ihm stand und mit hoher Fahrt auf ihn zusteuerte. Das deutsche Schlachtschiff fuhr etwa 60 sm hinter dem PQ.12 und 50 sm vor dem QP.8 vorbei und stand gegen 16.30 Uhr im Norden von beiden Geleitzügen (siehe Skizze II). Die drei deutschen Zerstörer waren tatsächlich an dem QP.8 ganz nahe vorbeigelaufen, aber ohne ihn in Sicht zu bekommen. Jedoch ein russisches Schiff, das zurückgeblieben war, die *Ižora*, wurde von *Friedrich Ihn* gesichtet und um 16.30 Uhr mit Artillerie versenkt. Vorher gelang es aber dem Opfer, noch eine Notmeldung abzusetzen, die von Tovey's Flaggschiff, der *King George V*, aufgenommen wurde. Unglücklicherweise war der gegebene Standort unvollständig, doch wurde um 17.00 Uhr von *King George V* eine Funkpeilung von einem möglicherweise deutschen Funkspruch genommen, und Admiral Tovey änderte den Kurs seiner Flotte in deren Richtung nach Osten. Kurz danach drehte er nach Südosten ab, und er war gerade dabei, sechs seiner Zerstörer mit Befehlen, auf der Suche nach der *Tirpitz* das Seegebiet südostwärts durchzukämmen, zu detachieren, als die Admiralität ihn über Erkenntnisse des »Operational Intelligence Centre« aus der Funkentzifferung informierte, die darauf hindeuteten, daß die deutschen Schiffe ausgedehnte Operationen östlich der Bären-Insel beabsichtigten und Ciliax anscheinend von der Anwesenheit der »Home Fleet« in seiner Nähe keine Kenntnis habe. Daraufhin änderte Tovey seinen Plan, er behielt die Zerstörer bei sich und steuerte wieder einen Kurs in die Nähe der Geleitzüge.
Um 19.40 Uhr wurde eine weitere Peilung von einem Funkspruch desselben Schiffes wie vorher genommen, die darauf hindeutete, daß es — wer dieses auch immer sein mochte — sich mit hoher Fahrt in südlicher Richtung bewegte. Deshalb detachierte Tovey 20 Minuten später die sechs Zerstörer mit Befehl, bis zu einer Position 150 sm südöstlich vorzustoßen und dann nordwärts bis 06.00 Uhr am folgenden Tag mit 2 sm Schiffsabstand aufzuklären. Falls sie keinerlei Sichtungserfolg hätten, sollten sie nach Seidisfjord an der Ostküste Islands zurücklaufen und Brennstoff ergänzen. Etwa zur selben Zeit mußten zwei weitere Zerstörer zur Beölung nach Island zurückgesandt werden, und Tovey verblieb nur noch einer.
Auch bei den Zerstörern von Ciliax ging der Ölvorrat zur Neige und, nachdem diese sich der *Tirpitz* wieder angeschlossen hatten, entsandte er den einen zur Beölung nach Tromsö, während er mit den beiden anderen ostwärts steuerte in der Absicht, seine Suche nach dem Geleitzug bei Tageslicht des nächsten Tages, dem 8. März, wieder aufzunehmen. Um 04.00 Uhr sah er sich genötigt, auch die anderen beiden Zerstörer zur Brennstoffergänzung zu entlassen, und

um 07.00 Uhr ging er mit der *Tirpitz* auf Nordkurs, den vermuteten Weg des Geleitzuges kreuzend. Dieser stand zur gleichen Zeit 80 sm nordwestlich von ihm und steuerte, da die Admiralität befohlen hatte, die Bären-Insel im Norden zu passieren, einen nördlichen Kurs. Da nichts gesichtet wurde, nahm die *Tirpitz* an, sie wäre an ihrer Jagdbeute bereits vorbeigelaufen, und änderte um 10.45 Uhr den Kurs nach Westen. Kurz nach Mittag stieß der PQ.12 auf Eis und war gezwungen nach Südost, anschließend nach Süden, abzudrehen, und zu einer Zeit, während der Nachmittagswache, stand er nur 60 sm von der *Tirpitz* entfernt. Dieses war das zweite Mal, daß Ciliax nur knapp seine Beute verfehlt hatte, und bei dieser Gelegenheit stand Tovey's deckende Schlachtschiff-Kampfgruppe einige 500 sm im Südwesten, und sie hätte nicht eingreifen können, um die schwach gesicherten Handelsschiffe zu schützen, wenn es zu einem Angriff gekommen wäre (siehe Skizze III).

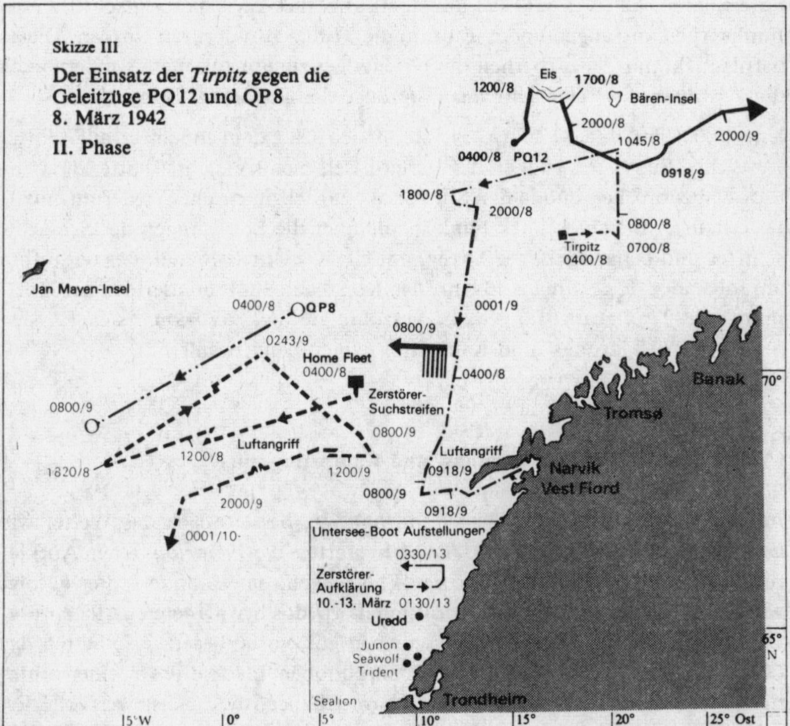

Skizze III

Der Einsatz der *Tirpitz* gegen die Geleitzüge PQ12 und QP8 8. März 1942

II. Phase

Da Tovey seit dem zweiten aufgefangenen Signal nichts weiter gehört hatte, kam er zu der Folgerung, daß Ciliax die Jagd aufgegeben haben müßte, und daß die *Tirpitz* auf dem Rückmarsch zum Stützpunkt wäre. Deshalb steuerte er nun eine Position in der Nähe der Lofoten an, welche sie, wie er erwartete, nahe passieren mußte, und von der aus die Flugzeuge der *Victorious* sie erreichen könnten. Jedoch um 17.30 Uhr übermittelte ihm die Admiralität Erkenntnisse des O.I.C., die darauf hindeuteten, daß das Feindschiff immer noch im Gebiet südlich der Bären-Insel nach dem Geleitzug suchte. Daraufhin drehte er nach Nordosten ab und lief in diese Richtung. Wenn es auch in Kriegszeiten für eine Streitkraft in See ungewöhnlich ist, die Funkstille zu brechen, so gibt es doch besondere Anlässe, die es dem dienstältesten Offizier ratsam erscheinen lassen, dieses zu tun. Tovey's Schlachtschiffe befanden sich noch immer ohne eine Zerstörersicherung in U-Boot-verseuchten Gewässern, und dieses verursachte ihm einige Besorgnis. Als er nun die Funkstille brach, um die Admiralität von dieser Situation und von seinen weiteren Absichten zu unterrichten, hatte er zugleich die Hoffnung, daß auch die Deutschen diesen Funkspruch auffangen und daraufhin die *Tirpitz* zurückrufen würden. Dieses würde nicht nur der Sicherheit des Geleitzuges zugute kommen, sondern auch die *Tirpitz* in die Reichweite der Flugzeuge der *Victorious* bringen.

Um 20.00 Uhr, am 8. März, entschloß sich Ciliax, nachdem er auf seinem westlichen Suchkurs, südlich der Bären-Insel, nichts gesichtet hatte, die Operation abzubrechen und in den Stützpunkt zurückzukehren. Wiederum entzifferte man in Bletchley Park Funksignale über die Bewegungen des Schlachtschiffes und benachrichtigte Tovey, mit einem »Ultra«-Signal, der daraufhin am folgenden Tage, um 02.40 Uhr, den Kurs nach Südost änderte in der Hoffnung, die *Tirpitz* abzufangen. Er verständigte die *Victorious*, sich für den Start von Aufklärungs- und Kampfflugzeugen bereitzuhalten.

»Victorious« startet Aufklärungs- und Kampfflugzeuge

Als die Kampfgruppe sich dem Land näherte, besserte sich das Wetter wie auch die Sicht ständig, und um 06.40 Uhr startete die *Victorious* einen Aufklärungsverband von sechs »Albacore«-Flugzeugen, eine Stunde später gefolgt von einem Kampfverband von zwölf mit Torpedos bewaffneten »Albacores«. Die Aussichten für einen Angriff schienen gut, vorausgesetzt, sie hatten das Glück, das Ziel zu finden. Kurz bevor sie abhoben, machte Tovey einen ermutigenden Signalspruch: »Eine wunderbare Chance, die höchst wertvolle Erfolge bringen könnte. Gott sei mit Euch!«

Die *Tirpitz* stand etwa 60 sm westlich vom Eingang des Westfjords mit hoher Fahrt Trondheim ansteuernd, als um 08.00 Uhr der Ausguckposten im Vormars ein feindliches Flugzeug sichtete und meldete, das als Trägerflugzeug identifiziert wurde. Dieses war ein Flugzeug des Aufklärungsverbandes, das zu gleicher Zeit das Schlachtschiff sichtete und meldete. Die *Tirpitz* erhöhte die Fahrt, änderte den Kurs nach Osten, startete zwei von ihren sechs Arado Seeflugzeugen und forderte Jagdschutz von der in Bodö stationierten Luftwaffe an. Um 08.42 Uhr sichtete der Kampfverband, von achtern aufkommend, die *Tirpitz*, 20 sm entfernt, in Richtung der aufgehenden Sonne. Der Wind kam genau von vorn so, daß die »Albacores« nur mit etwa 30 sm Fahrtüberschuß gegenüber dem Schlachtschiff aufholen konnten, und sie brauchten dadurch einige Zeit, um in eine günstige Angriffsposition vor dem Ziel zu kommen. Wenn auch beim Anflug der Vorteil der Wolkendecke voll ausgenutzt wurde, um nicht gesehen zu werden, so gab ein Wolkenloch gerade in dem Augenblick die Sicht auf den Verband frei, als dieser sich über der *Tirpitz* befand, dadurch wurde jede Hoffnung auf einen Überraschungserfolg zunichte. Der Staffelkapitän gab daraufhin Befehl zum Angriff.

Sofort war der Himmel voller detonierender Granaten von den gewaltigen Flak-Batterien des Schlachtschiffes, trotzdem führten die Angreifer ihre Attacken mit einem derartigen Einsatzwillen durch, den Brennecke »als einen Fanatismus«, bezeichnet, »zu dem jeder Brite in der Stunde der größten Krise fähig ist«.[18] Währenddem drehte und wendete das große Schiff mit harten Ruderlagen, um den von beiden Seiten anlaufenden Torpedos auszuweichen. In neun Minuten war der Angriff vorüber: zwei Flugzeuge waren abgeschossen worden, und die verbleibenden zehn drehten ab und nahmen Kurs auf den Träger, während die *Tirpitz*, anscheinend unbeschädigt, weiter fuhr. Ciliax glaubte, daß sein Flaggschiff aber tatsächlich von einem oder möglicherweise zwei Torpedos getroffen wurde, deren Zündung jedoch versagte. Wenn auch Kapitän z. See Topp sein Schiff mit großer Geschicklichkeit fuhr, so schien es ihm, in anbetracht der Länge des Schiffes und des Einsatzes, mit dem die Angriffe durchgeführt wurden, unmöglich, alle Torpedos ausmanövriert zu haben. Der deutsche Admiral mag völlig recht gehabt haben. Versager der Aufschlagzündung traten zu jener Zeit bei den Torpedos beider Marinen nur allzu häufig auf, und überdies könnten Torpedos, die zu nahe vor dem Ziel in das Wasser eintauchten, nicht genügend Zeit gehabt haben, die Sicherheitsstrecke abzulaufen oder auch die richtige Tiefe einzusteuern. Wie dem auch sei, die Tatsache blieb, daß die *Tirpitz* unbeschädigt war.

---

18 Brennecke, ebenda, Seite 49, Brennecke »Schlachtschiff Tirpitz« (Deutscher See-Verlag) 1953, Seite 41

Tovey's Enttäuschung

Von Tovey's Standpunkt aus war der Fehlschlag des Torpedoangriffs ein einzigartig unglücklicher Ausgang der langen Operation eines »blinde Kuh Spiels«, das er mit seinem respekteinflößenden Gegner spielen mußte. Wie bereits erwähnt, übte die *Tirpitz* allein durch ihre Gegenwart in Nordnorwegen einen sehr starken Einfluß auf die Durchführung der Nordmeer-Geleitzüge aus, die von nun an durch eine Kampfgruppe von Schlachtschiffen mit einem Flugzeugträger gesichert werden mußten.

Deutsches Missvergnügen

Auch auf der deutschen Seite war man mit dem Ergebnis der Unternehmung unzufrieden. Großadmiral Raeder beklagte sich bei Hitler über die Schwäche der deutschen Seestreitkräfte im Nordraum, über die Bedrohung durch die englischen Flugzeugträger und die Unzulänglichkeit der deutschen Luftwaffe, die es den feindlichen Streitkräften erlaubte, ungestraft in die norwegischen Küstengewässer einzudringen. Nach Raeders Ansicht war hauptsächlich das Fehlen von Luftaufklärung für das Unvermögen der *Tirpitz*, den Geleitzug zu erfassen, verantwortlich. Der Führer versprach, mit Reichsmarschall Göring über eine Verstärkung der Luftwaffe in Norwegen zu sprechen, und er billigte die Aufstellung einer Kampfgruppe, die aus der *Tirpitz*, der *Scharnhorst*, dem Flugzeugträger *Graf Zeppelin* (wenn fertig gestellt), zwei Schweren Kreuzern und etwa einem Dutzend Zerstörern bestehen sollte. Dieses anspruchsvolle Vorhaben wurde niemals verwirklicht, weil die *Graf Zeppelin* nicht fertig gebaut wurde, jedoch vereinigte sich der mit 20,3 cm bestückte Schwere Kreuzer *Admiral Hipper* am 19. März mit der *Tirpitz* und der *Admiral Scheer* in Drontheim; damit war der Aufbau von Schlagkraft deutscher Seestreitkräfte in Norwegen einen Schritt vorangekommen.

Die Gegenkräfte wachsen

Die Geleitzüge PQ.13 und QP.9

Am 20. und 21. März liefen die Geleitzüge PQ. 13 und QP. 9 von Island beziehungsweise von der Kola-Bucht aus. Jeder bestand aus 19 Schiffen, und zu der bereit stehenden Ferndeckung gehörten das Schlachtschiff *King George V* (Flaggschiff von Vice Admiral A.T.B. Curteis), das Schlachtschiff *Duke of York*, der Schlachtkreuzer *Renown*, der Träger *Victorious*, die Kreuzer *Edinburgh* und *Kent* sowie 11 Zerstörer. Vor dem Auslaufen der Geleitzüge hatte Admiral Tovey die Sicherungsstreitkräfte darauf hingewiesen, daß es bei Angriffen auf jeden der beiden Geleitzüge durch weit überlegene Kräfte ihre vorrangige Aufgabe war, den Feind zu beschatten und sicherzustellen, daß dieser mit unseren eigenen schweren Schiffen oder Unterseebooten in Gefechtsberührung gebracht wurde. Die Nahsicherung beider Geleitzüge war schwach. Für PQ.13 bestand diese aus den Zerstörern *Fury*, *Eclipse* und *Lamerton* sowie aus 2 Trawlern und 3 bewaffneten Walfangbooten, letztere waren der russischen Marine überstellt worden. Der Kreuzer *Trinidad* stand als Nahdeckung zur Verfügung. Die Geleitsicherung des QP.9 bestand aus dem Zerstörer *Offa* und den Minensuchbooten *Sharpshooter* und *Britomart*. Sie wurde während der ersten zwei Tage der Reise durch fünf Minensuchboote des Stützpunktes Kola-Bucht sowie durch einen russischen Zerstörer verstärkt, der jedoch während der Nacht vom 22. auf den 23. März den Anschluß verlor. Der Kreuzer *Kenya*, der am 22. März aus der Kola-Bucht auslief, um dem QP.9 Nahdeckung zu geben, hat niemals den Anschluß an den Geleitzug, der am folgenden Tage in einen südwestlichen Sturm von Stärke 8 bis 9 geriet, gefunden.

Am 24. März sichtete die *Sharpshooter* während eines Schneetreibens überraschend das aufgetauchte *U 655*, und sie rammte und versenkte das Boot. Sonst verlief die Reise ohne Zwischenfall, und alle Schiffe erreichten heil am 31. März Island. Nicht so gut erging es jedoch dem PQ.13. Vier Tage nach dem Verlassen von Island geriet er in einen sehr schweren nordöstlichen Sturm, der die Schiffe über eine Entfernung von einigen 150 sm zerstreute, und als dieser sich nach vier Tagen unverminderter Stärke legte, suchte der Senior Officer

Escort (S.O.E.), der dienstälteste Offizier der Geleitsicherung, auf *Fury* vergeblich den Horizont nach seinen Schutzbefohlenen ab. Wenn der Sturm auch am 27. März abgeflaut war, so machte nun die schlechte Sicht es schwierig, die Schiffe des auseinandergerissenen Geleitzuges wiederzufinden. Um 10.00 Uhr des folgenden Tages sichtete die *Trinidad*, mit der sich die *Nigeria* (Flaggschiff des Rear Admiral H. M. Burrough) vereinigt hatte, um die Handelsschiffe wieder zusammen zu bringen, ein deutsches BV-138 Aufklärungsflugzeug der 2. Staffel der Küstenfliegergruppe 406, und er vermutete richtig, daß bald Luftangriffe folgen würden. Die Angriffe begannen eine Stunde später durch Ju-88 der III. Gruppe des Kampfgeschwaders (KG) 30 und wurden den ganzen Tag über ununterbrochen fortgesetzt. Der Erfolg war die Versenkung von zwei Handelsschiffen, der *Raceland* und der *Empire Ranger*. Der Trawler *Blackfly* wurde zur Suche nach Überlebenden abgeteilt, doch er konnte keinen einzigen finden.

Kapitän z. See Pönitz hatte Befehl, mit drei deutschen Zerstörern *Z 24*, *Z 25* und *Z 26* von Kirkenes auslaufend, den Geleitzug abzufangen. Nachdem er dessen zu erwartenden Vormarschweg erreicht hatte, bildete er einen Aufklärungsstreifen mit 3 sm Schiffsabstand und suchte in nordwestlicher Richtung. Am Abend sichtete einer der Zerstörer ein Boot mit Überlebenden der *Empire Ranger* und rettete diese. Kurz nach Mitternacht stieß Fregattenkapitän v. Berger, *Z 26*, auf den Dampfer *Bateau* und versenkte ihn mit Torpedo und Artillerie, nachdem er vorher die Besatzung übernommen hatte. Von dieser konnte man einiges über den Geleitzug und die Stärke der Sicherung erfahren, und Kapitän z. See Pönitz schloß daraus, daß das Gros desselben sich im Südosten befinden müßte, daher befahl er um 01.40 Uhr am 29. März, in dieser Richtung mit einer Fahrtstufe von 25 Knoten zu suchen. Diese Maßnahme brachte ihn aber tatsächlich in eine südliche Position von PQ.13, und nachdem nichts gesichtet wurde, gingen die Zerstörer für drei Stunden auf Nordkurs, bevor sie ihre Suchfahrt nach Westen bei schnell sich verschlechternden Wetterbedingungen wieder aufnahmen.

Der Geleitzug hatte sich in zwei Gruppen mit etwa 80 sm Abstand aufgeteilt. Die westliche Gruppe von acht Schiffen wurde von der *Eclipse* und von einem Trawler gesichert, welche um 06.45 Uhr am 29. März, durch den englischen Zerstörer *Oribi* und die russischen Zerstörer *Sokrušitel'nyj* und *Gremjaščij* Verstärkung erhielten. Um 08.43 Uhr lief die *Trinidad*, begleitet von der *Fury*, mit 20 Knoten ostwärts, um die östliche Gruppe von vier Handelsschiffen zusammenzubringen und wieder mit der anderen Gruppe zu vereinigen, als der Radar Operator ein Echo in Peilung 079 Grad entdeckte. Sechs Minuten später kam fast recht voraus, Entfernung 6,5 sm, einer der deutschen Zerstörer in Sicht (siehe Skizze IV). Nach Steuerbord abdrehend,

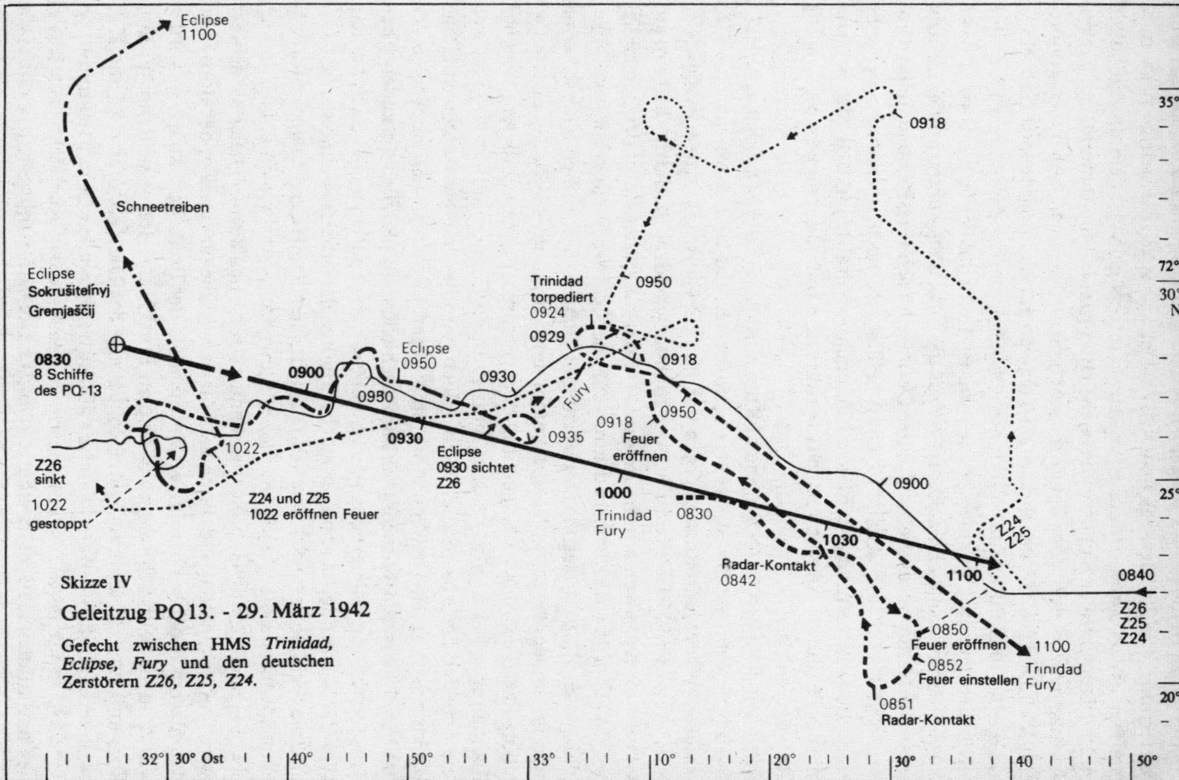

Skizze IV

Geleitzug PQ13. - 29. März 1942

Gefecht zwischen HMS *Trinidad, Eclipse, Fury* und den deutschen Zerstörern *Z26, Z25, Z24.*

um die ganze Batterie zum Tragen zu bringen, eröffnete die *Trinidad* bei einer Entfernung von 2.650 m das Feuer. Das Ziel war *Z 26*, der heftige Ausweichmanöver machte und dem es trotz eines Treffers gelang, die Fahrt zu halten und im Dunst außer Sicht zu kommen. Die *Trinidad* manövrierte, um Torpedos auszuweichen, die der Zerstörer möglicherweise geschossen haben könnte, und schoß um 09.22 Uhr selbst einen Torpedo auf das ablaufende Feindschiff, das wieder in Sicht kam und brannte. Obgleich zwei andere wegen Vereisung nicht aus dem Rohr kamen, schien dieser Torpedo richtig zu laufen, dann durchbrach er plötzlich backbord voraus die Oberfläche und traf den Kreuzer an dessen Steuerbordseite, mit seiner Detonation schwere Beschädigungen anrichtend. Das Schiff bekam 17 Grad Schlagseite nach Backbord, und seine Fahrt fiel auf 8 Knoten. Die *Fury*, die noch achteraus stand, als der Kreuzer mit dem Feindzerstörer in Gefechtsberührung kam, nahm nun die Verfolgung des angeschlagenen *Z 26* auf.

Das Feindschiff zog sich mit einem Kurs zurück, der direkt zu den acht Handelsschiffen mit ihren Geleitfahrzeugen führte, und bei den vorherrschenden schlechten Sichtverhältnissen ergab sich nun ein Gemenge, in dem es schwierig war, Freund und Feind von einander zu unterscheiden. Nachdem die *Fury* aus Versehen zwei Salven auf die *Eclipse* gefeuert hatte, lief sie zu der beschädigten *Trinidad* zurück, während nunmehr die *Eclipse* die Jagd auf den angeschlagenen *Z 26* fortsetzte. Um 09.50 Uhr sichtete sie den Feind verschwommen in Schneeschauern und überkommenden Seen, die über das vordere Geschütz und die Brücke schlugen und dort gefroren, aber trotz dieser mißlichen Bedingungen bekämpfte sie unaufhörlich ihren Gegner und brachte ihm weitere Schäden bei, so daß dieser schließlich mit überflutetem Achterschiff und Backbordschlagseite bewegungsunfähig liegen blieb. Die *Eclipse* war gerade dabei, ihren letzten Torpedo auf ihn zu schießen, als plötzlich die anderen beiden Zerstörer an Steuerbord querab in etwa 2 sm Entfernung in Sicht kamen. Was die Sache noch schlimmer machte, plötzlich hörte das Schneetreiben auf, und die Sicht besserte sich schnell. Die deutschen Schiffe eröffneten sofort das Feuer, während die *Eclipse* mit hoher Fahrt nach Nordwesten ablief. Jedoch bevor sie den Schutz eines Schneeschauers erreichen konnte, hatte sie achtern zwei Treffer erhalten und durch zwei Granaten, die dicht neben der Bordwand detonierten, Löcher über der Wasserlinie. Da der Brennstoff knapp geworden war, und sie neun Schwerverwundete an Bord hatte, drehte sie dann auf Ostkurs und steuerte selbständig die Kola-Bucht an. Die Zerstörer *Z 24* und *Z 25* richteten nun ihre Aufmerksamkeit auf ihren sinkenden Gefährten und retteten 96 Mann seiner Besatzung, bevor sie den Kurs zur Rückkehr nach Kirkenes aufnahmen. Die beschädigte *Trinidad* bewegte sich, gesichert durch die *Fury*, langsam auf die Kola-Bucht zu. Die beiden Schiffe wurden unterwegs

HMS *Belfast*, die nach Reparaturen eines früh im Kriege erlittenen, beträchtlichen Minenschadens wieder zur »Home Fleet« trat. 1943 wurde sie Flaggschiff von Vice-Admiral Burnett und spielte eine führende Rolle bei den Ereignissen, die zur Versenkung des deutschen Schlachtschiffes *Scharnhorst* führten (Imperial War Museum).

Eine Bomben-Reihe von deutschen Flugzeugen fällt zwischen Schiffe eines Nordmeer-Geleitzuges (Imperial War Museum).

Das Fla-Schiff *Pozarica* – ein umgebautes Handelsschiff. Es war mit sechs 10,2-cm-Fla-Geschützen in Zwillingslafetten und acht 4-cm-Kanonen bewaffnet. Die *Pozarica* gehörte zu der Sicherung des unglücklichen Geleitzuges PQ.17 (Imperial War Museum).

Ein Munitionsschiff detoniert während eines Luftangriffs auf den Geleitzug PQ.18 am 14. September 1942 (Imperial War Museum).

Ein russischer Seemannschor unterhält Offiziere und Besatzung des Schlachtschiffes *Duke of York* während eines Besuches in Murmansk im Jahre 1943 (Imperial War Museum).

Das sowjetische Unterseeboot *K 21* in der Kola-Bucht. Die trostlose Natur der Umgebung ist hier zu sehen. Der Kommandant dieses Bootes nimmt für sich einen Treffer auf das Schlachtschiff *Tirpitz* in Anspruch, doch blieb das Schiff tatsächlich unbeschädigt.

von *U 378* angegriffen, jedoch ohne Erfolg, und erreichten den Hafen am 30. März um 09.30 Uhr.

Eine Gruppe von vier U-Booten lag in Erwartung des Geleitzuges in der Nähe der Hafeneinfahrt auf der Lauer. Als dieser sich in zwei Gruppen von acht und vier Schiffen — der Verbleib von weiteren vier Schiffen war noch ungeklärt — der Kildin-Insel näherte, wurde er von *U 376* (Kapitänleutnant Marks) und *U 435* (Kapitänleutnant Strelow) angegriffen. Letzteres torpedierte und versenkte den Frachter *Effingham*. Am folgenden Tage wurde noch eines der vermißten Schiffe, die *Iduna*, die in Eis geraten war und danach das bewaffnete Walfangboot *Silja* — es hatte keinen Brennstoff mehr — in Schlepp genommen hatte, von *U 436* (Kapitänleutnant Seibicke) torpediert, als es sich dem Hafen näherte. Wegen des stürmischen Wetters blieb dieser Vorfall unbemerkt, und die Überlebenden wurden erst nach drei Tagen durch das Minensuchboot *Harrier* gerettet. Von den 19 Schiffen des PQ.13 gingen 5 verloren, es waren die schwersten Verluste, die ein Nordmeer-Geleitzug bisher erlitten hatte.

Bei der Rückschau auf diese Operationen war die deutsche Seekriegsleitung der Meinung, daß mit dem Verlust eines Zerstörers im Austausch für den eines einzigen Handelsschiffes ein zu hoher Preis gezahlt worden war, und sie schlug vor, daß den Zerstörern in Zukunft Deckung durch die schweren Schiffe gegeben werden sollte. Admiral Schmundt, der Admiral Nordmeer, war hiermit nicht einverstanden und sprach sich für größere Vorsicht bei der Durchführung ihrer Operationen aus. Jedoch die Brennstoffknappheit verhinderte sowieso eine Verwirklichung der Vorschläge der Seekriegsleitung.

Die Geleitzüge stoßen auf wachsende Gegenkräfte

Die Kräfte, die sich der Durchführung der Nordmeer-Geleitzüge entgegenstellten, wuchsen von nun an ständig. »Sie wurden um so wirksamer«, wie ein deutscher Historiker geschrieben hat, »je länger die Tage wurden, je weniger die schützende Nacht den Geleitzügen zugute kam, bis diese schließlich in den Sommermonaten der Sicht des Feindes überhaupt nicht mehr entzogen werden konnten.«[19]

Der Wechsel vom Winter zum Sommer veranlaßte Admiral Tovey, die Bedingungen, unter denen die Geleitzüge jetzt durchzuführen waren, zu überdenken. Er legte der Admiralität die Notwendigkeit dar, angesichts der Zunahme von feindlichen Luft-, Überwasser- und Unterwasserstreitkräften, mit denen uns die Geleitzugwege gesperrt werden sollen, die Sicherungsstreitkräfte zu

19 Tippelskirch, ebenda, Seite 552

verstärken. Die einzige Stelle, von der zusätzliche Kräfte hätten abgezogen werden können, war das Western Approaches Command, und das bedeutete die Schwächung der bereits unter Sollstärke operierenden Sicherung der Atlantik-Geleitzüge. Darüberhinaus war die Flugabwehr-Bewaffnung bei den meisten dieser Fahrzeuge schwach, da im Atlantik die Luftbedrohung unwesentlich war, hatten hier die U-Boot-Abwehrwaffen den Vorrang. Der First Sea Lord, Admiral of the Fleet Sir Dudley Pound, der sich des Dilemmas, in dem Admiral Tovey sich befand, voll bewußt war, wies das »Defence Committee« warnend darauf hin, daß mit den länger werdenden Tagen schwere Verluste erwartet werden könnten und möglicherweise eine Fortführung der Nordmeer-Geleite nicht mehr lohnend sein würde. Der beherrschende Faktor war jedoch der politische, und sowohl die englische als auch die Regierung der Vereinigten Staaten fühlten sich gezwungen, alles nur irgendmögliche zu tun, um ihren russischen Verbündeten — koste es was es wolle — zu unterstützen.

Die Geleitzüge PQ.14 und QP.10

Der Geleitzug PQ.14 nach Nordrußland lief mit 24 Schiffen am 8. April von Island aus, und zwei Tager später verließ der heimwärts gehende Geleitzug QP.10 mit 16 Schiffen die Kola-Bucht. Die Nahsicherung des PQ.14 bestand anfänglich aus den Minensuchbooten *Hebe* und *Speedy* sowie 4 Trawlern, die auf einer Position, 120 sm südsüdwestlich von der Insel Jan Mayen, Verstärkung erhielten durch den Kreuzer *Edinburgh* (Flaggschiff von Rear Admiral S.S. Bonham-Carter), die Zerstörer *Bulldog* (Commander M. Richmond, S.O.E.), *Beagle, Amazon* und *Newmarket* sowie durch die Korvetten *Oxlip, Saxifrage* und *Snowflake*. Die *Edinburgh* hatte Stahlplatten für die Reparatur der beschädigten *Trinidad* an Bord, welche die Russen nicht liefern konnten. Die Eisgrenze lag weiter südlich als gewöhnlich, und der Geleitzug stieß auf sie in der Nacht vom 10. auf den 11. April. Dabei erlitten *Hebe* und *Speedy* zusammen mit 16 Handelsschiffen Schäden, die sie zur Rückkehr nach Island zwangen. Die 8 verbleibenden Schiffe wurden am 15. April von einem feindlichen Aufklärungsflugzeug gesichtet und danach zwei Tage lang mit Unterbrechungen gebombt, glücklicherweise ohne getroffen zu werden. Die U-Boote, die auch Fühlung hatten, waren erfolgreicher, und *U 403* (Kapitänleutnant Clausen) torpedierte das Schiff des Geleitzugkommodore, die *Empire Howard*, das in die Luft flog. Der Kommodore, E. Rees, RNR, war nicht bei den wenigen Überlebenden, die gerettet werden konnten. Ein starker Sturm aus Nordwesten kam nun auf, und die Feindtätigkeit war damit beendet, so daß die 7 überlebenden Schiffe am 19. April heil die Kola-Bucht erreichten.

Der westgehende Geleitzug QP.10, gesichert von 7 Zerstörern, von denen 2 russische waren, 4 Minensuchern und 2 Trawlern sowie von dem Nahdeckung gebenden Kreuzer *Liverpool*, wurde während der ersten drei Tage seiner Reise von Flugzeugen und U-Booten heftig angegriffen. Dabei wurden *Empire Cooper* und *Harpalion* durch Ju-88 der III. K. G. 30 und *El Occidente* und *Kiev* durch *U 435* versenkt. Der Feind verlor 6 Flugzeuge, dazu wurde ein weiteres beschädigt. Nach Erreichen von 30° Ostlänge kehrten die beiden russischen Zerstörer und die 3 englischen Minensucher zur Kola-Bucht zurück. Die deutschen Zerstörer hatten bei zwei günstigen Gelegenheiten, diesen Geleitzug abzufangen, Auslaufbefehle erhalten, aber wegen schlechten Wetters und schlechter Sicht wurden die Operationen widerrufen.

Während die beiden Geleitzüge unterwegs waren, hatte Hitler eine Besprechung mit Raeder, wobei dieser die dringende Notwendigkeit von Torpedo tragenden Flugzeugen für den Angriff auf diese Geleitzüge betonte. Wenn die deutsche Marine auch 15 mit Torpedos ausgerüstete He–115 Flugzeuge hatte, so machte deren geringe Geschwindigkeit diese aber zu leichten Zielscheiben für die Flugabwehr, und bei der Luftwaffe gab es offensichtlich Flugzeugtypen, die sich besser eigneten. Raeder war indes der Ansicht, der Torpedo sei eine Waffe des Seekrieges und die hiermit ausgerüsteten Flugzeuge müßten Teile der Marine sein. In diesem Punkt wollte der Oberbefehlshaber der Luftwaffe, Reichsmarschall Hermann Göring, aber nicht nachgeben. Dadurch wurde die Umrüstung des schnelleren He–111 Flugzeuges auf Torpedos verzögert. Raeder gab schließlich nach, und am 1. Mai 1942 kamen die ersten 12 Besatzungen, die für diese Angriffsart ausgebildet werden sollten, zugleich mit 60 Ju–88 Bombern auf dem Flugplatz von Bardufoss in Nordnorwegen an. Im Laufe des Monats wurde auf diesem und auf den benachbarten Flugplätzen eine gewaltige Streitmacht von Flugzeugen bereitgestellt. Bis zum 1. Juni umfaßte diese 103 Ju–88 Bomber, 30 Ju–87 Sturzkampfbomber, 42 He–111 Torpedoflugzeuge und 15 He–115 mit Torpedo bewaffnete Wasserflugzeuge sowie Aufklärungsgruppen mit 8 FW–200 Condor, 22 Ju–88 und 44 BV–138 Flugbooten. Insgesamt ergab sich die eindrucksvolle Zahl von 264 Flugzeugen.

Während der Besprechung, von der vorstehend berichtet wurde, betonte Hitler die dringende Notwendigkeit einer Verstärkung der Angriffe auf die Nordmeer-Geleitzüge, die, wie er erklärte, zum Hauptangriffsziel der Marine gemacht werden müßten. Er befahl die Ausarbeitung von Plänen für eine kombinierte See- und Luftoffensive im Juni.

Die nächsten beiden gegenläufigen Geleitzüge PQ.15 mit 25 Handelsschiffen und QP.11 mit 13 liefen von Island und von der Kola-Bucht am 26. beziehungsweise 28. April aus. Admiral Tovey hatte wegen der Größe des PQ.15, den er auf 15 Schiffe begrenzt haben wollte, Einspruch erhoben. Aber der politische Druck und die große Anzahl der auf ein Geleit wartenden Schiffe führten zur Zurückweisung seiner Einwände. Immerhin wurden die Sicherungsstreitkräfte verstärkt, so daß dem PQ.15 nun 7 Zerstörer, das Flugabwehr-Sonderschiff *Ulster Queen* (ein ehemaliges Irish Mail Postschiff) und das U-Boot *Sturgeon*, welches den Geleitzug bis 5° Ostlänge begleiten sollte, zugeteilt wurden. Als Nahdeckung waren die Kreuzer *Nigeria* (Flaggschiff von Rear Admiral Burrough) und *London* vorgesehen. Die länger werdenden Tagesstunden zwangen zur Zurücknahme der bisher so erfolgreichen Unterseebootpatrouillen vor Trondheim, und es wurde entschieden, diese Boote auf- und abstehend in Überwachungsgebieten 150 sm vor der norwegischen Küste, also außerhalb der normalen Reichweite feindlicher Aufklärungsflugzeuge, aufzustellen. Der Geleitzug PQ.15 führte außerdem das Flugzeugkatapult-Handelsschiff (CAM) *Empire Morn* mit, auf dessen Vorschiff ein Katapult montiert war, das einen »Hurricane«-Jäger trug. Dieser sollte Fühlung haltende Feindflugzeuge abschießen. Nach Erfüllung seiner Aufgabe mußte der Pilot längsseits des nächsten Zerstörers notwassern und auf eine schnelle Rettung aus dem eisigen Wasser hoffen.

Aufgrund der bei den vorhergehenden Geleitzügen gewonnenen Erfahrung, daß die kurze Seeausdauer der Geleitfahrzeuge ihre Fähigkeit, U-Boote zu jagen und anzugreifen, stark einschränkte, war diesem Geleitzug ein Öltanker, die *Grey Ranger*, mitgegeben worden, und das wurde als ständige Praxis für die Folgezeit übernommen.

Wegen der Schwächung der Home Fleet durch Abzug von Streitkräften, die für die Inbesitznahme von Madagaskar benötigt wurden, war Admiral Tovey's Kommando durch das amerikanische Schlachtschiff *Washington*, Flaggschiff des Rear Admiral R. C. Giffen, USN, die Schweren Kreuzer *Wichita* und *Tuscaloosa* sowie durch ein Zerstörergeschwader verstärkt worden. Diese liefen zusammen mit seinem Flaggschiff *King George V*, dem Träger *Victorious*, dem Kreuzer *Kenya* und mit 10 Zerstörern (4 davon waren amerikanische) am 27./28. April von Scapa aus, um den beiden Geleitzügen Ferndeckung zu geben. Während diese Kampfgruppe im Süden der Geleitzugwege kreuzte, wurde am 1. Mai der Zerstörer der »Tribal«-Klasse *Punjabi* bei schlechter Sicht von *King George V* gerammt und mittendurch geschnitten. Das Achterschiff, auf dem sich eine Anzahl von Wasserbomben befand, sank schnell, und die Detonation der Bomben vergrößerte den Schaden, den das Schlachtschiff durch die Kollision erlitten hatte. Das Vorschiff der *Punjabi* hielt sich so lange über Wasser, daß 5 Offiziere und 201 Mann gerettet werden konnten. Danach mußte die *King George V* zunächst nach Scapa zurückkeh-

ren, um dann in Liverpool ins Dock zu gehen. Das Kommando der Deckungskampfgruppe übernahm Vice Admiral Curteis auf der *Duke of York*.
Ein Feindflugzeug sichtete den PQ.15 am 30. April, kurz vor Mitternacht, aber schlechte Sicht und häufige Schneegestöber bewahrten ihn vor Angriffen bis 20.00 Uhr des folgenden Tages, als sechs Ju–88 einen Angriff flogen, den Admiral Burrough als »einen wirr und jämmerlich durchgeführten Angriff« bezeichnete. Ein Flugzeug ging dabei verloren, ohne daß ein Treffer erzielt wurde. Um Mitternacht des 1./2. Mai setzte sich die *London* mit dem Befehl ab, westlich der Bären-Insel zu kreuzen, und am 2. Mai um 10.00 Uhr verließ auch die *Nigeria* den Geleitzug PQ.15, um sich der *London* anzuschließen. Beide Kreuzer richteten nun ihr Augenmerk auf den QP.11. Als die beiden Geleitzüge einander passierten, tauschten sie Informationen aus, und der S.O.E. des PQ.15 wurde nicht im Zweifel gelassen, daß die Aussichten für den Rest seiner Reise alles andere als rosig sein würden. Angriffe durch feindliche Zerstörer, Flugzeuge und U-Boote waren zu erwarten, außerdem lag die Eisgrenze beunruhigend weit südlich. Jedenfalls stand der Geleitzug unter ständiger Beobachtung von ein oder mehreren Flugzeugen und von U-Booten. Bevor jedoch irgendwelche Angriffe eröffnet wurden, ereignete sich ein verhängnisvolles Unglück.
Am 2. Mai wurde das polnische Unterseeboot *P 551*, das von dem ihm zugewiesenen Operationsgebiet 100 sm abgekommen war, geortet und von zwei Geleitfahrzeugen angegriffen. Es erlitt Beschädigungen, die seine Selbstversenkung notwendig machten, nachdem die Besatzung geborgen worden war. Am 3. Mai um 01.27 Uhr griffen bei etwa 4 sm und oft geringerer Sicht mehrere Torpedoflugzeuge der II. Gruppe des K. G. 26 an, ohne daß sie vorher vom Radar erfaßt wurden. Sie torpedierten das Schiff des Commodore, den Dampfer *Botavon* wie auch die *Jutland* und die *Cape Corso*, die alle versenkt wurden. Commodore Archer und 137 Mann der Besatzungen wurden gerettet, während zwei Feindflugzeuge vernichtet wurden und ein weiteres beschädigt abstürzte. Jedoch gelang es den Geleitfahrzeugen, die beschattenden U-Boote in Schach zu halten, und es fanden keine Angriffe statt. Am 3. Mai um 22.30 Uhr erfolgte ein Bombenangriff von Ju–88 Flugzeugen, bei dem nur ein Trawler durch einen knappen Fehlwurf beschädigt und ein Flugzeug abgeschossen wurde. Dann kamen Naturkräfte ins Spiel. Ein steifer südöstlicher Wind, der einen schweren Schneesturm und stark verminderte Sicht brachte, rettete den PQ. 15 vor weiteren Angriffen, und dieser erreichte am 5. Mai um 21.00 Uhr die Kola-Bucht.
Wenn die Reise des PQ. 15 auch nicht gerade ereignislos genannt werden konnte, so hatte er doch nicht solche Schicksalsschläge zu ertragen, wie der heimwärts fahrende Geleitzug QP. 11. Sein durchgehendes Geleit bestand aus

den Zerstörern *Bulldog* (Commander M. Richmond RN), *Beverly*, *Beagle*, *Amazon*, *Foresight*, und *Forester*, sowie aus 4 Korvetten und einem Trawler. Die Geleitsicherung wurde bis 30° Ostlänge durch die russischen Zerstörer *Kujbyšev* und *Sokrušitel'nyj* sowie durch einen englischen Minensucher verstärkt. Am 29. April bekamen Feindflugzeuge und U-Boote Fühlung, und am folgenden Nachmittag wurde der Kreuzer *Edinburgh* (Flaggschiff von Rear Admiral S. S. Bonham-Carter), als er, um in guter Position zur Abwehr etwaiger Angriffsversuche feindlicher Zerstörer zu sein, etwa 15 sm vor dem Geleitzug mit hoher Fahrt Zickzackkurse fuhr, von zwei Torpedos von *U 456* (Kapitänleutnant Teichert) getroffen, die ihr Heck in die Luft jagten und die Ruderanlage lahmlegten. Es war ein hervorragend durchgeführter Angriff, und Teichert verfolgte den angeschlagenen Kreuzer hartnäckig, als dieser sich langsam zurück zur Kola-Bucht auf den Weg machte. Von einem weiteren Angriff wurde er aber durch die Wachsamkeit der Zerstörer *Foresight* und *Forester* abgehalten, die den Kreuzer zusammen mit zwei russischen Zerstörern sicherten. Von seinem Erfolg gab Teichert eine Meldung an den Admiral Nordmeer. Konteradmiral Schmundt hatte wegen des Fehlens einer Deckung durch schwere Schiffe bisher nicht die Absicht, seine Zerstörer zum Angriff auf diese beiden Geleitzüge einzusetzen. Nach Erhalt dieser Meldung änderte er jedoch seine Meinung, und am 1. Mai um 10.00 Uhr verließ Kapitän z. See Schulze-Hinrichs mit den Zerstörern *Hermann Schoemann, Z 24* und *Z 25* Kirkenes, um mit hoher Fahrt nach Norden vorzustoßen.
Inzwischen war der QP.11, der sich am 1. Mai um 05.40 Uhr etwa 150 sm ostsüdöstlich von der Bären-Insel befand, erfolglos von vier He–115, torpedobewaffneten Schwimmerflugzeugen, angegriffen worden. Während des Angriffs zwang die *Amazon* ein beharrlich über Wasser Fühlung haltendes U-Boot zum Tauchen. Nach der Anzahl von Peilungen, die vom Bord-Kurzellenpeiler aufgefangen wurden, waren es aber offensichtlich mindestens vier U-Boote, die den Geleitzug beschatteten. Die unmittelbare Nähe von Eis voraus zwang dann zu einer Kursänderung nach Backbord auf 275°, und um 13.45 Uhr hatte die Korvette *Snowflake* drei Radarkontakte in Peilung 185°. Der Wind wehte von Nordnordost mit Stärke 3, und bei zeitweiligen Schneeböen war die Sicht veränderlich zwischen 2 und 10 sm; nahe an der Steuerbordseite trieben große Eisschollen. Mit dem Radarkontakt der *Snowflake* fast gleichzeitig sichtete der Zerstörer *Beverly* in Peilung 210° drei große Zerstörer Backbord voraus vom Geleitzug. Es waren die vorher erwähnten deutschen Schiffe. Sie verfügten über eine Artillerie von acht 15 cm und fünf 12,7 cm Kanonen gegenüber den sechs 12 cm und drei 10,2 cm Kanonen der vier englischen Zerstörer, die jetzt beim Geleitzug standen. Dennoch vereitelte Commander Richmond mit kühnem Draufgängertum, wie es sich für den Na-

men seines Schiffes *Bulldog* geziemt, erfolgreich fünf Versuche des Feindes, an den Geleitzug heranzukommen. Schließlich stießen die deutschen Schiffe auf einen russischen Nachzügler, die *Tsiolkovskij*, den sie versenkten. Die Besatzung wurde von einem Trawler gerettet. Um 17.45 Uhr erhielten die deutschen Zerstörer Befehl, nach dem beschädigten Kreuzer *Edinburgh* zu suchen, und entfernten sich. Die *Amazon* hatte bei dem Gefecht einen Treffer in die Ruderanlage erhalten und die *Bulldog* hatte geringen Splitterschaden, während die Feindschiffe unbeschädigt geblieben waren.

Die *Edinburgh*, jetzt mit dem Bug 2 m tiefer im Wasser liegend, mit nur zwei ihrer vier Schraubenwellen betriebsklar und ohne Ruder, bewegte sich langsam und sehr mühsam nach Osten vorwärts. Am 1. Mai um 6.00 Uhr mußten sich die beiden russischen Zerstörer wegen Brennstoffmangel absetzen. Der Zerstörer *Foresight*, der am Heck des Kreuzers festgemacht hatte, um diesen auf geradem Kurs zu halten, warf deshalb die Leinen los, um die Sicherung zu übernehmen, die bei der Hartnäckigkeit von *U 456* von größerer Dringlichkeit war. Sich selbst überlassen, gierte die *Edinburgh* nun wie betrunken von einer Seite zur anderen. Captain Faulkner fand heraus, daß er sein Schiff nur dadurch einigermaßen auf Kurs halten konnte, indem er von Zeit zu Zeit mit einer Schraube zurückging, um das Ausscheren zu korrigieren. Dieses setzte die Vormarschgeschwindigkeit auf etwa 2 sm/h herab. Als Admiral Bonham-Carter die Nachricht von den Angriffen der deutschen Zerstörer auf den PQ.15 erhielt, war er sich völlig darüber klar, daß diese nun ihr Augenmerk auf sein beschädigtes Flaggschiff richten würden. Er informierte deshalb die *Forester* und die *Foresight*, im Falle eines Angriffs selbständig zu handeln, und bei Nutzung jeder Gelegenheit, die Absichten des Feindes zu vereiteln, jedoch keine übertriebenen Risiken zur Verteidigung des Kreuzers einzugehen. Am 1. Mai um 18.00 Uhr erhielten die *Edinburgh* und ihre beiden Zerstörer Verstärkung durch den russischen Schlepper *Rubin* und sechs Stunden später durch die englischen Minensucher *Hussar*, *Harrier*, *Gossamer* und *Niger*. Der Schlepper war leider nicht stark genug, um den 10000 ts Kreuzer in Schlepp zu nehmen. Er machte deshalb an Backbord vorn am Kreuzer fest, und mit der *Gossamer* achtern an einer Schleppleine, wie ein Treibanker wirkend, konnte eine Fahrt von 3 sm/h und ein annehmbar gerader Kurs erreicht werden. Die übrigen Geleitfahrzeuge bildeten eine kreisende Rundumsicherung um die Gruppe. Der Wind wehte mit Stärke 3 aus Nordnordost, und wenn die Verhältnisse so blieben, bestanden leidlich gute Aussichten, die Kola-Bucht zu erreichen.

Am 2. Mai um 06.27 Uhr sah sich die *Hussar*, die Steuerbord voraus von dem angeschlagenen Schiff stand, plötzlich von drei Schiffen unter Feuer genommen, deren Silhouetten verschwommen wahrzunehmen waren. Sie drehte deshalb ab und zog sich auf den Kreuzer zurück. Die Feindzerstörer hatten nun ihr neues Angriffsziel ausgemacht und machten alle Anstrengungen, sich einnebelnd und gelegentliche Schneegestöber nutzend, um in Torpedo-Reichweite zu kommen. Aber durch die kühnen Manöver der *Foresight* und der *Forester* wurden sie erfolgreich daran gehindert. Bereits bei der ersten Feindmeldung hatte die *Edinburgh* sowohl den Schlepper als auch die *Gossamer* losgeworfen, und obwohl sie nun außer Kontrolle langsam im Kreis fuhr, gelang es ihr, mit den 15,2 cm Kanonen von Turm »B« die Feindschiffe unter Feuer zu nehmen. Ihre zweite Salve traf den Zerstörer *Hermann Schoemann*. Die Treffer setzten die Maschinen außer Betrieb, zerstörten die Feuerleitanlage und machten ihn bewegungsunfähig. An dem Gefecht nahm er nicht mehr teil. Nun wurde die *Foresight* bei einer Entfernung von 73 hm von *Z 24* beschossen. Unverzüglich griff auch die *Forester* mit in das Gefecht ein, bei dem beide Schiffe unter der Tarnung durch Nebelschwaden und Schneegestöber mit dem stärkeren Gegner Versteck spielten. Um 06.50 Uhr wurde die *Forester*, nachdem sie gerade eben drei Torpedos auf die Feindschiffe geschossen hatte, von drei Granaten getroffen, die den Kommandanten, Lieutenant Commander G. P. Huddart RN, töteten, den Kessel No. 1 und das Geschütz »B« außer Gefecht setzten sowie den Verschlußmechanismus am Geschütz »X« zertrümmerten. Drei Minuten später schoß *Z 24* vier Torpedos, welche die *Forester* unterliefen und auf die *Edinburgh* zurasten, die, unfähig irgendwelche Ausweichmanöver zu machen, an Backbordseite mittschiffs von einem Torpedo getroffen wurde. Sie bekam sofort Schlagseite nach Backbord und stoppte, und es war offensichtlich, daß sie jeden Augenblick auseinanderbrechen könnte. Der Admiral befahl der *Gossamer*, zur Übernahme der Verwundeten und der Passagiere längsseits zu kommen. Inzwischen aber setzte der Kreuzer das Gefecht fort und hinderte dadurch *Z 24*, seinem beschädigten Kameraden Hilfeleistung zu geben. Die Schlagseite der *Edinburgh* wurde jedoch ständig größer. Als diese 17° erreicht hatte, und auch die Kanonen nicht mehr auf den Feind gerichtet werden konnten, gab der Admiral Captain Faulkner den Befehl, das Schiff aufzugeben. Etwa 440 Offiziere und Mannschaften wurden von der *Gossamer* und 350, einschließlich des Admirals, von der *Harrier* übernommen. Die Operation wurde von der *Hussar* durch Legen einer Nebelwand gedeckt.

Inzwischen griffen die beiden unbeschädigten Feindschiffe die *Forester* an und deckten sie mehrmals mit gut liegenden Salven ein. Die mißliche Lage erkennend, lief um 17.14 Uhr die *Foresight* verwegen zwischen diese und den Feind und zog damit das Feuer auf sich. Eine auf *Hermann Schoemann* geschossene Torpedosalve ging fehl, und sehr bald stand nun die *Foresight* bei einer Entfernung von 38 hm dem konzentrierten Feuer von *Z 24* und *Z 25* gegenüber. Nachdem sie vier direkte Treffer erhalten hatte, blieb nur noch ein

Geschütz einsatzklar, und sie mußte stoppen. Es war eine verzweifelte Lage, aber glücklicherweise wurde der Feind durch seine Sorge um die Rettung der Besatzung des langsam sinkenden *Hermann Schoemann* davon abgehalten, seinen Vorteil auszunutzen. Um 07.35 Uhr gelang es der *Forester*, wieder Fahrt aufzunehmen, und so konnte sie dem Schwesterschiff ihre Dankesschuld abstatten, indem sie nun einen Rauchschleier zwischen die angeschlagene und immer noch unter Beschuß stehende *Foresight* und die deutschen Zerstörer zog. *Z 24* ging jetzt bei *Hermann Schoemann* längsseit und übernahm etwa 200 Mann der Besatzung. Danach wurde *Hermann Schoemann* versenkt. Dann liefen *Z 24* und *Z 25*, dem ein Treffer die Funkanlage zerstört hatte, mit hoher Fahrt nach Nordwesten ab und kehrten nach Kirkenes zurück.
Da es nun zur Rettung der *Edinburgh* keine Möglichkeit mehr gab, befahl der Admiral der *Foresight*, diese mit dem letzten Torpedo, der ihr noch verblieben war, zu versenken. Nachdem dieses geschehen war, nahmen alle Schiffe Kurs auf die Kola-Bucht, die sie am 3. Mai erreichten.
In Anbetracht der Umstände waren die Verluste bei den englischen Streitkräften nicht schwer. Auf der *Edinburgh* waren 2 Offiziere und 55 Mannschaften gefallen und 23 verwundet. Die *Foresight* und die *Forester* verloren 2 Offiziere und 19 Mannschaften, und 23 waren verwundet worden. Dazu war auf der Überfahrt 1 Handelsschiffsoffizier gefallen, und 2 von den Mannschaften waren verwundet worden. Auf der deutschen Seite wurden die 60 Mann der *Hermann Schoemann*, die auf einem Rettungsfloß zurückgelassen werden mußten, später von *U 88* gerettet.
Der Verlust der *Edinburgh* war nur der Anfang von den Schicksalsschlägen, die nun über die Nordmeer-Geleitzüge hereinzubrechen begannen. Mit Hilfe der Stahlplatten, die damals von der *Edinburgh* herangebracht worden waren, wurde die *Trinidad* wieder zusammengeflickt und seetüchtig gemacht. Als am 5. Mai ihre Rückreise nach Island und von dort zur vollständigen Reparatur nach den Vereinigten Staaten bevorstand, setzte Admiral Bonham-Carter auf ihr seine Flagge. Die Ausreise verzögerte sich jedoch noch bis zum 13. Mai aufgrund von Geheimdienstnachrichten von möglichen Bewegungen deutscher schwerer Schiffe von Drontheim nach Norden. Wie sich später herausstellte, handelte es sich hierbei um die Verlegung des Schweren Kreuzers *Admiral Scheer* nach Narvik. Um die Überführung der *Trinidad* zu sichern, wurden umfangreiche Vorsichtsmaßnahmen getroffen. Als Nahsicherung hatte sie die Zerstörer *Somali*, *Matchless*, *Foresight* und *Forester*. Die Kreuzer *Nigeria* (Flaggschiff von Rear Admiral H. M. Burrough), *Kent*, *Norfolk* und *Liverpool*, gesichert durch die Zerstörer *Inglefield*, *Escapade*, *Onslow* und *Icarus*, kreuzten westlich der Bären-Insel. Von einer weiter südwestlich gelegenen Position aus gab Admiral Tovey auf der *Duke of York* mit der *Victorious*,

USS *Washington* und USS *Tuscaloosa*, gesichert durch 11 Zerstörer, Ferndeckung. Die Russen waren aufgefordert worden, Jagdschutz für die ersten 200 sm der Reise sicherzustellen. Es traten aber nur 3 »Hurricanes« kurz in Erscheinung, bevor sie zu ihrer Basis zurückkehrten. Umgehend erfaßten deutsche Aufklärungsflugzeuge die *Trinidad* und ihre Sicherung, und gegen abend des 14. Mai hielten 4 von ihnen Fühlung und gaben laufend Standortmeldungen.

Der erste Angriff wurde am 14. Mai um 22.00 Uhr von Ju–88 Bombern geflogen. Es herrschte schwacher westlicher Wind, glatte See, veränderliche Sicht, und der Himmel war zu 9/10 mit niedrigen strato cumulus Wolken bedeckt. Die Bomber konnten jedoch keinerlei Treffer erzielen. Danach folgte um 22.37 Uhr ein Angriff von etwa 10 Torpedoflugzeugen. Während aller Augen diesen Anflug beobachteten, stürzte eine einzelne Ju–88 durch die Wolkendecke auf die Steuerbordseite der *Trinidad* zu und warf aus einer Höhe von etwa 130 m eine Bombenreihe. Eine Bombe traf den Brückenaufbau an Steuerbord, detonierte auf dem unteren Deck und entfachte dort ein Feuer, das sich schnell ausbreitete. Eine zweite Bombe durchschlug eine provisorisch geflickte Abdeckung in Höhe der Seesoldaten-Messe und flutete damit die Munitionskammer des »B« Geschützturmes und die angrenzenden Abteilungen. Das Schiff bekam 14° Schlagseite. Es konnte aber trotzdem noch weiter 20 Knoten laufen und die Torpedos der Flugzeuge, die aller Aufmerksamkeit auf sich gezogen hatten, erfolgreich ausmanövrieren, wie auch diejenigen eines weiteren Angriffs, der 15 Minuten später erfolgte. Um 23.15 Uhr mußte der Kreuzer stoppen, um den Luftzug zu mindern, der das Feuer anfachte; bald darauf wurde jedoch festgestellt, daß dieses außer Kontrolle geraten war. Da sich der Kreuzer nur etwa 170 sm von der feindbesetzten Küste und noch dazu in U-Boot verseuchten Gewässern befand, war offensichtlich, daß es tatsächlich keinerlei Hoffnung zu einer Rettung gab, und es wurde der Befehl zur Aufgabe des Schiffes gegeben. Die *Forester* hatte bereits die Verwundeten und die Passagiere übernommen, und jetzt wurde die Besatzung auf die anderen drei Zerstörer verteilt. Admiral Bonham-Carter, der seine Flagge auf der *Somali* gesetzt hatte, beauftragte am 15. Mai um 01.20 Uhr schweren Herzens die *Matchless*, den brennenden Kreuzer mit Torpedos zu versenken. Auf der Rückreise nach Island wurden die vier Zerstörer, die sich Admiral Burrough's Kreuzer-Gruppe angeschlossen hatten, bei einer Entfernung zum nächsten Feindflugplatz von 350 sm von Ju–88 Bombern angegriffen. Wenn auch hierbei Treffer nicht erzielt wurden, war dieses doch ein Hinweis auf die Ausweitung der Gefahr, die nun die deutsche Luftwaffe darstellen konnte.

In seiner Stellungnahme zu dem Verlust der *Edinburgh* und der *Trinidad* schrieb Rear Admiral Bonham-Carter:

»Bevor die Flugplätze in Nordnorwegen nicht ausgeschaltet sind, und solange es nur einige Stunden Dunkelheit gibt, sollte die Fortsetzung dieser Geleitzüge unterbrochen werden. Wenn sie aus politischen Gründen fortgesetzt werden müssen, muß mit sehr ernsten und schwerwiegenden Verlusten gerechnet werden. Die Stärke der deutschen Angriffe wird zunehmen, nicht abnehmen.«

Admiral Tovey pflichtete dieser Auffassung bei und bekräftigte nochmals seine Überzeugung, daß diese Geleitzüge klein gehalten werden sollten; dahingegen hatte aber Mr. Churchill am 17. Mai 1942 in einem Memorandum an das »Chief of Staff Committee« dargelegt: »Nicht nur Generalissimus Stalin, sondern auch Präsident Roosevelt werden starke Einwendungen machen, wenn wir jetzt von der Durchführung dieser Geleitzüge Abstand nehmen. Die Russen sind in schwerem Einsatz, und sie werden von uns erwarten, daß wir die Risiken auf uns nehmen und den Preis zahlen, den unser Beitrag erfordert. . . Ich teile Ihre Befürchtungen, aber ich halte es für eine Sache der Pflicht.«[20]
Obgleich die Bedingungen mit den länger werdenden Tagen zunehmend ungünstiger wurden, sollte der nächste nach Nordrußland gehende Geleitzug größer werden als irgendeiner der vorangegangenen.

20 Churchill, ebenda, Band IV, Seite 223-4

Vorspiel zur Katastrophe

Die in Nordnorwegen stationierte deutsche Zerstörer-Flottille hatte zwei Schiffe verloren, und es wurde angenommen, daß die übrigen Zerstörer auch den einen oder anderen Schaden davongetragen hatten. Obgleich auch die Möglichkeit eines Angriffs von einem oder zwei der deutschen Schweren Kreuzer bestand, so kam Admiral Tovey doch zu der Überzeugung, als er seine Dispositionen für den PQ.16 traf, daß die größte Bedrohung, gegen die man sich schützen müßte, von Luftangriffen zu erwarten war. Die besten Schiffe, die für diese Aufgabe zur Verfügung standen, waren seine Kreuzer mit ihrer schweren Flakbewaffnung, aber leider hatte er nur vier davon. Deshalb fand er es am besten, die Kreuzer zusammenzuhalten und sie zunächst als Deckung für den ausgehenden PQ.16 einzusetzen, und sie dann am Treffpunkt mit dem heimwärtsgehenden QP.12 diesem beizugeben. Es wurde auch angeordnet, daß alle Handelsschiffe Fesselballone führen sollten. Um die Luftabwehr noch mehr zu stärken, wurde das Flak-Schiff *Alynbank* und das CAM-Schiff *Empire Lawrence* in den Geleitzug eingegliedert. Fünf englische und zwei russische U-Boote patrouillierten im Süden des Geleitzuges.

Am 21. Mai lief der PQ. 16, 35 Schiffe umfassend, unter dem Befehl von Commodore N. H. Gale, RNR, auf dem Dampfer *Ocean Voice*, gesichert durch das Minensuchboot *Hazard* und vier Trawler, von Hvalfjord aus; zwei Tage später sollten dazu stoßen: die *Alynbank*, die U-Boote *Trident* und *Seawolf*, die Zerstörer *Ashanti* (Commander R. G. Onslow, RN, S.O.E.), *Martin, Achates, Volunteer* und ORP *Garland* mit den Korvetten *Honeysuckle*, *Starwort*, *Hyderabad* und FFS *Roselys*. Die Deckungskampfgruppe bestand aus den Kreuzern *Nigeria* (Flaggschiff von Rear Admiral H. M. Burrough), *Norfolk, Kent* und *Liverpool*, gesichert durch die Zerstörer *Onslow, Oribi* und *Marne*, die am 23. Mai von Seidisfjord ausgelaufen waren. Die Deckungskampfgruppe steuerte nach Nordosten und eine Position an, von der aus sie sowohl dem PQ.16 als auch dem QP.12 Deckung geben konnte. Der QP.12, der aus 15 Schiffen bestand, war am 21. Mai aus der Kola-Bucht ausgelaufen. Am 23. Mai um 19.00 Uhr wurde die Kreuzergruppe von einem Feindflugzeug gesichtet und gemeldet, und gegen Mitternacht geriet sie in dichten Nebel.

Der Nebel hatte zur Folge, daß der PQ.16 sich in zwei Teile auflöste, und die Zerstörer hatten einige Schwierigkeiten, ihn wieder ausfindig zu machen. Erst nach Mitternacht vom 24./25. Mai gelang es, ihn wieder zu sammeln. Am 25. Mai um 05.35 Uhr schloß die Kreuzergruppe heran und nahm Stationen innerhalb des Geleitzuges ein, so daß zwischen der 4ten und 5ten sowie zwischen der 5ten und 6ten Kolonne je zwei Kreuzer standen, während die Zerstörer den Sicherungsgürtel verstärkten. Diese Formation war entworfen worden, um den besten Schutz gegen Luftangriffe zu erzielen; und das sollte schon 15 Stunden später auf die Probe gestellt werden.

Bald nachdem die Kreuzer sich angeschlossen hatten, begann ein Focke-Wulf Aufklärungsflugzeug um den Geleitzug zu kreisen. Aber zur allgemeinen Überraschung verlief der Tag ruhig, und die Zerstörer konnten aus dem begleitenden Öltanker *Black Ranger* ihren Brennstoff ergänzen. Die erste Serie von Luftangriffen der III./K.G.26 und der III./K.G.30, die dann über den größten Teil der nächsten fünf Tage andauern sollten, begann um 20.35 Uhr mit dem Anflug von 7 He–111 Torpedoflugzeugen und 8 Ju–88 Bombern. »Es war ein schöner, strahlender Tag, die See war ruhig und blau wie das Mittelmeer, und nun war der Himmel schwarz gefleckt mit den Sprengwolken der Fla-Granaten«,: schrieb Alexander Werth, der als Kriegsberichter nach Moskau unterwegs war und die Passage auf dem Dampfer *Empire Baffin* machte.

> »Sie flogen in einem Halbkreis vorn um den Geleitzug herum, dann kamen sie nach einigen Sekunden der spannenden Ungewißheit direkt aus der Sonne . . . Sie hatten es auf die Kreuzer in der Mitte des Geleitzuges abgesehen. Die Leuchtspurgeschosse unserer Oerlikons rasten auf den gelben Rumpf der Ju–88 zu, als sie über uns herabstieß. Ein kreischendes Heulen, lauter und lauter anschwellend, und dann die Detonationen, als eine Bombenreihe zwischen uns und dem an Backbord stehenden Zerstörer landete.«[21]

Das CAM-Schiff *Empire Lawrence* startete seinen einzigen »Hurricane«-Jäger, der nun in den Pulk der Angreifer hineinraste, dabei eine He–111 abschoß und eine weitere beschädigte. Als dann das Jagdflugzeug auf dem Wasser aufsetzte, nahm unglücklicherweise ein schießwütiger MG-Schütze von einem der amerikanischen Schiffe dieses unter Feuer und verwundete dabei den Piloten, bevor er von der *Volunteer* gerettet wurde. Der Dampfer *Carlton* erlitt durch einen nahen Fehlwurf einen Bruch in der Hauptdampfleitung. Er mußte von dem Trawler *Northern Spray* in Schlepp genommen werden und nach Island zurückkehren. Das war aber auch der einzige Schaden, den der Angriff angerichtet hatte.

---

21 Alexander Werth, »The year of Stalingrad« (Hamish Hamilton, 1946), Seite 31

Zwischen 23.15 und 23.30 Uhr flogen 12 Ju–88 einen weiteren aber ebenso erfolglosen Angriff. Dann begannen schwere graue Wolken den Himmel zu überziehen und brachten einstweilen jede Lufttätigkeit zum Erliegen.

Auch die Anwesenheit von U-Booten war an jenem Nachmittag festgestellt worden, indem die *Martin* um 15.00 Uhr ein U-Boot 7 sm Steuerbord querab vom Geleitzug sichtete und angriff. Aber es vergingen 12 Stunden, bevor es zu einem U-Boot Angriff kam. Am 26ten um 03.05 Uhr torpedierte *U 703* (Kapitänleutnant Bielfeld) den Dampfer *Syros*. Als er nach einer Explosion gesunken war, wurden von seiner Besatzung von 37 Mann 28 durch die *Hazard* und durch den Trawler *Lady Madeleine* gerettet.

Der PQ.16 und der QP.12 passierten einander am 25ten um 13.45 Uhr. Admiral Burrough trennte sich aber erst am 26ten um 04.00 Uhr auf einer Position 240 sm westsüdwest von der Bären-Insel von dem PQ.16, da er dem größeren und wertvolleren Geleitzug die Unterstützung durch seine Kreuzer solange wie möglich erhalten wollte. Er war der Meinung, mit dieser Maßnahme auch im Sinne seiner Instruktionen zu handeln. Die niedrige Wolkendecke, welche sich bis zum späten Nachmittag hielt, bewahrte den Geleitzug den ganzen Tag hindurch vor weiteren Luftangriffen. Aber um 18.00 Uhr flogen acht He–111 und drei Ju–88 einen erfolglosen Angriff, bei dem eines der sichernden Unterseeboote beinahe von einer Bombenreihe getroffen worden wäre. Die Geleitfahrzeuge waren vollauf damit beschäftigt, die deutschen U-Boote zu verjagen, wenn sie versuchten, an den Geleitzug heranzukommen. Die aufgefangenen Fühlunghalter-Signale zeigten an, daß diese den Geleitzug noch über weitere drei Tage begleiteten.

»Diesen Tag werde ich wahrscheinlich niemals vergessen«: schrieb Mr. Werth für den 27. Mai in sein Tagebuch. Es fing um 03.20 Uhr mit einem wirkungslosen Luftangriff an. Kurz nachdem stieß der Geleitzug im Süden der Bären-Insel auf starkes Packeis und mußte den Kurs für zwei Stunden nach Südost ändern, um davon freizukommen. Der Feind, von der bisherigen Erfolglosigkeit enttäuscht, war nun entschlossen, auf's Ganze zu gehen. Das begann mit 111 Ju–88 und 7 He–111 um 11.15 Uhr.

> »Über lange 40 Minuten griffen sie an, meistens zu zweit und zu dritt, meistens direkt aus der Sonne kommend, einige im Tiefflug, andere ihre Bomben aus 600 m Höhe werfend. Aus ihren gelben, Haifisch ähnlichen Bäuchen konnte man die widerlich gelben Eier fallen sehen, und nach einem Augenblick des Bangens sah man mit Erleichterung die Wassersäulen hochschießen.«[22]

---

22 Werth, ebenda, Seite 34

Die Angriffe wurden mit Unterbrechungen zehn Stunden lang fortgesetzt, und da der Himmel sich mit einer Wolkendecke von etwa 1000 m Höhe bezog, konnten die Feindflugzeuge nun ihre Angriffspositionen ungesehen einnehmen.

Um 13.10 wurde der Dampfer *Alamar* von zwei Bomben getroffen und in Brand gesetzt. Das war ihr erster Erfolg. Ein weiterer folgte fünf Minuten später, als der Dampfer *Mormascul* von zwei Nahkrepierern beschädigt wurde. Beide Schiffe sanken etwa 20 Minuten später, während ihre Besatzungen von den Geleitfahrzeugen gerettet werden konnten. Zwischen 14.05 und 14.10 Uhr wurden der russische Tanker *Starij Bolševik* und das CAM-Schiff *Empire Lawrence* getroffen und in Brand gesetzt. Der Trawler *Lady Madeleine* lief in die Nähe des letzteren und sein Kommandant, Lieutenant Commander Graeme Ogden, RNVR, fragte den Kapitän, ob er irgendwelche Hilfe benötigte.

> »Er rief irgendetwas zurück, das ich niemals erfahren werde, denn in diesem Augenblick war nur noch das schreckliche Heulen von Bombern zu hören und mich umwendend, sah ich drei von ihnen auf uns zustürzen. Ich hörte das Sausen von fallenden Bomben, konnte aber mit dem Schiff nicht mehr ausweichen. Das nächste, an das ich mich erinnern kann . . . der Himmel war voller seltsamer Brocken. Wir wurden von fallenden Wrackteilen zugedeckt und von erstickendem braunen Qualm eingehüllt. Ich dachte, wir selbst müßten einen Treffer bekommen haben. Als sich Minuten später der Qualm verzogen hatte, war von der 12.000 Tonnen großen *Empire Lawrence* nichts mehr zu sehen.«[23]

Der von der *Empire Baffin* aus beobachtende Mr. Werth sah: »einen Blitz, der vor der Sonne nicht sehr hell war, und eine riesige Feuersäule wie bei einem ausbrechenden Vulkan. Rauch und Wrackteile schossen 70 m hoch in die Luft — und fielen dann langsam, schrecklich langsam, wieder auf die See herunter."[24] Die Explosion war durch das T.N.T. und die Munition in der Schiffsladung verursacht worden. Da die meisten Schiffe eine ähnliche Ladung hatten, machte dieses Ereignis einen tiefen Eindruck auf die Besatzungen der übrigen Schiffe.

Die Besatzung der *Starij Bolševik*, zu der auch einige Frauen gehörten, kämpfte hartnäckig, um das Feuer zu löschen und das Schiff zu retten. Es war hinter dem Geleitzug zurückgeblieben, und während einer Ruhepause lief der Zerstörer *Martin* dorthin, um seinen Schiffsarzt, Surgeon Lieutenant R. Ransome Wallis, RNVR, an Bord zu geben. Mit einigen Schwierigkeiten erklom-

---

23 Graeme Ogden, »My Sea Lady« (Hutchinson, 1963), Seite 121
24 Werth, ebenda, Seite 35

men er und sein Sanitätsgast die Bordwand des brennenden Schiffes. Oben wurden sie von drei Frauen empfangen und zu einigen an Deck liegenden Bündeln geführt. Diese waren, wie sich herausstellte, die Verwundeten, welche dann in das Boot der *Martin* geschafft wurden. Nachdem der Arzt die Beschädigungen des Tankers besichtigt hatte, fuhr er zu seinem Zerstörer zurück. Dort kam wenig später die *Lady Madeleine* längsseit, um fünf von den schwerer verwundeten Überlebenden der *Empire Lawrence* zu übergeben. »Einer dieser Männer, der Zweite Ingenieur, hatte einen leicht eingedrückten Schädelbruch, der sich unter einer großen Wunde der Kopfhaut zeigte. Während ich ihn zusammenflickte, fingen wir ein Gespräch an, und ich entdeckte, daß er einer meiner Patienten aus der Friedenszeit war.«[14a] Ein merkwürdiges Zusammentreffen! Die Besatzung der *Starij Bolševik* kämpfte tapfer, und mit der Hilfe von FFS *Roselys*, die sich längsseit legte und in den hell glühenden vorderen Laderaum Wasser pumpte, konnte sie des Feuers Herr werden, und das Schiff schloß sich dem Geleitzug wieder an. Der Kapitän und der Erste Offizier wurden zu Helden der Sowjetunion erhoben, und dem Schiff wurde der Lenin-Orden verliehen. Auch die britische Admiralität sandte ihre Glückwünsche.

Während der Angriffe am Mittag hatten Nahdetonationen den polnischen Zerstörer *Garland*, die *Empire Baffin* und die *City of Joliet* beschädigt. Die Letztere konnte die Schäden nicht überstehen und mußte versenkt werden. Als der Geleitzug um 14.35 Uhr eine Position etwa 80 sm südöstlich von der Bären-Insel erreicht hatte, erlaubte es die Eislage, einen mehr nördlichen Kurs zu nehmen. Damit vergrößerte sich die Entfernung zu den feindlichen Flugplätzen, und während des Nachmittags erfolgte nur ein erfolgloser Angriff von acht Ju–88 Flugzeugen. Aber um 19.45 Uhr trat der Feind wieder in voller Stärke auf, und wie vorher wurden die Angriffe mit einer Kombination von Ju–88's und He–111's durchgeführt. Dabei war mit dem Angriff der ersteren beabsichtigt, die Aufmerksamkeit der Verteidiger so abzulenken, daß diese zu einem wirksamen Ausmanövrieren der Torpedos der letzteren nicht kommen. Es gelang der *Empire Baffin*, einem Torpedo erfolgreich auszuweichen, der aber dann die *Lowther Castle* traf und versenkte. Die *Empire Purcell* wurde von einer Bombenreihe getroffen und durch eine gewaltige Explosion, wie s. Zt. die *Empire Lawrence*, in die Luft gejagt. Das Schiff des Commodore, die *Ocean Voice*, erhielt einen direkten Treffer, der 7 m der Bordwand bei Laderaum I aufriß und ein Feuer entfachte. Trotzdem konnte das Schiff seine Station im Geleitzug halten und den Hafen erreichen, obgleich es dann vorn nur noch 60 cm Freibord hatte.

24a R. Ransoe Wallis, »The Red Stripes« (Ian Allan Ltd, 1937), Seite 99

Willkommene Wolken begannen nun den Himmel zu überziehen, und an diesem Abend gab es keine Angriffe mehr. Da noch drei Tage bevorstanden, war die Situation nach dem Verlust von sechs Schiffen alles andere als rosig.

> »Ich war weit davon entfernt, optimistisch zu sein«, schrieb Commander Onslow in seinem Bericht,“ das Munitionsproblem begann mir große Sorgen zu machen. . . Doch alle waren wir begeistert darüber, wie dieser Geleitzug so korrekt seine Formation einhielt, als handelte es sich um eine Parade, und dieses einschließlich der *Ocean Voice* und der *Starij Bolševik*, bei denen aus dem vorderen Laderaum dicker Rauch hervorquoll.«

Endlich war das Schlimmste vorüber! Während des Vormittags stießen drei russische Zerstörer, die *Groznyj* (mit dem dienstältesten Kommandanten), *Sokrušitelnyj* und *Kujbyšev* zur Geleitsicherung. Ihre Flak-Bewaffnung ohne Munitionsknappheit stellte eine höchst willkommene Verstärkung dar. Um 21.30 Uhr führten vier Ju–88 einen erfolglosen Angriff aus, und in der Frühe des nächsten Morgens griffen zwei Ju–88 und sechs He–111 ebenfalls ohne Erfolg an. Dann kam am Abend weitere Verstärkung aus der Kola-Bucht durch die Minensuchboote *Bramble, Leda, Seagull, Niger, Hussar* und *Gossamer*. Der Geleitzug teilte sich nun. Sechs Handelsschiffe, gesichert durch die *Alynbank* und die *Martin*, nahmen Kurs auf Archangelsk. Um 22.30 Uhr wurde diese Gruppe von 15 Ju–88 und die nach Murmansk laufende Gruppe von 18 Ju–88 angegriffen, aber es wurden dabei keine Treffer erzielt. Am 30. Mai erlitt die Murmansk-Gruppe drei weitere Angriffe, bei denen ohne Verluste oder Schäden beim Geleitzug zwei Feindflugzeuge abgeschossen wurden. Als diese Geleitzuggruppe 60 sm vor der Einfahrt zur Kola-Bucht stand, erhielt sie weiteren Schutz durch russisch bemannte »Hurricane«-Jäger. Der Staffelführer, Oberstleutnant Boris Safonov, ein besonders erfahrener Pilot, wurde unglücklicherweise bei dieser Aufgabe abgeschossen und verloren. Am 30. Mai um 16.00 Uhr passierte die Murmansk-Gruppe des PQ.16 — mit verminderter Zahl, arg mitgenommen und müde, aber immer noch tadellos in korrekter Formation fahrend — die Toros-Insel und lief in die Kola-Bucht ein; damit war seine schwer erkämpfte Reise beendet.

Während der PQ.16 sich seinen Weg nach Nordrußland erkämpfte, erfreute sich der heimwärts gehende QP.12, gesichert durch die Zerstörer *Inglefield* (Captain P. Todd, RN), *Escapade, Venomous, St. Albans, Boadicea* und *Badsworth* mit dem Flak-Schiff *Ulster Queen* und vier Trawlern einer ereignislosen Reise, obgleich er vom Vormittag des 25. Mai an von feindlichen Flugzeugen beschattet wurde. Das CAM-Schiff *Empire Moon* startete seinen »Hurricane«-Jäger, der einen der Fühlunghalter abschoß. Der Flugzeugführer fiel jedoch dabei, weil sich bei seinem Absprung der Fallschirm nicht öffnete.

Nebelwetter schützte den Geleitzug auf dem letzten Teil seiner Reise, und alle Schiffe erreichten den Hafen.
Aus den Erfahrungen des PQ.16 waren viele Lehren zu ziehen. Es war offensichtlich eine dringende Notwendigkeit, daß die Nordmeer-Geleitzüge von einem Flugzeugträger begleitet werden mußten, damit fühlunghaltende Flugzeuge abgeschossen werden konnten. Eine größere Anzahl von weitreichenden Radargeräten war erforderlich, auch mehr Flak-Schiffe wie die *Alynbank*. Es lag ein offensichtlicher Bedarf für den Einsatz von Rettungs-Schiffen vor, um die Überlastung der Geleitfahrzeuge mit Schiffbrüchigen zu verhindern, und um den Führer der Geleitsicherung auch von der Sorge um ihre Rettung zu befreien, während seine Fahrzeuge U-Boote und angreifende Flugzeuge zu bekämpfen hatten. Schließlich war es unbedingt erforderlich, ein Reservelager für Munition in Murmansk aufzubauen.
Admiral Tovey war von den verhältnismäßig geringen Verlusten, die der PQ.16 erlitten hatte, angenehm überrascht, denn 4/5 der Schiffe hatten ihren Bestimmungsort erreicht. Er führte dieses zurück auf: »die Tapferkeit, die Tüchtigkeit und den unermüdlichen Einsatzwillen der Offiziere und Mannschaften der Geleitfahrzeuge und auf den außerordentlichen Mut und Durchhaltewillen derjenigen der Handelsschiffe. Für jeden von ihnen kann kein Lob zu hoch sein.«
Obgleich der PQ.16 nicht ohne Verluste durchgekommen war, war das deutsche Oberkommando nicht zufrieden mit dem Ergebnis, und insbesondere nicht mit dem geringen Erfolg der U-Boote. Eine Eintragung von Admiral Dönitz im Kriegstagebuch für den 3. Juni 1942 lautet:

> »Meine Auffassung über geringe Erfolgsaussichten für U-Boote gegen Geleitzüge während des nördlichen Sommers . . . ist durch die Erfahrungen mit dem PQ.16 bestätigt worden. Aufgrund der schwierigen Angriffsbedingungen . . . war, trotz Fühlung und entschlossenem Ran-gehens, das Ergebnis: nur ein Frachter versenkt und vier wahrscheinliche Treffer. Das muß im Vergleich mit den Erfolgen der U-Bootabwehr gegen die eingesetzten Boote als ein Fehlschlag angesehen werden. *U 436* und *U 703* haben Wasserbombenschäden, und sind für größere Tiefen nicht mehr tauchklar. Drei weitere Boote haben leichte Wasserbombenschäden, deren Auswirkungen . . . werden wahrscheinlich eine längere Werftliegezeit bedeuten.«

Dönitz kam zu dem Schluß, daß die Geleitzüge während des nördlichen Sommers am besten von der Luftwaffe angegriffen werden könnten. In Wirklichkeit aber waren die Erfolge, die das Flugzeug für sich in Anspruch nahm, stark übertrieben, und man glaubte, daß der Geleitzug infolge des ersten Angriffs am 25. Mai zersprengt worden sei. Sie hofften, der gleichzeitige Sturzflug- und Torpedoangriff würde eine Verwirrung der Abwehr bewirken, und das wurde auch von der Taktik des Torpedoangriffs geglaubt, die als »Goldener Kamm« bekannt ist. Hierbei flogen die Flugzeuge den Geleitzug in Dwarslinie an und lösten ihre Torpedos gleichzeitig. Während des Monats, der nun verstrich, bis das nächste Geleitzugpaar auslaufbereit war, wurde diese Technik fleißig geübt.

Anforderungen von Schiffen für die Sicherung eines dringend benötigten Geleitzuges nach Malta, die an die »Home Fleet« gestellt wurden, machten es Admiral Tovey unmöglich, vor der letzten Junihälfte Streitkräfte von genügender Stärke zur Sicherung der Geleitzüge PQ.17 und QP.13 bereitzustellen. Als er erfuhr, daß der PQ.17, wie schon der vorangegangene, aus 35 Schiffen bestehen sollte, schlug er vor, diesen in zwei Gruppen fahren zu lassen. Während der Punkt mit Admiral Pound am Telefon besprochen wurde, gab dieser zu verstehen, daß er für den Fall eines Angriffs durch deutsche schwere Schiffe, nachdem der Geleitzug in das Barents-Meer eingelaufen ist, die Absicht habe, die Auflösung des Geleitzuges zu befehlen. Eine derartige Taktik hatte sich im Fall des von dem bewaffneten Hilfskreuzer *Jervis Bay* gesicherten Geleitzuges HX.84 im Nordatlantik als erfolgreich erwiesen, als dieser in der Mitte des Atlantiks von dem Schweren Kreuzer *Admiral Scheer* angegriffen wurde. Gegen eine erfolgreiche Anwendung im Barents-Meer, mit dem Eis im Norden und dem Land im Süden, sprach das Fehlen von freiem Seeraum in diesem Gebiet, es sei denn, daß die Schiffe in der Lage wären, Schutz im Nebel oder Schnee zu finden. Das Letztere war eine Möglichkeit, aber nicht eine Gewißheit, auf die sich zu verlassen Admiral Tovey seinerseits nicht gewillt war. Die Admiralität hatte Kenntnis davon, daß die deutschen schweren Schiffe *Tirpitz* und *Admiral Hipper* in Trondheim und *Admiral Scheer* und *Lützow* in Narvik lagen, und es gab Hinweise auf die Absicht des Feindes, diese Schiffe in Verbindung mit U-Booten und Flugzeugen für einen Angriff zur Vernichtung des nächsten Geleitzuges nach Rußland einzusetzen. Wie Admiral Tovey in einem Bericht später schreiben sollte (London Gazette, 17. Oktober 1950):

> »Die strategische Lage war vollständig zugunsten des Feindes . . . Seine schweren Schiffe würden nahe der eigenen Küsten operieren und dabei durch starke Kräfte von landgestützten Aufklärungs- und Kampfflugzeugen unterstützt, und in dem Seegebiet zwischen Spitzbergen und Norwegen nach Belieben durch einen Schirm von U-Booten geschützt. Dagegen würden unsere Deckungsstreitkräfte, wenn sie in dieses Seegebiet einlaufen, ohne landgestützte Luftunterstützung sein, und 1000 sm von ihrer Basis entfernt, begleitet von Zerstörern, die wegen Brennstoffknappheit nicht in der Lage sind, ein beschädigtes Schiff in den Hafen zu geleiten.«

Er hoffte darauf, falls die deutschen Schiffe ausliefen, daß er sie nach Westen, von ihrem landgestützten Luftschirm entfernt, in ein Seegebiet locken würde, wo er sie unter günstigeren Bedingungen zum Gefecht stellen könnte, indem er den PQ.17 nach Erreichen von 10° Ostlänge für 12 bis 18 Stunden einen entgegengesetzten Kurs steuern ließ. Die Admiralität war mit dieser Strategie nicht ganz einverstanden, aber es wurde in den Operationsbefehl eine Klausel aufgenommen, in der unter gewissen Umständen die Möglichkeit einer Umkehr des Geleitzuges ins Auge gefaßt war. Die Entscheidung darüber behielt sich die Admiralität vor. Westlich der Bären-Insel sollte der Schutz des Geleitzuges gegen den Angriff von Überwasserschiffen durch Admiral Tovey's Deckungsstreitkräfte sichergestellt werden, aber östlich dieser Länge würden die Unterseeboote hierfür verantwortlich sein, von denen zwei den Geleitzug begleiten sollten. Die übrigen Boote sollten so aufgestellt werden, daß sie die deutschen Schiffe nach Verlassen des Hafens abfangen könnten. Die den Geleitzug begleitende Kreuzergruppe sollte nicht ostwärts der Bären-Insel operieren, es sei denn, der Geleitzug würde von Feindstreitkräften ohne die *Tirpitz* bedroht; in jedem Fall aber sollten die Kreuzer die Länge 25° Ost nicht überschreiten.
Admiral Tovey's Ansichten über den Ansatz der Operation, so wie dieser vorstehend erläutert wurde, stimmten nicht mit denen der Admiralität überein, insbesondere nicht im Hinblick auf die Möglichkeit, den Geleitzug aufzulösen. Alle bisherigen Erfahrungen hatten gezeigt, daß die Schiffe angesichts schwerer Luftangriffe zur gegenseitigen Unterstützung zusammengehalten werden sollten. Aber wie man sehen wird, wurde ihm die Sache aus der Hand genommen.
Inzwischen war der deutsche Plan für den auf's Ganze gehenden Angriff auf PQ.17, bekannt als Operation »Rösselsprung«, ausgearbeitet (siehe Anhang IX). Am 4. Juni wurde er Hitler mit der Versicherung vorgelegt, daß er nur dann zur Ausführung käme, wenn ein angemessener Luftschirm zur Verfügung stände und wenn keine überlegenen Feindstreitkräfte in Reichweite stehen würden. Hitler billigte nach einiger Überlegung den Plan unter der Bedingung, daß vor dem Auslaufen der Schiffe die Standorte der feindlichen Flugzeugträger festgestellt worden sein müßten, damit die Luftwaffe diese angreifen könnte. Da es unmöglich war, die Erfüllung dieser Bedingung sicherzustellen, fand Raeder den Ausweg, die Operation in zwei Phasen auszuführen. Nach der Feststellung des Geleitzuges sollten die an der Operation beteiligten Schiffe verlegt werden, und zwar die *Tirpitz*-Gruppe in den Westfjord und die *Scheer*-Gruppe in den Altafjord in der Nähe des Nordkaps. Dort sollte Hitler's Genehmigung abgewartet werden, um die zweite Phase einzuleiten. Nach Vorliegen der Genehmigung sollten beide Gruppen auslaufen und sich an einem Treffpunkt 100 sm nördlich des Nordkaps vereinigen, um dann den

Skizze V

Geleitzug PQ17

Bewegungen der Streitkräfte

3.-5. Juli 1942

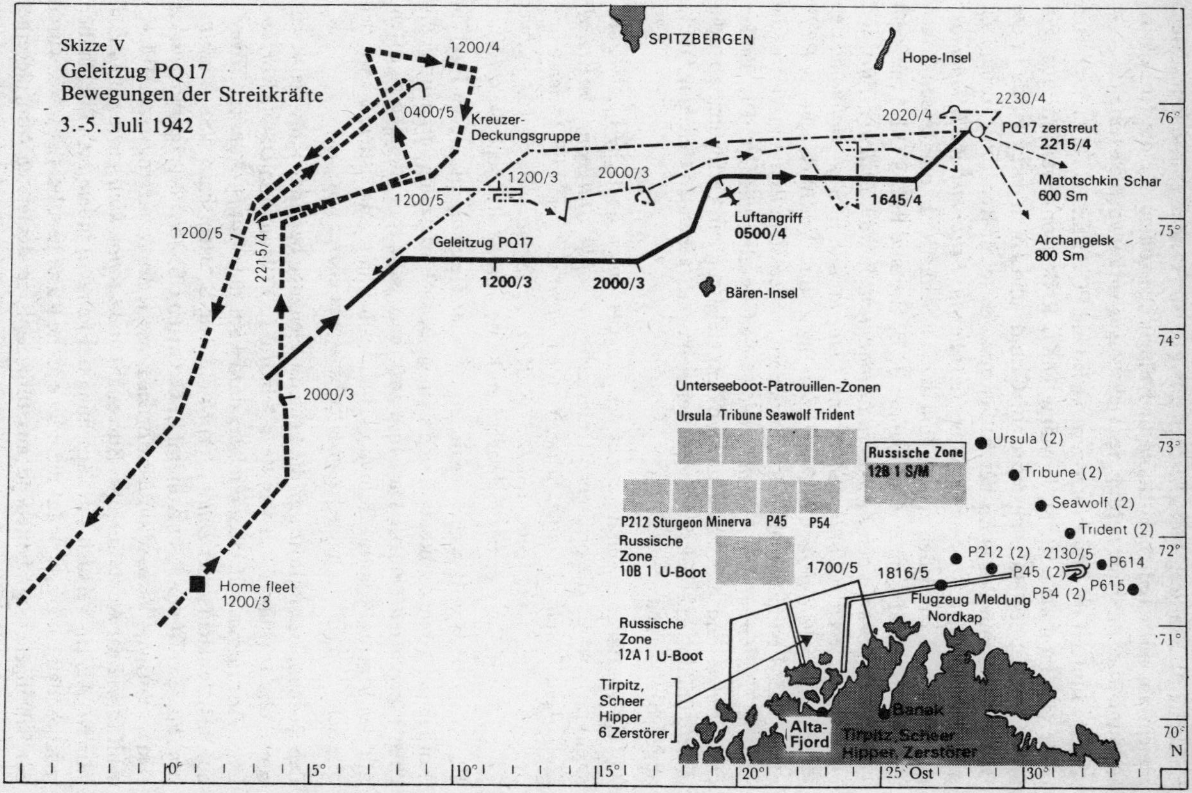

Geleitzug in dem Seegebiet zwischen 20° und 30° Ostlänge im Barents-Meer gemeinsam anzugreifen. U-Boote und Flugzeuge sollten für die frühzeitige Meldung über die Annäherung des Geleitzuges verantwortlich sein.

Am 27. Juni lief der lange verzögerte Geleitzug PQ.17 mit 35 Handelsschiffen unter Commodore J. C. K. Dowding DSO, RNR, von Hvalfjord aus. Ein Schiff lief bei der Hafenausfahrt auf Grund, und ein anderes wurde in der Dänemark-Straße durch Eis beschädigt und kehrte zur Reparatur zurück. Zu dem Anfangsgeleit der Minensuchboote *Halcyon, Britomart* und *Salamander* mit vier Trawlern stießen am 30. Juni die von Seidisfjord kommenden Nahsicherungsstreitkräfte unter Commander J. E. Broome RN (S.O.E.) auf dem Zerstörer *Keppel* mit den Zerstörern *Leamington, Wilton, Ledbury, Fury* und *Offa*, den Korvetten *Lotus, Poppy* und *Dianella*, und FFS *La Malouine*, den Flak-Schiffen *Palomares* und *Pozarica* in Begleitung der Unterseeboote *P 614* und *P 615*. Erstmalig waren drei besonders ausgerüstete Rettungsschiffe, die *Rathlin*, *Zaafaran* und *Zamalek*, dem Geleitzug eingegliedert. Die Tanker *Grey Ranger* und *Aldersdale* standen dem Geleitzug zur Verfügung; aber der erstere mußte wegen Eisschäden an den heimwärts gehenden Geleitzug QP.13 abgegeben werden.

Als ein zusätzlicher Schutz gegen den Angriff durch deutsche Überwasserstreitkräfte waren die britischen Unterseeboote *Sahib, Sturgeon, Unrivalled, Unshaken, Ursula, Tribune, Seawolf* und *Trident* mit dem FFS *Minerve* und den russischen Unterseebooten *D 3, K 21, K 22, Šč 402* und *Šč 403* in zwei Vorpostenstreifen vor der norwegischen Küste aufgestellt (siehe Skizze V).

Das Eis war so weit zurückgegangen, daß der Geleitzug die Bären-Insel im Norden passieren konnte, und sich so in größerer Entfernung von den feindlichen Flugplätzen befand. Da Murmansk nach schweren Bombenangriffen, mit den Worten Admiral Golovko's, »aufgehört hatte zu existieren«, wurden alle Schiffe nach Archangelsk geleitet, das jetzt eisfrei war.

Die Deckungsstreitkräfte für die beiden Geleitzüge bestanden aus den Kreuzern *London* (Flaggschiff von Rear Admiral L. K. Hamilton DSO), *Norfolk*, USS *Tuscaloosa* und USS *Wichita*, dazu kam die Gruppe Admiral Tovey's auf dem Schlachtschiff *Duke of York* mit dem Schlachtschiff USS *Washington* (Flaggschiff von Rear Admiral R. C. Giffen USN), dem Träger *Victorious* (Flaggschiff von Vice Admiral Sir Bruce Fraser), den Kreuzern *Nigeria* (Flaggschiff von Rear Admiral H. M. Burrough) und *Cumberland* sowie mit 14 Zerstörern. Als ein Versuch zur Täuschung des Feindes, indem man ihn glauben machte, daß ein Überfall auf die norwegische Küste beabsichtigt wäre, wurde ein Scheingeleitzug, bestehend aus fünf Schiffen des ersten Minenlegergeschwaders und vier Kohlendampfern, zusammengestellt, der von den Kreuzern *Sirius* und *Curacoa* sowie von einigen Zerstörern und Trawlern geleitet wurde. Dieser verließ Scapa am 29. Juni und steuerte Ostkurs. Falls er bei Erreichen von 1° Ostlänge von der feindlichen Aufklärung noch nicht gesichtet worden war, sollte er zurückkehren. Um die Täuschung noch vollkommener zu machen, wurde dazu noch ein ablenkender Bombenangriff auf Ziele im südlichen Norwegen geflogen. Obgleich der Geleitzug zwei weitere Vorstöße nach Osten machte, zunächst am 30. Juni und dann nochmal am 1. Juli, schlug die List fehl, weil der Feind ihn nicht bemerkte.

Das Wetter am 1. Juli war gut, so daß die den PQ.17 sichernden Zerstörer ihren Brennstoff aus der *Grey Ranger* voll ergänzen konnten. Die deutsche Funkaufklärung hatte den Geleitzug während des Vormittags festgestellt; außerdem wurde er von *U 255* und *U 408* etwa 60 sm östlich der Jan Mayen-Insel gesichtet. Zwei weitere Boote, *U 334* und *U 456*, wurden angewiesen, den Geleitzug anzusteuern, während den sechs Booten der Gruppe »Eisteufel« (*U 251, U 335, U657, U 88, U 457* und *U 376*) befohlen wurde, weiter ostwärts einen Vorpostenstreifen quer zur Vormarschrichtung des Geleitzuges zu bilden. Während des Nachmittags sichtete die deutsche Luftaufklärung den PQ.17 sowie etwas, das man für die Schlachtschiff-Deckungsgruppe hielt, was aber Hamilton's Kreuzergruppe gewesen sein muß, wenn auch diese selbst nichts davon bemerkt hatte.

Inzwischen waren die beiden Gruppen des QP.13 von Archangelsk und aus der Kola-Bucht ausgelaufen. Sie bestanden aus 12 beziehungsweise 23 Schiffen, die sich am 28. Juni auf See vereinigten. Auch dieser Geleitzug wurde von einem feindlichen Flugzeug festgestellt, da er aber nicht das Ziel der Operation war, wurden im weiteren keine Kampfhandlungen gegen ihn unternommen. PQ.17 und QP.13 passierten einander am 2. Juli während des Nachmittags auf 73° Nord und 3° Ost, und der Tanker *Grey Ranger* schloß sich dem heimwärts gehenden Geleitzug an. Es gelang *U 456* am PQ.17 enge Fühlung zu halten, während die anderen drei Boote zeitweise durch die Angriffe der Nahsicherung abgedrängt wurden.

Etwa um 18.00 Uhr flogen sieben He–115 von der 1. Staffel der Küstenfliegergruppe 906 einen erfolglosen Torpedo-Angriff, bei dem eines ihrer Flugzeuge durch die *Fury* abgeschossen wurde. Die Besatzung wurde in einer dramatischen Weise gerettet, indem eines der anderen Seeflugzeuge daneben wasserte und sie übernahm.

Admiral Hamilton hoffte, daß seine Position dem Feind unbekannt geblieben war, und kreuzte mit seinem Verband etwa 40 sm im Norden von PQ.17. Dabei dachte er sich, daß der Gegner auf den Gedanken kommen könnte, den Geleitzug mit seinen Schweren Kreuzern anzugreifen. Er war durchaus bereit, sich mit ihnen in ein Gefecht einzulassen. Er vermutete, die *Tirpitz* könnte

wohl auf den QP.13 lossteuern, der sich mit südwestlichem Kurs dem Schlachtschiff-Deckungsverband näherte.
Dicker Nebel entwickelte sich in der Nacht vom 2./3. Juli, und um 07.00 Uhr nutzte der Geleitzug die günstige Gelegenheit, während der die Bewegung von dem beschattenden Flugzeug nicht beobachtet werden konnte, zu einer Kursänderung nach Osten. Hamilton jedoch, der nicht wußte, daß sein Kreuzerverband bereits gesichtet worden war, hielt dieses für einen günstigen Zeitpunkt, seine Gegenwart dem Feind sichtbar zu machen. Er schloß deshalb bis auf 20 sm an den PQ.17 heran, aber wegen der schlechten Sicht hatte das beschattende Flugzeug zeitweise keine Fühlung. Nach Erhalt einer Nachricht von der Admiralität, daß die Aufklärung eine nördlicher liegende Eisgrenze festgestellt hatte als angenommen war, entsandte er das »Walrus«-Flugzeug der *London*, um Commander Broome darauf hinzuweisen, daß er nun einen Geleitzugweg 70 sm nordöstlich der Bären-Insel nehmen könnte. Die Wolkendecke hatte es allen Schiffen unmöglich gemacht, ihre erkoppelten Schiffsorte durch Sonnenbeobachtungen zu berichtigen, deshalb war eine Differenz von etwa 20 sm zwischen dem gegißten Schiffsort des Flaggschiffes der Kreuzer und dem des Zerstörers des S. O. E. nicht überraschend. Dieses aber veranlaßte Hamilton zu der Annahme, daß der Geleitzug südlicher stände als es in Wirklichkeit der Fall war. Nach Erhalt der Mitteilung änderte Broome den Kurs um 30° nach Norden. Das stellte aber Hamilton noch nicht zufrieden, und um 22.15 Uhr entsandte er nochmals das »Walrus«-Flugzeug mit der Empfehlung einer weiteren Kursänderung. Broome kam dieser nach, wenn auch widerstrebend, da er sich nur zu gut darüber im Klaren war, daß der Umweg nach Norden zwar die Entfernung zu den deutschen Flugplätzen vergrößerte, aber den Geleitzug im Hinblick auf die Erreichung seines Ziels verzögerte. Dazu betonten seine Instruktionen nachdrücklich: »das Hauptziel ist es, so viel wie möglich von dem Geleitzug durchzubringen, und der beste Weg, um dieses zu vollbringen, ist, ihn nach Osten vorwärts zu treiben, selbst wenn er dabei Verluste erleidet«. Zur gleichen Zeit, als er das »Walrus«-Flugzeug startete, schloß Hamilton mit seinen Kreuzern wieder näher an den Geleitzug heran, und diesmal sichtete das Fühlung haltende Flugzeug seinen Verband. Da der Beobachter aber mit den Silhouetten der total umgebauten *London* und der beiden US-Kreuzer nicht vertraut war, meldete er die Schiffe als zwei Flugzeugträger und ein Schlachtschiff. Da man die Beschränkungen zu berücksichtigen hatte, die Hitler dem Einsatz seiner Schiffe auferlegt hatte, war dieses ein unglückseliger Irrtum, der bei der Marinegruppe Nord einige Verwirrung auslöste.
Die Ausführung der Phase 1 der Operation »Rösselsprung« stand unter einem unglücklichen Stern. Sie begann am vorhergehenden Tage, dem 2. Juli, mit

dem Auslaufen der *Tirpitz* (Flaggschiff von Generaladmiral Schniewind) und *Admiral Hipper* mit den Zerstöreren *Hans Lody*, *Theodor Riedel*, *Karl Galster* und *Friedrich Ihn*, sowie mit den Torpedobooten *T 7* und *T 15* aus Drontheim nach dem Altafjord. Am folgenden Tag verließen *Admiral Scheer* (Flaggschiff von Admiral Kummetz) und *Lützow* mit den Zerstörern *Z 24*, *Z 27*, *Z 28*, *Z 29*, *Z 30* und *Richard Beitzen* Narvik mit dem Ziel Altafjord. Die Zerstörer *Lody*, *Riedel*, und *Galster* bekamen Grundberührung im Grimsöystraumen und mußten zur Reparatur nach Drontheim zurück, und, was die Sache noch schlimmer machte, die *Lützow* lief beim Verlassen des Ofotfjord auf Grund und konnte an der Operation nicht mehr teilnehmen.
Diese Mißgeschicke wurden der Admiralität nicht bekannt. Erst nach mehreren Tagen, während denen Luftaufklärung wegen der Wolkendecke nicht möglich war, am 3. Juli erhielt sie die Nachricht, daß der Hafen leer war. Admiral Tovey und die Sicherungsstreitkräfte wurden hiervon informiert. Drei Stunden später, um 22.22 Uhr, wurde diese Information durch die Lagebeurteilung ergänzt, daß eine Bewegung der feindlichen schweren Einheiten nach Norden im Gange war, daß, obgleich dieses eine Bedrohung des Geleitzuges darstellte, keine unmittelbare Gefahr bestand, und daß bei der für den Vormarsch des Geleitzuges nach Osten anscheinend günstigen Wetterlage zur Zeit keine Maßnahmen zu treffen waren, jedoch eine Veränderung der Lage jederzeit erwartete wurde.
Während der Morgenwache des 4. Juli passierte PQ.17, der nun Ostkurs steuerte, die Bären-Insel etwa 60 sm im Norden. Seinen ersten Verlust erlitt er gegen 05.00 Uhr, als eine einzelne He–115 von der 1. Staffel der Küstenfliegergruppe 906, aus einem Wolkenloch anfliegend, einen Torpedo löste, der den US Frachter *Christopher Newport* mittschiffs traf. Seine Besatzung wurde von den Rettungsschiffen *Zaafaran* und *Zamalek* aufgenommen. Das verlassene und nicht mehr fahrtüchtige Schiff wurde auf Befehl von Commander Broome durch das Unterseeboot *P 614* torpediert und später nochmals durch *U 457*. Die See war zu dieser Zeit glatt wie Glas, und Nebelschwaden entstanden durch die auf das eiskalte Wasser scheinende Sonne.
Die Admiralität folgerte aus Quellen des Geheimdienstes, daß die deutschen Überwasserschiffe den PQ.17 in dem Seegebiet zwischen 15° und 30° Ost, das bedeutete irgendwann im Laufe des 4. Juli, angreifen wollten. Entsprechend wurde Admiral Tovey informiert, dessen Deckungsverband am Vormittag jenes Tages 100 sm westlich von der Südspitze Spitzbergens stand. Um 12.30 Uhr ließ die Admiralität Hamilton wissen, daß er mit seinem Kreuzerverband östlich der Länge 25° Ost operieren könnte, sofern Admiral Tovey nicht andere Befehle für ihn hätte. Der Flottenchef betrachtete diesen Funkspruch, wie er später in seinem Bericht schrieb, als »eine Aufhebung der Taktik, die

Seine Lordschaft und ich vereinbart hatten«; da ihm keine Information vorlag, die diese Änderung rechtfertigte, befahl er um 15.12 Uhr Hamilton, das Barents-Meer zu verlassen, falls nicht seitens der Admiralität sichergestellt war, daß die *Tirpitz* dort nicht angetroffen werden kann, wenn der Geleitzug 25° Ost überschritten hat oder früher nach eigenem Ermessen. Dieser Funkspruch kreuzte sich mit einem anderen, den Hamilton aufgegeben hatte, um Admiral Tovey von seiner Absicht zu informieren, bis zur Klärung der Lage hinsichtlich der Bewegungen der feindlichen Überwasserschiffe in der Nähe des Geleitzuges zu bleiben, aber jedenfalls nicht länger als bis zum 5. Juli 14.00 Uhr. Jedoch berichtigte er dieses um 18.09 Uhr und bekundete nun seine Absicht, sich bereits am 4.ten um 22.00 Uhr, nachdem die Beölung seiner Zerstörer beeendet worden war, nach Westen zurückzuziehen. Die Admiralität benachrichtigte Hamilton um 18.58 Uhr, daß »weitere Informationen in Kürze erwartet werden könnten. Bleiben Sie bei dem Geleitzug bis weitere Anweisungen eingehen«.
In der Zwischenzeit, um 16.45 Uhr, schlug Hamilton Broome vor, den Kurs des Geleitzuges von Ost auf Nordost zu ändern, um die Entfernung zum Banak Flugplatz zu vergrößern. Der Nebel hatte sich jetzt gehoben, wenn auch einzelne Schwaden hier und da noch blieben, und der Himmel war bedeckt, aber die Wolkendecke lag hoch genug, um Feindflugzeuge zu begünstigen. Diese zögerten auch nicht lange, den Vorteil dieser Bedingungen wahrzunehmen. Um 19.30 Uhr griff ein Verband von Ju–88 des K. G. 30 und von He–115 Torpedoflugzeugen an. Aber die energischen Maßnahmen des US Zerstörers *Wainwright* (Commander D. Moon USN), der gerade, als der Angriff begann, zur Ölübernahme an die *Aldersdale* herangegangen war, verwehrten ihnen jeden Erfolg. Moon, der sofort loswarf, lief, aus allen Rohren feuernd, in die tieffliegenden Heinkel's hinein, und alle ihre Torpedos gingen fehl. Gleichfalls hatten die Bomber keinen Erfolg.
Aber um 20.20 Uhr ereignete sich ein sehr viel ernsterer Angriff, als ein Verband von etwa 30 He–111 des K. G. 26, von Hauptmann Eicke kühn geführt, die »Goldener Kamm«-Taktik anwandte, wobei er die Torpedos genau in der Mitte des Geleitzuges auslöste. Vier Flugzeuge wurden abgeschossen, doch drei Schiffe wurden getroffen. Die *Navarino* erhielt zwei Torpedotreffer mittschiffs und begann, sofort zu sinken. Der US Frachter *William Hooper* konnte einen Torpedo ausmanövrieren, aber er wurde von einem anderen an der Steuerbordseite getroffen, der im Maschinenraum detonierte. Der russische Tanker *Azerbaidžan* bekam einen Treffer eben vor dem Maschinenraum, aber er konnte die Fahrt beibehalten und ein Feuer, das nach der Detonation ausgebrochen war, bekämpfen und schließlich unter Kontrolle bringen. Das Rettungsschiff *Zaafaran* rettete 8 Mann von der *Azerbaidžan*, die von der

Druckwelle über Bord geschleudert worden waren, 30 Überlebende von der *Navarino* und 11 von der *William Hooper*, während die *Rathlin* 44 Mann von der *William Hooper* und 19 von der *Navarino* aus dem Wasser zog. Die verlassene *William Hooper* wurde schließlich von *U 334*, einem der vier U-Boote, die den Geleitzug immer noch beschatteten, versenkt.
Admiral Hamilton, der den Luftangriff von seinem 10 sm nördlich des Geleitzuges stehenden Flaggschiff aus beobachtet hatte, war überrascht, daß keines der Feindflugzeuge den Versuch machte, seine Kreuzer anzugreifen; aber die Vernichtung des PQ.17 war das Hauptziel des Feindes. Gegen 21.00 Uhr war der Angriff vorüber, und, nachdem Commander Broome durch den Geleitzug gefahren war, nahm er seine Position an dessen Spitze wieder ein. Mit der Leistung angesichts eines entschlossenen, doch nicht sehr erfolgreichen Angriffes war er durchaus zufrieden. Seine einzige Sorge, die auch schon Commander Onslow bei dem PQ.16 bedrückt hatte, war die Frage, ob die Munition hinreichen würde. Unter dieser Voraussetzung war er davon überzeugt, daß der PQ.17 »überall hin gelangen könnte«. Bei diesem Stand der Dinge kam jedoch plötzlich ein Verhängnis dazwischen, und zwar in einer Weise, die jeden, der mit der Sicherheit der 30 übriggebliebenen Schiffe des Geleitzuges befaßt war, überraschte.

Die Katastrophe

Die Admiralität hatte dem Auslaufen dieses Geleitzuges nur mit erheblichen Befürchtungen zugestimmt. Vom Standpunkt der Marine gesehen, war es eine militärisch höchst fragwürdige Operation, aber ausschlaggebend waren die politischen Erwägungen. Die Russen kämpften verzweifelt, um den deutschen Ansturm aufzuhalten, und amerikanische Schiffe mit Kriegsmaterial aller Art für die Weiterverschiffung nach Nordrußland kamen täglich in Island an. Britische und amerikanische Verkehrsexperten traten für den längeren aber sicheren Weg über den Persischen Golf nach Rußland ein, aber Lord Beaverbrook hatte mit Stalin vereinbart, daß die Hilfslieferungen für Rußland über die nördlichen Häfen geleitet würden, wobei keiner von beiden die zu überwindenden Schwierigkeiten kannte. Churchill wie auch Roosevelt hatten diese Entscheidung anerkannt.

Als die Geleitfahrzeuge des PQ.17 am Abend des 4. Juli dem schweren Angriff auf den Geleitzug erfolgreich standhielten, befand sich Admiral Sir Dudley Pound, 1 800 sm weit entfernt, im Amtssitz des First Sea Lord in London in einer Besprechung mit Offizieren der »Intelligence Division« über die möglichen Bewegungen der deutschen Überwasserschiffe im allgemeinen, und die der *Tirpitz* im besonderen, im Bezug auf die Geleitzüge PQ.17 und QP.13. Commander (später Vice Admiral Sir Norman) Denning, dessen besonderes Aufgabengebiet die Auswertung der Intelligence über die deutschen Überwasserschiffe war, und der aufgrund seiner Analyse des deutschen Funkverkehrs den Kanaldurchbruch der feindlichen Schlachtschiffe *Scharnhorst* und *Gneisenau* vorausgesagt hatte, berichtete, er sei »ziemlich sicher«, daß der Narvik-Verband nach Norden verlegt wurde und sich jetzt im Altafjord, nahe am Nordkap befand, und daß der *Tirpitz*-Verband sich mit ihm vereinigt hatte. Auf die Frage des First Sea Lord's, ob das Schlachtschiff sich noch im Hafen befände, konnte Denning ihm hierfür keine sichere Bestätigung geben. Er war aber zuversichtlich, sobald eine Auslaufbewegung stattfand, diese zu erfassen, da er den üblichen Funkverkehr beim Auslaufen der Zerstörer kannte, der dem eines schweren Schiffes vorauszugehen pflegte. Diese Antwort stellte Admiral Pound ganz und garnicht zufrieden, und, nach einem Besuch im »Submarine Tracking Room«, ging er in sein Dienstzimmer zurück und rief eine Besprechung der dienstältesten Offiziere des Stabes, die mit der Operation der Nordmeer-Geleitzüge befaßt waren, zusammen. Offensichtlich wurde die Zeit knapp, und eine Entscheidung hinsichtlich des PQ.17 dringend.

Nach Darstellung der Lage aus der Sicht der Informationen, die er soeben von der Intelligence Division erhalten hatte, forderte er alle, die zugegen waren, zur Stellungnahme auf. Eine Karte, auf der die geschätzten Positionen des Geleitzuges und seiner Deckungsstreitkräfte eingezeichnet waren, lag auf dem Tisch, und es war augenscheinlich, daß die deutschen Schiffe, falls sie dabei waren, den Altafjord zu verlassen oder diesen bereits verlassen hatten, den Geleitzug am 5. Juli nach 02.00 Uhr jederzeit abfangen konnten. Die Möglichkeit, den Geleitzug umkehren zu lassen und Admiral Tovey zu befehlen, mit seinem Schlachtschiff-Deckungsverband mit hoher Fahrt heranzuschließen, wurde erörtert. Während eine solche Maßnahme die Ausführung des deutschen Plans gründlich durchkreuzt haben würde, wenn man Hitler's Bedingung des vorherigen Angriffs auf den Flugzeugträger in Betracht zog, so würde diese aber den Russen die zugesagten Lieferungen vorenthalten, und es bestand dabei die Möglichkeit, daß die Handelsschiffe nicht genügend Brennstoff für eine Rückreise nach Island haben könnten.

Eine andere Möglichkeit war die Begleitung des Geleitzuges durch den Schlachtschiff-Deckungsverband ganz bis nach Archangelsk. Aber mit nur einem Träger, der dazu mit Flugzeugen ausgerüstet war, die sowohl in der Zahl als auch in der Leistungsfähigkeit denjenigen, die auf den deutschen Flugplätzen in Nordnorwegen bereitstanden, unterlegen waren, konnte so eine Maßnahme keineswegs empfehlenswert sein. Falls der Flugzeugträger außer Gefecht gesetzt und die Schlachtschiffe beschädigt würden, war das Tor für die *Tirpitz* zum Ausbruch in den Atlantik weit offen, und dieses würde um vieles größere Verluste an Handelsschiffen zur Folge haben, als wenn der ganze PQ.17 vernichtet werden würde.

Noch ein anderer Vorschlag war, Hamilton's Kreuzerverband, wie beabsichtigt war, zurückzuziehen, und den Geleitzug nur mit der Zerstörersicherung weiterfahren zu lassen. Wenn dieses auch zweifellos den Vorteil hatte, die Handelsschiffe zum gegenseitigen Schutz gegen Luft- und U-Bootangriffe zusammenzuhalten, um so viel mehr würde es aber der *Tirpitz* und ihren Begleitschiffen die Aufgabe erleichtern. Wenn sie ihre Sache gut machten, würde kein einziges Schiff überleben.

Nach zweistündiger Beratung und Anhörung der Ansichten aller Anwesenden war es nun an Admiral Pound, die Entscheidung zu treffen, welche wohl die schwerste in seiner langen Laufbahn gewesen sein muß. Nach wenigen Minuten des Nachdenkens wandte er sich an den »Director of the Signal Division«

und befahl ihm: »Teilen Sie den Kreuzern mit, sie sollen sich mit hoher Fahrt nach Westen zurückziehen, und dem Geleitzug, er soll sich auflösen«. Dann wurden zwei Funksprüche aufgegeben; der erste mit der Uhrzeitgruppe 4. Juli/21.11 Uhr an die Kreuzer, und 12 Minuten später ein zweiter mit der Weisung an den S.O.E. des PQ.17: »Wegen der Bedrohung durch deutsche Überwasserschiffe soll sich der Geleitzug auflösen und zu russischen Häfen weiterlaufen«. Diese wurde 23 Minuten später berichtigt in »Geleitzug ist zu zerstreuen«.

Der Empfang dieser zwei Funksprüche, die beide unter »äußerst dringend« liefen, löste sowohl bei Admiral Hamilton als auch bei Commander Broome die gleichen Reaktionen aus. Bei beiden Offizieren entstand der Eindruck, daß ein Angriff durch feindliche Überwasserschiffe auf den Geleitzug unmittelbar bevorstand, und sie handelten entsprechend. Einer der Kreuzer, die *Norfolk*, hatte vor Eingang der Funksprüche gerade sein Flugzeug gestartet, deshalb blieb Hamilton noch eine halbe Stunde auf östlichem Kurs, während der erfolglose Versuche gemacht wurden, dieses zurückzurufen. Die Sicht war, abgesehen von vereinzelten Nebelschwaden, außergewöhnlich gut, und überall schwammen Eisbrocken. Um 22.30 Uhr führte Hamilton seine Kreuzer in großem Bogen auf Gegenkurs, so daß er den Geleitzug im Süden passierte, um zwischen ihm und den erwarteten Feindstreitkräften zu stehen. Er hielt dann einen westlichen Kurs ein und lief eine Fahrt von 25 Knoten. Broome schloß an das Schiff des Commodore, die *River Afton,* heran, um mit Commodore Dowding einige Worte zu wechseln. Dieser wußte noch nichts von den neuen Instruktionen, die nur die Kreuzer und die Zerstörer empfangen hatten. Als Dowding die *Keppel* mit dem Signalbefehl »zerstreuen« am Mast anlaufen sah, glaubte er seinen Augen nicht zu trauen. Broome setzte ihn ins Bild, und er hat darüber berichtet: »Als die *Keppel* wieder abschor, ließ ich einen aufgebrachten und noch, glaube ich, wenig überzeugten Commodore zurück«.[25] Als jedoch die Mitteilung an die gleichermaßen erstaunten Kapitäne der Handelsschiffe weitergegeben worden war, führten sie die Vorschriften für »zerstreuen« mit seemännischer Präzision aus. Die Schiffe der mittleren Kolonne behielten ihren Kurs bei, während die von den Steuerbord und den Backbord Kolonnen nach außen ausscherten und fächerförmig auseinanderliefen. Alle Schiffe gingen auf Höchstfahrt und navigierten von nun an unabhängig, aber einem Naturinstinkt folgend, tendierten einige Schiffe dazu, zur gegenseitigen Unterstützung zusammenzubleiben.

Nachdem Broome sich vom Geleitzug abgesetzt hatte, befahl er den anderen Zerstörern der Geleitsicherung, sich ihm anzuschließen. Er hatte den Funk-

25 Captain Jack Broome RN (ret'd), »Convoy is to scatter« (William Kimber, 1972), Seite 193

spruch der Admiralität mit dem Befehl an die Kreuzer, sich nach Westen zurückzuziehen, nicht empfangen; er konnte aber sehen, daß sie dieses taten. Da er davon überzeugt war, daß ein Gefecht mit dem Feind unmittelbar bevorstand, schlug er vor, daß er sich mit seinen Zerstörern Hamilton anschließen sollte. Das wurde von dem Admiral genehmigt. So liefen dann die vier Kreuzer und sechs Zerstörer nach Westen, jeden Augenblick gewärtig, am Horizont die Feindschiffe in Sicht zu bekommen.

Die Flak-Schiffe *Palomares* und *Pozarica*, gemeinsam mit den vier Korvetten, den drei Minensuchbooten, den vier Trawlern und den drei Rettungsschiffen waren nun ohne einen Geleitzug, den es zu schützen gab, und waren wie die Handelsschiffe sich selbst überlassen. Broome hatte, als er den Geleitzug verließ, die beiden Unterseeboote angewiesen, selbständig zu handeln.

Sie nahmen daraufhin Positionen als Vorposten auf dem vermuteten Anmarschweg des Gegners ein. Die *Pozarica*, gesichert durch die Korvetten *Poppy*, *Lotus* und *La Malouine*, steuerte nordostwärts die Eisgrenze an, und die *Rathlin* mit etwa 60 Überlebenden an Bord schloß sich ihr an. Die *Palomares* mit der Korvette *Dianella* und den Minensuchbooten *Salamander* und *Britomart*, steuerte Südostkurs. Die Trawler *Lord Middleton*, *Lord Austin* und *Northern Gem* steuerten nach Nordosten, während der Trawler *Ayrshire* (Lieutenant J. S. Gradwell RNVR) die Frachter *Silver Sword*, *Troubador* und *Ironclad* unter seine Fittiche nahm und Nordkurs steuerte. Die Rettungsschiffe *Zaafaran* und *Zamalek* mit dem Tanker *Aldersdale* liefen zusammen ab, hatten sich aber am folgenden Morgen getrennt. Die übrigen Schiffe des Geleitzuges liefen mit ihrer Höchstfahrt in östlicher Richtung.

Der Feind erkannte bald, was sich mit dem PQ.17 ereignet hatte, und der Äther war voller Funksignale, als er seine Pläne zu dessen Vernichtung schmiedete. Drei Staffeln des Kampfgeschwaders 30 unter den Hauptleuten Kahl, Stoffregen und Hermann starteten eine Serie von Angriffen rund um die Uhr auf die unglücklichen Handelsschiffe, an denen sich die bisher Fühlung haltenden U-Boote beteiligten. Das erste Opfer nahm *U 88* für sich in Anspruch, als es in den ersten Stunden des 5. Juli die *Carlton* torpedierte. Eine Stunde später versenkte *U 703* mit einem Mittschiffstreffer die *Empire Byron* und rundete gegen Mittag diesen Erfolg durch Versenkung des Schiffes des Commodore, der *River Afton*, ab. *U 456* torpedierte die *Honomu*, und auf Rechnung der Luftwaffe gingen die Verluste der *Washington*, *Bolton Castle*, *Peter Kerr* und der *Pan Kraft*, wie auch die Beschädigung der *Paulus Potter* und der *Earlston*. Die letztere wurde später von *U 334* versenkt. Aber die *Paulus Potter* hielt sich noch bis zum 13. Juli über Wasser; dann wurde sie von *U 255* torpediert, das von dem Wrack geheime Dokumente barg, die den Deutschen ausführliche Informationen über die Operationen der Geleitzüge

gaben. Am späteren Nachmittag wurden die *Fairfield City* und die *Daniel Morgan*, als sie aus einer schützenden Nebelwand hervorkamen, von drei Ju–88 angefallen. Dabei wurde die erstere versenkt und die letztere beschädigt; diese erhielt dann den Gnadenschuß von *U 88*. Eine Gruppe, die aus dem Tanker *Aldersdale*, dem Frachter *Ocean Freedom*, dem Rettungsschiff *Zaafaran* und dem Minensuchboot *Salamander* bestand, wehrte die angreifenden Flugzeuge mit einigem Erfolg ab. Aber schließlich wurden die *Aldersdale* und die *Zaafaran* getroffen. Ihre Besatzungen wurden von der *Salamander* und von dem Rettungsschiff *Zalamek*, das von achtern aufkam, übernommen. In den ersten 24 Stunden des Angriffs waren 13 Frachter und ein Rettungsschiff versenkt worden.
Obgleich die überlebenden Schiffe während des folgenden Tages eine Entfernung von etwa 400 sm zwischen sich und den feindlichen Flugplatz bei Banak gebracht hatten, und damit die angenommene Grenze des Aktionsradius der feindlichen Bomber fast erreicht war, gelang es diesen doch, soweit auszuholen, und sie versenkten am 6. Juli die *Pan Atlantic*. Am gleichen Tage versenkte *U 255* die *John Witherspoon* und am folgenden die *Alcoa Ranger*. An diesem Tag stieß *U 355* auf die *Hartlepool* und versenkte sie, während *U 457* den noch schwimmenden Rumpf der *Aldersdale* in die Tiefe schickte. Am 8. Juli wurde die *Olopana*, die bereits die Küste von Novaja Zemlja erreicht hatte und nun mit südlichem Kurs das Weiße Meer ansteuerte, von *U 255* abgefangen und torpediert, dann tauchte das Boot auf und gab ihr mit der Kanone den Rest. Dennoch gab es drei Schiffe, denen es trotz der Angriffe gelang, Archangelsk zu erreichen. Das waren der russische Tanker *Donbass*, der Frachter *Bellingham* und das Rettungsschiff *Rathlin*, dieses letztere vollgepackt mit 240 Überlebenden der gesunkenen Schiffe.
Am 6. Juli um 02.30 Uhr informierte die Admiralität die Geleitfahrzeuge des PQ.17, daß ein Angriff durch deutsche Überwasserschiffe während der nächsten Stunden wahrscheinlich sei, und sie gab diesen die Anweisung, ein Risiko der eigenen Vernichtung zu vermeiden. Sie sollten sich soweit absetzen, daß sie an den Ort des Angriffs zurückkehren konnten, um Überlebende zu retten, nachdem der Feind sich zurückgezogen hatte. Die Information war die Folge einer Anzahl von Sichtungen der deutschen Schiffe, nachdem diese den Altafjord verlassen hatten. Hitler's Genehmigung, die Phase 2 der Operation »Rösselsprung« auszuführen, war während des Vormittags des 5. Juli gegeben worden, und um 11.37 Uhr durften die *Tirpitz*, *Scheer*, *Hipper* und sieben Zerstörer auslaufen. Der Verband wurde um etwa 17.00 Uhr von dem russischen Unterseeboot *K 21* gesichtet und erfolglos angegriffen. Eine Stunde später meldete ein »Catalina«-Flugboot von der Squadron Nr. 210 der RAF, das von einem russischen Stützpunkt aus operierte, 11 unbekannte Schiffe mit

Ein Geleitzug beim Einlaufen in die Kola-Bucht. Im Vordergrund das Achterschiff eines Sicherungszerstörers (Imperial War Museum).

Der sowjetische Zerstörer *Bespoščadnyj,* der zur Schwarzmeer-Flotte gehörte. Mehrere seiner Schwesterschiffe waren der Nord-Flotte beigegeben. Sie waren als Typ VII bekannt und mit technischer Unterstützung einer italienischen Werft entworfen worden. Für Nordmeer-Operationen erwiesen sie sich als zu leicht gebaut (Imperial War Museum).

Während PQ.18 sich seinen Weg nach Nordrußland erkämpft, geht ein torpedierter Tanker in Flammen auf, nachdem er von einem Torpedo, der von einem deutschen Flugzeug abgeworfen wurde, getroffen worden war. Im Vordergrund ist ein Zerstörer der »Tribal«-Klasse und einer der »Hunt«-Klasse zu sehen (Imperial War Museum).

Das Schlachtschiff *Tirpitz,* ein Schwesterschiff der *Bismarck,* das eine ständige Bedrohung der Nordmeer-Geleitzüge darstellte, bis es am 12. November 1944 durch die Royal Air Force vernichtet wurde (Imperial War Museum).

Das Schlachtschiff HMS *King George V*, Flaggschiff des Oberbefehlshabers der »Home Fleet«, das später durch sein Schwesterschiff HMS *Duke of York* abgelöst wurde. Beide waren mit zehn 35,6-cm-Kanonen einer neuen Konstruktion bewaffnet (Imperial War Museum).

Kurs 065° und Fahrt 10 Knoten. Als nächstes meldete das britische Unterseeboot *Unshaken*, das gerade dabei war, eine neue Vorposten-Position weiter im Osten einzunehmen, die *Tirpitz* und *Hipper* mit wenigstens sechs Zerstörern und begleitet von acht Flugzeugen mit Kurs 060° und Fahrt 22 Knoten. Aber das Boot war nicht in der Lage, in eine Angriffsposition zu kommen. Schließlich gab das britische Unterseeboot *Trident* am 5.ten um 20.29 Uhr eine Sichtmeldung ab, aber auch dieses kam nicht zum Angriff.

Kapitän 2. Ranges N. A. Lunin, der Kommandant des Unterseebootes *K 21*, hatte einen Fächer von vier Torpedos auf die *Tirpitz* geschossen und behauptete, sie getroffen zu haben. Die Ermittlungen nach dem Kriege haben ergeben, daß dieses nicht der Fall war. Aber die Admiralität hoffte, daß diese Meldung richtig war, und wies Admiral Tovey dreimal während der Nacht vom 5./6. Juli darauf hin, daß die Flugzeuge der *Victorious* jetzt einen Angriff auf das vermutlich beschädigte Schlachtschiff ansetzen könnten. Der Schlachtschiff-Deckungsverband stand zu dieser Zeit in südwestlicher Richtung etwa 450 sm entfernt und konnte deshalb nicht unter einer Fahrzeit von etwa 10 Stunden in Reichweite zur *Tirpitz* kommen. Doch die Admiralität hoffte, daß die *Tirpitz*, wenn der Verband auf östlichem Kurs gesichtet wurde, bei ihrer Suche nach dem Geleitzug, in der Befürchtung abgeschnitten zu werden, ungern zu weit nach Osten fahren würde. Am 6ten um 06.45 Uhr änderte Admiral Tovey den Kurs seines Verbandes nach Osten, als er von der Annäherung eines feindlichen Aufklärungsflugzeuges hörte. Er bemühte sich, dessen Aufmerksamkeit auf sich zu lenken, als das aber erfolglos blieb, nahm er seinen vorherigen südwestlichen Kurs wieder auf. Um 10.40 Uhr desselben Tages stieß Hamilton mit seinen Kreuzern und Zerstörern zum Verband. Da sich nun das Wetter so verschlechtert hatte, daß Flugzeuge nicht mehr operieren konnten, nahm der Verband Kurs nach Scapa Flow auf, das am 8. Juli erreicht wurde.

Inzwischen machten die Nachrichten von den Erfolgen der U-Boote und Flugzeuge bei der Vernichtung der Schiffe des PQ.17 der deutschen Seekriegsleitung klar, daß der *Tirpitz*-Verband nicht mehr benötigt wurde. Am 5ten um 21.30 Uhr wurde die Operation »Rösselsprung«, sehr zu Admiral Schniewind's Enttäuschung, abgeblasen, und der Verband lief am folgenden Tage in den Kaafjord ein.

Um auf die versprengten Überreste des PQ.17 zurückzukommen: Den Flak-Schiffen *Palomares* und *Pozarica* mit den Minensuchbooten *Halycon*, *Salamander* und *Britomart*, den Korvetten *Poppy* und *La Malouine*, mit dem Rettungsschiff *Zamalek* sowie mit den Frachtern *Ocean Freedom*, *Samuel Chase*, *Hoosier*, *El Capitan* und *Benjamin Harrison* war es gelungen, einen Ankerplatz in der Matočkin Šar, welche die beiden Hälften von Novaja Zemlja trennt, zu erreichen. Dort stießen die Trawler *Lord Austin*, *Lord Middleton* und *Northern Gem* dazu, sowie später auch die Korvette *Lotus*. Diese hatte den tapferen Commodore Dowding an Bord, den sie, mit zwei anderen Besatzungsmitgliedern der *River Afton* auf einem Floß treibend, aufgefunden hatte. Später hatte sie weitere 78 Überlebende von den Besatzungen der *River Afton* und der *Pan Kraft* aufgefischt. Für alle, die diese trostlose und verlassene Bucht erreicht hatten, sah es so aus, daß sie vermutlich die einzigen Überlebenden des Geleitzuges waren, und es herrschte an Bord aller Schiffe eine düstere Stimmung. Captain J. H. Jauncey RN von der *Palomares* berief als dienstältester Offizier eine Besprechung der Kommandanten und Kapitäne aller anwesenden Schiffe ein, bei der man zu der Überzeugung kam, daß keine Zeit verloren werden durfte, um diesen exponierten und ungeschützten Ankerplatz, auf dem sie sich befanden, zu verlassen.

Die 17 Schiffe verließen den Ankerplatz am Abend des 7. Juli und steuerten Südkurs zum Eingang des Weißen Meeres. Bei der Ausfahrt aus der Meerenge gerieten sie in dichten Nebel, der bis Mitternacht anhielt, dabei verlor die *Benjamin Harrison* den Anschluß und kehrte zum Ankerplatz zurück. Am Nachmittag des 8. Juli wurde der Nebel wieder dichter, aber, sich nahe an der Küste haltend und in der Hoffnung, die Insel Kolguev im Osten zu passieren, lief der kleine Geleitzug weiter. Plötzlich und ohne jede Vorwarnung stieß er auf Eis, und sofort entstand ein heilloses Durcheinander, als die Maschinen zurückgingen, Sirenen heulten, und die Schiffe manövrierten, um Kollisionen miteinander zu vermeiden. Bei diesem Zwischenfall erlitt die *Ocean Freedom* schwere Eisschäden an ihrem Vorsteven. Mit Funksprechverkehr formierte der Geleitzug sich wieder, nun auf einem westlichen Kurs, der beibehalten wurde, bis am Morgen des 9. Juli freies Wasser erreicht war. Ganz plötzlich hob sich der Nebel, und es kamen zwei Boote mit Überlebenden von der *Pan Atlantic* in Sicht, die gerettet wurden. Aller Augen suchten nun den südlichen Horizont nach Anzeichen des russischen Flugzeuges ab, das angefordert war, denn der Geleitzug stand jetzt schon 60 sm vor der Festlandküste. Aber statt dessen erschien die unwillkommene Silhouette eines Blohm und Voss Aufklärungsflugzeugs als eine sichere Vorwarnung für einen folgenden Luftangriff.

Während der hellen Nacht vom 9./10. Juli flogen 40 Ju–88 von der II./K.G. 30 vier Stunden lang eine Serie von Angriffen, bei denen die Frachter *Hoosier* und *El Capitan* beschädigt wurden. Sie mußten aufgegeben werden und wurden später von *U 376* beziehungsweise *U 251* versenkt. Die Besatzungen wurden von der Korvette *Poppy* und von dem Trawler *Lord Austin* übernommen, da das Rettungsschiff *Zamalek* mit 240 Überlebenden an Bord keine weiteren aufnehmen konnte. Dieses Schiff war tatsächlich nur mit knapper Not der

Vernichtung entgangen, als es zu einer Zeit mit Nahtreffern völlig eingedeckt war. Dabei entstand ein Maschinenschaden, und sie mußte zur Reparatur stoppen. Als sie sich dann dem Geleitzug wieder anschloß, wurde das tapfere kleine Schiff, das man schon für verloren gehalten hatte, von seinen Gefährten mit Jubel empfangen. Ein anderer Frachter, die *Samuel Chase,* war auch bei dem Bombenangriff beschädigt worden und wurde von der *Halycon* in Schlepp genommen. Am 11. Juli führte Commodore Dowding die Überreste seines Geleitzuges durch das Weiße Meer nach Archangelsk. Sein Kummer über den Verlust so vieler guter Schiffe und ihrer wertvollen Ladungen wurde etwas gelindert, als er den Frachter *Bellingham*, den Tanker *Donbass* und das Rettungsschiff *Rathlin* heil im Hafen vorfand. Dessenungeachtet sah es für ihn so aus, als ob nur 5 Schiffe (einschließlich der noch vermißten *Benjamin Harrison*) von 30 überlebt hatten, und daß dieser Geleitzug von einer Katastrophe betroffen wurde.
Doch am gleichen Tag, dem 11. Juli, gingen drei weitere Schiffe in der Matotschkin Schar vor Anker, die ihr Überleben der Initiative des Lieutenant J. A. Gradwell RNVR, Kommandant des Trawlers *Ayrshire*, verdankten. Zuletzt hörte man von ihnen, daß sie nordwärts die Eisgrenze ansteuerten, nachdem der Geleitzug sich zerstreut hatte. Gradwell führte seine Schutzbefohlenen, indem er die *Troubadour* mit ihrem verstärkten Bug als Eisbrecher benutzte, etwa 20 sm in das Eisfeld hinein. Als sie dann nicht mehr weiter kamen, ließ er beidrehen. Sofort wurden alle Mann eingesetzt, um die Masten, Schornsteine und die Bordwände, die nach Süden zeigten, weiß zu übermalen. Sie hofften dadurch, der Sichtung durch umherstreifende feindliche Aufklärungsflugzeuge zu entgegen. Die Feuer wurden niedrig gehalten, damit sie nicht durch Rauchfahnen verraten werden konnten. Hier blieben sie zwei Tage, während denen sie angespannt und mit starkem Mitgefühl die Notrufe ihrer Gefährten abhörten, als einer nach dem anderen den U-Booten und Flugzeugen zum Opfer fiel. Als diese verzweifelten Funksignale schließlich aufhörten, entschied Gradwell sich für die Fortsetzung der Reise. Ein südlicher Wind hatte das Eis vor den Schiffen zusammengepreßt, und es dauerte einige Zeit bis sie freikamen. Schließlich erreichten sie offenes Wasser und fuhren dann so nahe wie möglich an der Eisgrenze entlang. Am 10. Juli kam die Küste des nördlichen Teils der Insel Novaja Zemlja in Sicht. Nachdem sie dort 24 Stunden lang in einer Bucht gelegen hatten, setzten sie die Reise fort und fuhren nach Süden weiter. Am folgenden Tage erreichten sie die Matočkin Šar, wo sie die *Benjamin Harrison* antrafen, bei der sich inzwischen auch das beschädigte Schiff *Azerbaidžan* eingefunden hatte. Gradwell ging an Land und überredete mit einigen Schwierigkeiten eine russische Signalstation, ihre Ankunft der Dienststelle in Archangelsk zu melden.

Als Commodore Dowding hörte, daß fünf weitere Schiffe den Ankerplatz in der Matočkin Šar erreicht hatten, organisierte er einen Sicherungsverband, der dorthin laufen sollte, um sie einzubringen. Am 16. Juli lief er mit der Korvette *Poppy*, auf der er sich eingeschifft hatte, mit *Lotus* und *La Malouine* aus und erreichte nach einer stürmischen Überfahrt die Beluša Bucht im Südteil von Novaja Zemlja. Dort rettete er 12 Überlebende von der *Olopana*, die an Land ein Lager aufgeschlagen hatten. Etwas weiter nördlich traf er auf die *Winston Salem*. Diese hatte das Mißgeschick, nachdem sie der Aufmerksamkeit des Feindes entgangen war, südöstlich von Nord Guisine Nos auf Grund zu laufen. Sie erwies sich als ein willkommener und gastfreier Sammelpunkt für Überlebende von der *Hartlebury* und der *Washington*. Da sie aber fest und unbeweglich auf einem Riff lag, würde man starke Schlepper und viel Zeit brauchen, um sie wieder flott zu machen, deshalb eilte Dowding weiter nordwärts. In der Moller Bucht fand er das CAM-Schiff *Empire Tide* vor. Dieses war ebenfalls auf Grund gelaufen, es konnte aber glücklicherweise mit eigener Kraft wieder freikommen. Es war Gastschiff für eine große Anzahl von Überlebenden geworden, die den Proviantvorrat bereits bedenklich in Anspruch genommen hatten. Deshalb teilte Dowding diese auf die drei Korvetten auf und lief zur Matočkin Šar, weiter, nachdem er den Kapitän angewiesen hatte, sich zur Mitfahrt klarzuhalten, sobald er wieder zurückkäme.

Nachdem Dowding am 20. Juli dort eingetroffen war, stieg er auf den russischen Minenleger *Murman* über, der zum Ankerplatz gekommen war. Da dessen Bug gegen Eis verstärkt war, fand er, daß dieser am besten dazu geeignet war, den Kleingeleitzug von fünf Frachtern, drei Korvetten und einem Trawler anzuführen. Nach Einreihung der *Empire Tide* setzte er eilends seinen Weg nach Süden fort, wobei er die festgefahrene *Winston Salem* zurücklassen mußte. Am 22. Juli bekam der Geleitschutz Verstärkung durch das Flak-Schiff *Pozarica,* die russischen Zerstörer *Gremjaščij* und *Groznyj,* die Korvette *Dianella* und die Minensuchboote *Bramble*, *Hazard*, und *Leda*. Alle Schiffe erreichten am Abend des 24. Juli wohlbehalten Archangelsk. Vier Tage später war die *Winston Salem* mit der Hilfe von zwei russischen Schleppern wieder flott gemacht worden, und sie kam ebenfalls heil an. Damit stieg die Gesamtzahl der Schiffe des PQ.17, die der Vernichtung entgangen waren, auf 11 (siehe Skizze VI). Von den 35 Schiffen des ursprünglichen Geleitzuges waren 2 umgekehrt, 8 wurden durch Luftangriffe versenkt, 9 durch U-Boote und 7 wurden nach Beschädigung durch Luftangriffe aufgegeben und dann durch U-Boote versenkt. Die Deutschen hatten bei diesem Erfolg nur 5 Flugzeuge verloren.

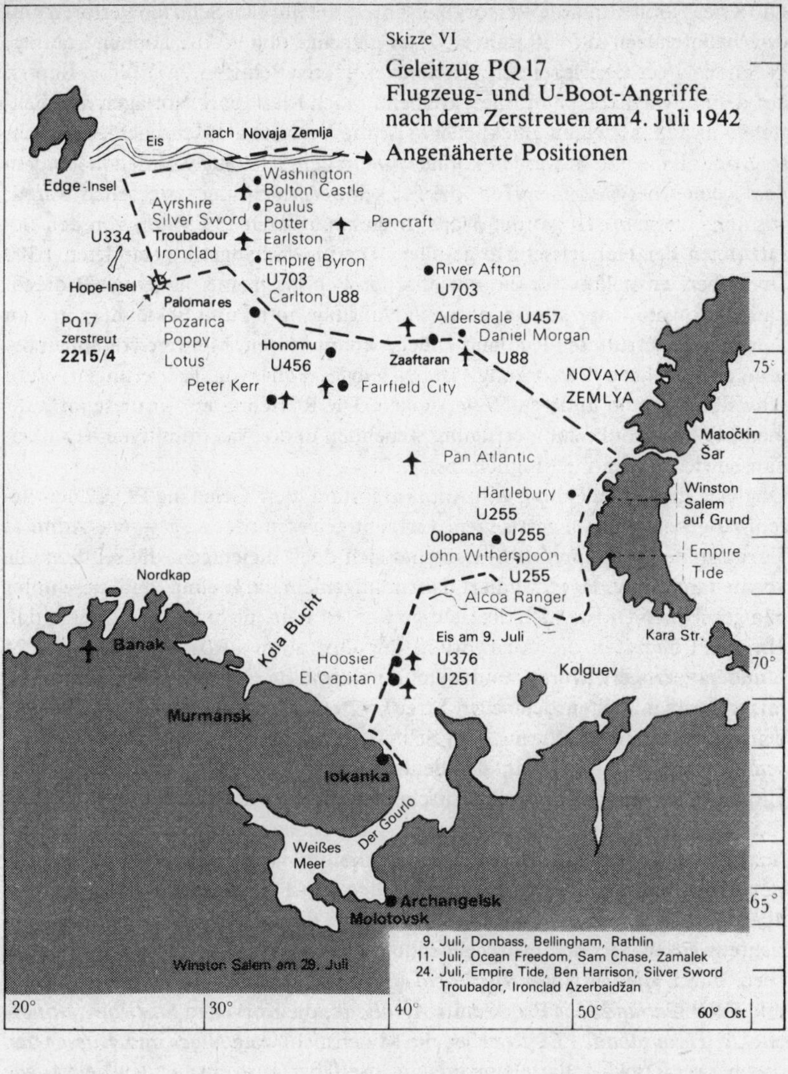

Skizze VI
Geleitzug PQ17
Flugzeug- und U-Boot-Angriffe
nach dem Zerstreuen am 4. Juli 1942
Angenäherte Positionen
Eis
nach Novaja Zemlja
Edge-Insel
Washington
Bolton Castle
Ayrshire
Paulus
Silver Sword
Potter
Pancraft
U334
Troubadour
Earlston
Ironclad
Empire Byron
River Afton
U703
Hope-Insel
Carlton U88
U703
Palomares
PQ17
zerstreut
2215/4
Pozarica
Aldersdale U457
Poppy
Daniel Morgan
Honomu
Lotus
Zaaftaran
U88
U456
NOVAYA
ZEMLYA
Peter Kerr
Fairfield City
Matočkin
Šar
Pan Atlantic
Hartlebury
Winston
Salem
auf Grund
U255
Olopana
U255
Empire
Tide
John Witherspoon
Nordkap
U255
Alcoa Ranger
Kola Bucht
Eis am 9. Juli
Kara Str.
Banak
Hoosier
U376
Kolguev
El Capitan
U251
Murmansk
Iokanka
Der Gourlo
Weißes
Meer
Archangelsk
Molotovsk
Winston Salem am 29. Juli
9. Juli, Donbass, Bellingham, Rathlin
11. Juli, Ocean Freedom, Sam Chase, Zamalek
24. Juli, Empire Tide, Ben Harrison, Silver Sword
Troubador, Ironclad Azerbaidžan
75°
70°
65°
20°
30°
40°
50°
60° Ost

Die Kriegsgeräte und die Versorgungsgüter, die mit den Schiffen verloren gingen, beliefen sich auf 430 Panzer, 210 Flugzeuge und 99316 Tonnen Ladung. Wenn viele der Überlebenden von den versenkten Schiffen, in offenen Booten auf dem unwirtlichen Nordmeer treibend, auch furchtbare Notlagen durchzustehen hatten, so waren glücklicherweise die Verluste an Menschenleben nicht so groß, als sie hätten werden können, wenn der Geleitzug von den mächtigen deutschen Überwasserschiffen, die für seine Vernichtung vorgesehen waren, zusammengeschossen worden wäre. Insgesamt waren 153 Mann von den Besatzungen der Handelsschiffe gefallen. Die in Archangelsk gelandeten 1300 Überlebenden stellten für die sowjetischen Behörden ein schwieriges Problem dar, da sowohl Unterkünfte, als auch Nahrungsmittel und Bekleidung in dem vom Kriege zerrütteten Rußland äußerst knapp waren. Mehrere von ihnen benötigten ärztliche Versorgung. Dabei gab es Fälle von Erfrierungen, Fußschwellungen und anderen Verletzungen. Die Russen taten für diese im Rahmen der beschränkt zur Verfügung stehenden und etwas primitiven Krankenhauseinrichtungen ihr Möglichstes.
Obgleich die Entscheidung von Admiral Pound, dem Geleitzug PQ.17 den Befehl zu geben, sich zu zerstreuen, verfrüht gewesen sein mag — wie Admiral Tovey später behauptete[25a] —, so sind sich doch diejenigen, die seitdem alle verfügbaren Unterlagen studiert haben, allgemein darin einig, daß diese unter den gegebenen Umständen die richtige war. Er hatte nicht wissen können, daß Hitler's Eingreifen die Ausführung der Operation »Rösselsprung« um 24 Stunden verzögern würde; und wenn der formierte Geleitzug von den im Altafjord versammelten deutschen Streitkräften entschlossen angegriffen worden wäre, hätten die Verluste an Schiffen und Personal sehr wohl schwerer sein können. Nach Ansicht des deutschen Marinehistorikers Professor Dr. Jürgen Rohwer »war Pound's Entscheidung, die zu dem Zerstreuungs-Befehl führte, angemessen und in der Tat eine ganz bemerkenswert zutreffende Deutung der Absichten des deutschen Marinekommandos«.
Bevor das Kapitel über den unglücklichen PQ.17 abgeschlossen wird, muß über einen weiteren Unglücksfall in der Serie dieser tragischen Ereignisse berichtet werden. Der heimwärts gehende Geleitzug QP.13 von 35 Schiffen, gesichert durch die Zerstörer *Inglefield* (S.O.E.), *Achates*, *Volunteer*, *Intrepid* und ORP *Garland*, das Flak-Schiff *Alynbank*, die Korvetten *Starwort, Honeysuckle, Hyderabad,* FFS *Roselys*, die Minensuchboote *Niger* und *Hussar* und durch zwei Trawler, hatte eine ereignislose Überfahrt, da für den Feind, wie bereits erwähnt wurde, der PQ.17 das Hauptangriffsziel war. In der Nähe von der Nordostspitze von Island teilte sich der Geleitzug, den Instruktionen der

25a Abschlußbericht des Oberbefehlshabers der »Home Fleet« über die Operation des PQ.17

Admiralität entsprechend, in zwei Gruppen. 16 Schiffe liefen östlich von Island zum Loch Ewe, während die übrigen 19 Schiffe, geleitet von der *Niger* (S.O.E.), *Hussar*, *Roselys* und von den Trawlern *Lady Madeleine* und *St. Elstan*, ihren Kurs entlang der Nordküste von Island absetzten, um nach Hvalfjord einzulaufen. Als diese Gruppe des Geleitzuges sich der Küste näherte, verschlechterte sich die Sicht.

Vor der Nordwestecke von Island war ein britisches Minenfeld ausgelegt worden, um etwaige deutsche Schiffe abzufangen, falls sie einen Ausbruchsversuch durch die Dänemark-Straße in den Atlantik machten, um die Schiffahrt anzugreifen. Zwischen der Südkante des Minenfeldes und der Küste lag ein schmales Fahrwasser von 10 sm Breite, durch das die Schiffe fahren mußten. Den Handelsschiffen war die Existenz dieses Minenfeldes nicht bekannt, und wegen des schlechten Wetters hatte keines der Schiffe, vor einer Sichtung von Land, den Standort durch astronomische Beobachtungen überprüfen können. Die *Niger* fuhr voraus, um zu versuchen, durch Landsicht einen Schiffsort zu bekommen; dabei hielt sie die undeutlich sichtbaren Umrisse eines Eisberges fälschlich für die Küste und änderte den Kurs des Geleitzuges so, daß dieser genau in das Minenfeld hineinlief. Die *Niger* flog in die Luft und sank mit schweren Verlusten an Menschenleben. Auch die Frachter *Hybert*, *Heffron*, *Marramar*, *Rodina* und *Exterminator* liefen auf Minen und sanken. Ein sechstes Schiff, die *John Randolph*, wurde beschädigt, erreichte aber den Hafen. Tapfere Rettungsarbeit wurde von der *Roselys* und von den beiden Trawlern geleistet. Sie blieben ohne Rücksicht auf die eigene Sicherheit 6 1/2 Stunden in dem gefährdeten Gebiet, um Überlebende aufzunehmen, von denen sie 211 retteten. Die *Hussar* hatte inzwischen einen Schiffsort nach Landpeilungen bekommen und führte die übrigen Schiffe in Sicherheit.

Damit endete der schlimmste Abschnitt in der Geschichte der Nordmeer-Geleitzüge.

»When sorrows come, they come not single spies, but in battalions«

— Ein Unglück kommt selten allein —

Die Wende

Die schweren Verluste des PQ.17, die voraussehbar waren, brachten die Admiralität dazu, nachdrücklich auf einer einstweiligen Einstellung der Nordmeer-Geleitzüge zu bestehen, bis die Jahreszeit der ständigen Tageshelle vergangen war, und die Eisgrenze sich weiter nach Norden zurückgezogen hatte. Mr. Churchill war mit diesem Vorschlag jedoch nicht einverstanden. In einem Memorandum vom 15. Juli an den First Sea Lord sagte er: »Schieben Sie das Auslaufen des PQ.18 auf, wie es unter dem 18ten dieses Monats vorgeschlagen wird. Warten Sie den Ausgang unserer Malta-Operation ab. Wenn alles gut geht, holen Sie die Flugzeugträger *Indomitable*, *Victorious*, *Argus* und *Eagle* wieder in den Norden nach Scapa Flow, und versammeln Sie dazu wenigstens fünf Hilfsflugzeugträger und alle verfügbaren *Didos* (neue Leichte Kreuzer mit einer starken Fla-Bewaffnung) und wenigstens 25 Zerstörer. Lassen Sie zwei Schlachtschiffe mit dem Kaliber 40,6 cm unter diesem Luftschirm und mit dieser Zerstörersicherung, sich südlich haltend und nicht an der Eisgrenze entlang fahrend, gerade durchstoßen. Wählen Sie das klarste Wetter aus, und lassen Sie es auf diese Weise zum Kampf mit dem Feind kommen. Wenn es gelingt, unsere Armada beim Geleitzug unter einem Schirm von wenigstens etwa 100 Jagdflugzeugen fahren zu lassen, sollten wir in der Lage sein, uns den Weg mitten hindurch und wieder zurück zu erkämpfen; und wenn es dabei zu einer Seeschlacht kommt, umso besser.«[26]

Die Erwähnung von Malta bezog sich auf eine bereits beschlossene Aktion, um die hartbedrängte Insel zu entlasten, und diese Operation »Pedestal« zwang in jedem Fall zur Zurückstellung des nächsten Nordmeer-Geleitzuges.

Auf den ersten Blick schien der Vorschlag des Premierministers viel für sich zu haben. Er stand im Einklang mit einem seiner bevorzugten Aussprüche: »In der Niederlage — Trotz bieten«. Doch die Admiralität hatte den Seekrieg als ein Ganzes zu betrachten, und der Mangel an Flugzeugträgern war so bedenklich, daß man sich das Risiko des Verlustes eines dieser Schiffe, das mit solch einer Operation verbunden war, nicht erlauben konnte. Dazu bedeutete der Mangel an Reparaturmöglichkeiten in den russischen Häfen, wie der

---

26 Churchill, ebenda, Band III, Seite 238

Trinidad- Vorfall gezeigt hat, eine Reise von 1 500 sm, meistenteils unter der Bedrohung von Luft- und U-Bootangriffen, um ein beschädigtes Schiff heimzubringen. Wie Captain Roskill hierzu bemerkt hat, »bedeutete das, unsere gesamte Stärke an Flugzeugträgern für eine Aufgabe auf's Spiel zu setzen, die ein solches Risiko für unersetzliche Schiffe nicht rechtfertigen konnte«.[27]

Als Mr. Churchill, nachdem er die Abneigung der Admiralität, auf seinen Vorschlag einzugehen, akzeptiert hatte, Stalin über die Gründe für eine zeitweilige Einstellung der Nordmeer-Geleitzüge informierte, bekam er eine sehr schroffe Antwort.

> »Unsere Marinesachverständigen halten die vorgebrachten Gründe, um die Einstellung der Geleitzüge zu den nördlichen Häfen der UdSSR zu rechtfertigen, in keiner Weise für überzeugend . . . Ich habe niemals erwartet, daß die britische Regierung die Übersendung von Kriegsmaterial ausgerechnet in dem Augenblick einstellen würde, wenn die Sowjetunion das Material, angesichts der ernsten Lage an der sowjetisch/deutschen Front, dringender als je zuvor benötigt.«[28]

Wie dringend die Russen zu dieser Zeit britische und amerikanische Hilfe benötigten, wird später erörtert. Eine nach dem Kriege angestellte deutsche Untersuchung über die Auswirkung der alliierten Hilfe für Rußland kommt zu der Feststellung:

> ,,Es steht aber fest, daß die Lieferungen amerikanischer Waren zu Beginn des Jahres 1942 von großer Bedeutung für die russische Armee waren. Die amerikanischen Lastwagen, die gelieferten Fernsprechanlagen, die Stiefel füllten die bedenklichen Lücken der russischen Armee aus.«[29]

Nach dem Erfolg der Operationen gegen den PQ.17 war das deutsche Oberkommando sehr darauf bedacht, diesen zu wiederholen, und am 21. Juli wurden Schritte unternommen, den PQ.18 festzustellen, in der Annahme, daß dieser gegen Ende des Monats auslaufen würde. Dabei gab es viele falsche Alarme, die durch Sichtmeldungen von Schiffsbewegungen in diesem Gebiet ausgelöst wurden. Das kostete den Feind eine große Menge Flugzeugtreibstoff. Aber schließlich wurde erkannt, daß der Einsatz des nächsten Geleitzuges zurückgestellt worden war, und die Aufklärungsflüge nach Routine wurden wieder aufgenommen. Die Feindstreitkräfte waren während dieser Zeitspanne zwischen den Geleitzügen aber nicht untätig. Eine Operation, unter dem Decknamen »Wunderland«, wurde gegen die russische Schiffahrt in dem

27 Captain S. W. Roskill, »The War at Sea« (HMSO, 1954—61), Bd. II, S. 278
28 Churchill, ebenda, Band III, Seite 242
29 Wolfgang Schlauch, »Rüstungshilfe der USA an die Verbündeten im Zweiten Weltkrieg« (Darmstadt, 1967), Seite 118

Kara-Meer unternommen. Die Luftaufklärung hatte gezeigt, daß die Durchfahrt im Norden von Novaja Zemlja eisfrei war. Am 16. August lief *Admiral Scheer* in Begleitung von *U 251* und *U 601* von Narvik aus, rundete drei Tage später Kap Želanija und drang in das Kara-Meer ein. Dort wurde der russische Eisbrecher *Sibirjakov* angetroffen und nach sehr tapferem Widerstand seiner Besatzung versenkt. Am 27. August wurde Port Dikson etwa zwei Stunden lang beschossen und in den Hafenanlagen ein beträchtlicher Schaden angerichtet. Dann kehrte die *Scheer* auf demselben Weg zurück und lief am 30. August wieder in Narvik ein. Sehr zu Admiral Golovko's Ärger ließ Glasevmorput 36 Stunden verstreichen, bevor er eine Meldung über das Auftreten des feindlichen Raiders im Bereich dieser Kommandostelle erhielt. Inzwischen versenkten patrouillierende U-Boote einen Dampfer, fünf Schlepper und einen Leichter, außerdem beschossen sie die Funkstationen von Kap Želanija und Chodovaricha. Am 28. August legte *U 591* Minen vor der Jugor-Straße, denen später das sowjetische Wachschiff *Murman* zum Opfer fiel. Zwischen dem 4. und 8. September legten die Zerstörer *Richard Beitzen*, *Z 29* und *Z 30* Minen in der Kara-Straße.
Es war notwendig, die britischen Schiffe, die in Nordrußland angekommen waren, mit Munition zu versorgen. Dafür liefen am 20. Juli die Zerstörer *Marne*, *Martin*, *Middleton* und *Blankney* aus Scapa aus, und obgleich sie unterwegs von einem feindlichen Flugzeug gesichtet wurden, erreichten sie Archangelsk ohne Zwischenfall. Ihnen folgte am 13. August der US-Kreuzer *Tuscaloosa*, gesichert durch die US Zerstörer *Rodman* und *Emmons* und durch den britischen Zerstörer *Onslaught*. Der Kreuzer hatte 300 Tonnen an Vorräten und 167 Mann Bodenpersonal von zwei »Hampden«-Squadrons an Bord. Zu dieser Verschiffung hatte man sich entschlossen, um diese RAF Squadrons während der Reise des nächsten Geleitzuges von Nordrußland aus einzusetzen. Zusätzlich war eine Sanitätseinheit mit Ausrüstung eingeschifft, von der man sich eine Erleichterung der Bedingungen erhoffte, unter denen die kranken und verletzten Seeleute der Alliierten lebten. Die Russen nahmen die ärztliche Ausrüstung entgegen, erlaubten dem Personal jedoch nicht, an Land zu gehen. In dieser Streitfrage mußte eine Entscheidung auf der Ebene Churchill — Stalin abgewartet werden. Die *Tuscaloosa* und ihre drei Zerstörer liefen zusammen mit der *Marne* und der *Martin* am 24. August aus Murmansk aus, ohne von der Operation der *Scheer* etwas zu wissen. Die *Marne*, *Martin*, und *Onslaught* wurden detachiert, um vor der nordnorwegischen Küste ein in der Funkentzifferung erfaßtes deutsches Schiff abzufangen; und am folgenden Tage stießen sie auf das deutsche Minenschiff *Ulm* (Kapitänleutnant Biet), das auf dem Wege war, Minen vor Kap Želanija zu legen, sobald die *Scheer* dieses auf ihrer Rückreise gerundet hatte. Es wurde schnell versenkt.

Inzwischen plante Admiral Tovey neue Taktiken, um die dreifache Bedrohung, der die Nordmeer-Geleitzüge damals ausgesetzt waren, zu bekämpfen. Er war davon überzeugt, daß die Sicherung der Geleitzüge stark genug sein mußte, um einem Angriff durch Überwasserschiffe zu begegnen, aber er hielt es nicht für notwendig, hierfür seine Schlachtschiffe im Barents-Meer zu riskieren. Er hatte die Absicht, einen Verband von 12 bis 16 Zerstörern aufzustellen, den er als »Fighting Destroyer Escort (FDE)«, als Kampf-Zerstörersicherung, bezeichnete, und der die aus Korvetten und Trawlern bestehende U-Boot-Nahsicherung verstärken würde. Im Fall eines Angriffs durch Überwasserschiffe würde dieser Zerstörerverband beweglich manövrierend den Feind angreifen, im übrigen würde er die Nahsicherung und den Schutz gegen U-Boote und Flugzeuge verstärken. Er war zuversichtlich, daß ein solcher Verband den Erfolg des Feindes bei dessen Angriffen auf den Geleitzug vereiteln würde. Admiral Tovey's einziger Flugzeugträger, die *Victorious*, mußte nach Abschluß der Malta-Operation zu einer Wiederinstandsetzung abgestellt werden. Um aber dem Geleitzug zusätzlichen Luft-Schutz zu geben, hatte er die Eingliederung eines der neuen Geleitträger, die gerade in Dienst gestellt wurden, in die Geleitzugsicherung angeordnet. Diese Träger hatten 12 Marine »Hurricane«-Jäger und drei »Swordfish«-U-Jagdflugzeuge an Bord. Mit der Stärke der Luftwaffe verglichen, war dieses eine kleine Zahl; er war sich aber sicher, daß selbst diese wenigen in der Lage sein würden, feindliche Bomber- und Torpedoflugzeugformationen beim Anflug zum Angriff auf den Geleitzug aufzubrechen.

Eine weitere und sehr wesentliche Maßnahme, die zum Schutz des Geleitzuges getroffen wurde, und die der Oberbefehlshaber des »Coastal Command«, Air Chief Marshal Sir Philip Joubert de la Ferté, bereits vor der Reise des PQ.17 befürwortet hatte, war die Überführung einiger seiner Aufklärungs- und Kampfflugzeuge nach Nordrußland. Wenn ein solcher Verband während der Reise dieses unglückseligen Geleitzuges zur Verfügung gestanden hätte, so wäre nach seiner Ansicht der Befehl zur Auflösung wohl kaum für notwendig gehalten worden. Dieses Mal wurde sein Rat angenommen, und ein Verband, bestehend aus vier Aufklärungs-»Spitfires« mit fotografischer Ausrüstung, aus der No. 210 »Catalina« Flugboot-Squadron sowie den No. 144 und 255 »Hampden« Torpedo/Bomber Squadrons, wurde unter dem Kommando von Group Captain F. L. Hopps RAF nach Rußland geflogen. Am 5. September wurde hierbei unglücklicherweise eine der »Hampden« von Flak-Feuer getroffen, und sie stürzte in der Nähe von Vardoe, Norwegen, ab. Aus geheimen Unterlagen, die aus dem Wrack geborgen wurden, erhielten die Deutschen wertvolle Informationen über die Maßnahmen, die zum Schutz von PQ.18 und QP.14 getroffen worden waren. Außerdem gelang es der finnischen

Funkaufklärung, aus der Entzifferung russischer Funksprüche wichtige Hinweise auf die bevorstehende Operation zu gewinnen.[30] Die Deutschen waren jedoch so davon überzeugt, daß die Bedrohung durch die Luftwaffe die Ursache war, die zu der Auflösung des PQ.17 geführt hatte, daß sie ihre Pläne nicht änderten. Diese sahen für die Luftwaffe und die U-Boote den Angriff auf den PQ.18 vor, wohingegen für *Scheer, Hipper* und *Köln* mit 5 Zerstörern der südgehende Geleitzug QP.14 das Ziel sein sollte, während dieser das Barents-Meer passierte. Nachdem diese Schiffe, begleitet von Zerstörern, bereits am 10. September im Altafjord zusammengezogen worden waren, nahmen sie schließlich doch nicht an der Operation teil, wie man noch sehen wird.
Gegen Anfang September waren die zur Teilnahme an der Operation »Pedestal« für die Entlastung von Malta abgestellten Schiffe, mit Ausnahme des Flugzeugträgers *Victorious*[31], wieder zu Admiral Tovey's Kommando zurückgekehrt, und es wurden Vorbereitungen für das Auslaufen des nächsten Geleitzuges nach Nordrußland getroffen. Nach der Erfahrung mit PQ.17 entschloß Admiral Tovey sich, die nächste Geleitzugoperation von seinem Flaggschiff *King George V* aus in Scapa Flow zu leiten, wo er eine direkte Telefonverbindung mit der Admiralität hatte. Das sollte sich als eine weise Entscheidung herausstellen. Sein Plan sah für die Schlachtschiffe *Anson* (Flaggschiff von Vice Admiral Sir Bruce Fraser) und *Duke of York* mit dem Kreuzer *Jamaica* und fünf Zerstörern vor, daß sie für kurze Zeit im Nordwesten von Jan Mayen kreuzen sollten, um den Geleitzügen Ferndeckung zu geben; während die Kreuzer *Norfolk* (Flaggschiff von Vice Admiral Bonham-Carter), *Suffolk* und *London* mit zwei Zerstörern zur Unterstützung einer Operation, bei der Verstärkungen und Vorräte für die norwegische Wetterstation in Barentsburg (Spitzbergen) an Land gebracht werden sollten, vor der Westküste von Spitzbergen kreuzten. Der Zeitpunkt für die Durchführung dieser Landung schien günstig, da die Wahrscheinlichkeit bestand, daß die Luftwaffe zu sehr mit den Geleitzügen beschäftigt sein würde, um die Vorgänge zu beobachten.
Bei den neuen Vorkehrungen für den Schutz der Geleitzüge PQ.18 und QP.14 war es nicht mehr erstrebenswert, diese gleichzeitig auslaufen zu lassen, da der Plan es dem FDE möglich machte, im Barents-Meer vom nordgehenden zu dem südgehenden Geleitzug überzuwechseln. Zur Täuschung der U-Boote, die vor Island darauf warteten, den Geleitzug als erste zu sichten, sobald er ausgelaufen war, wurde der größte Teil der Schiffe in Loch Ewe versammelt, von wo er am 2. September auslief.

---

30 Mitteilung des finnischen Kryptologen Erkki Pale

31 Von den von anderen Kommandos abgestellten Trägern waren die *Eagle* versenkt und die *Indomitable* schwer beschädigt worden.

Der PQ.18 bestand aus 39 Frachtschiffen und dem Tanker *Atheltemplar*, dazu aus drei Motorminensuchbooten, die nach Rußland überführt werden sollten, und dem Rettungsschiff *Copeland*. Da die Zerstörer des FDE die doppelte Reise zu machen hatten, ohne einen Hafen anzulaufen, und Ölergänzung in See benötigten, begleiteten den Geleitzug zwei zusätzliche Tanker mit der Bezeichnung Verband »Q«, die *Grey Ranger* und die *Black Ranger*. Zur Nahsicherung gehörten die Zerstörer *Malcolm* (S.O.E.) und *Achates*, die Flak-Schiffe *Ulster Queen* und *Alynbank*, die Korvetten *Bryony*, *Bergamot*, *Bluebell* und *Camelia*, die Minensuchboote *Harrier*, *Gleaner* und *Sharpshooter*, die Unterseeboote *P 614* und *P 615* sowie vier Trawler. Der FDE unter dem Kommando von Rear Admiral R. Burnett auf dem Kreuzer *Scylla* war wie folgt gegliedert:

Kampfgruppe »A«:
Zerstörer *Onslow* (S. O.), *Opportune, Offa, Eskimo, Somali, Ashanti, Tartar.*

Kampfgruppe »B«:
Zerstörer *Milne* (S. O.), *Marne, Martin, Meteor, Faulknor, Intrepid, Impulsive, Fury.*

Kampfgruppe »P«:
RFA *Oligarch* und *Blue Ranger*, Zerstörer *Oakley, Cowdray, Worcester, Windsor.*

Der Geleitträger *Avenger*, das erste dieser Schiffe, das bei einem Nordmeer-Geleitzug eingesetzt war, hatte seine eigene Sicherung durch die Zerstörer *Wheatland* und *Wilton*. Diese drei Schiffe wurden als die Trägerkampfgruppe bezeichnet.

Am 9. September stieß Admiral Burnett südwestlich der Jan Mayen-Insel mit der Kampfgruppe B und der Trägerkampfgruppe zum Geleitzug. Die Kampfgruppe P lief inzwischen nach Lowe Sund, Spitzbergen, weiter, gefolgt von der Kampfgruppe A, die dort ihren Brennstoff ergänzte, bevor sie an den Geleitzug heranschloß. Am 11. September setzten sich der Kreuzer *Scylla* und fünf Zerstörer der Kampfgruppe B zeitweise vom Geleitzug ab, um bei der Gruppe P zu beölen, während die anderen drei Zerstörer bei der Gruppe Q Brennstoff ergänzten. Am 13. September schloß während des Vormittags die Kampfgruppe A wieder an den Geleitzug heran, und am Nachmittag auch die *Scylla* und die fünf Zerstörer von der Kampfgruppe B. Damit war der FDE wieder vollständig und hatte sich so formiert, wie aus Skizze VII zu ersehen ist.

Um die Bewegungen der feindlichen Überwasserschiffe zu erfassen, waren die Unterseeboote *Tribune*, *Tigris* und *Sturgeon* aufgestellt worden. Bis zum 10. September standen sie in Quadraten nördlich von Narvik, und dann nahmen sie Überwachungsräume 100 sm nördlich des Nordkaps ein, wo die Unterseeboote *Unique, Uredd (norw.), P 45, P 221* und *P 54* dazukamen. Am 19. September wurden von dem freifranzösischen Unterseeboot *Rubis* vor Senja Minen gelegt.

Der PQ.18 wurde am 8. September von feindlichen Flugzeugen gesichtet. Aber die Fühlung ging wegen der niedrigen Wolkendecke wieder verloren und konnte erst am 12ten um 13.20 Uhr wiedergewonnen werden. Die U-Boote, von denen drei — *U 88, U 403, U 405* — in einem Vorpostenstreifen, der von der Position 74°30' N, 3°00' W 120 sm nach Norden verlief, vier — *U 589, U 408, U 377, U 457* — zwischen Spitzbergen und der Bären-Insel standen, und von denen sechs weitere — *U 601, U 255, U 378, U 592, U 251, U 703* — den Befehl hatten, dieses Gebiet anzulaufen, bekamen erst am 12. September Fühlung mit dem Geleitzug. In Zusammenarbeit mit den Geleitfahrzeugen hielt ein U-Abwehrflugzeug der *Avenger* sie in Schach, und am 12ten um 21.00 Uhr wurde vor dem Geleitzug *U 88* von der *Faulknor* versenkt. Am nächsten Tage um 08.55 Uhr gelang es *U 405* und *U 589*, den Sicherungsgürtel zu durchbrechen und die Frachter *Stalingrad* und *Oliver Ellsworth* zu torpedieren, die später beide sanken. Am 13ten um 15.00 Uhr, als gerade die *Scylla* und die fünf Zerstörer wieder zur Sicherung stießen, und der Geleitzug vom nächsten deutschen Flugplatz noch 450 sm entfernt war, führte die Luftwaffe ihren ersten Angriff durch. Sechs Ju–88 belegten den Geleitzug aus einer Höhe von 1.300 m mit Bomben, ohne ein Schiff zu beschädigen und ohne eigene Verluste. Eine halbe Stunde später griffen etwa 30 Ju–88 der I./ und III./K.G. 26 und 55 torpedobewaffnete He–111 vom K.G. 30 unter Anwendung der »Goldenen Kamm«-Taktik, die vorstehend beschrieben wurde, mit großer Entschlossenheit an. Der Commodore befahl eine Sofortwendung zugleich von 45° nach Steuerbord auf parallelen Gegenkurs der Torpedolaufbahnen, aber das Signal wurde von den Schiffen der beiden Steuerbord Kolonnen entweder nicht gesehen oder mißverstanden. Diese drehten nachfolgend schwenkend an, und sechs von den sieben Schiffen wurden getroffen[32]. Zwei weitere Schiffe in der Mitte des Geleitzuges — *Macbeth* und *Suchona* — erhielten ebenfalls Treffer, und alle die getroffenen Schiffe sanken später. Die Jäger der *Avenger* schossen fünf Feindflugzeuge ab, aber auch vier »Hurricanes« gingen verloren. Um 16.15 Uhr flogen einige He–115 Seeflugzeuge einen erfolglosen Tiefangriff mit Torpedos, der durch das konzentrierte Sperrfeuer

---

32 *Empire Beaumont, John Penn, Empire Stevenson, Wacosta, Africaander, Oregonian.*

Skizze VII

Geleitzug PQ 18
Marschformation mit vollständiger Sicherung

Flak-Schiff	AA
Wahlweise Stationen für Geleitträger	AC1 u. AC2
Korvette	C
Katapult-Flugzeug Handelsschiff	CAM
Zerstörer	D
Minensuchboot	M
Flottentanker	F
Rettungsschiff	R
Stationen von Geleitunterseebooten	S1 u. S2
Trawler	T
Durch U-Boote versenkte Schiffe	⊠
Durch Flugzeuge am 13. September versenkte Schiffe	⊕

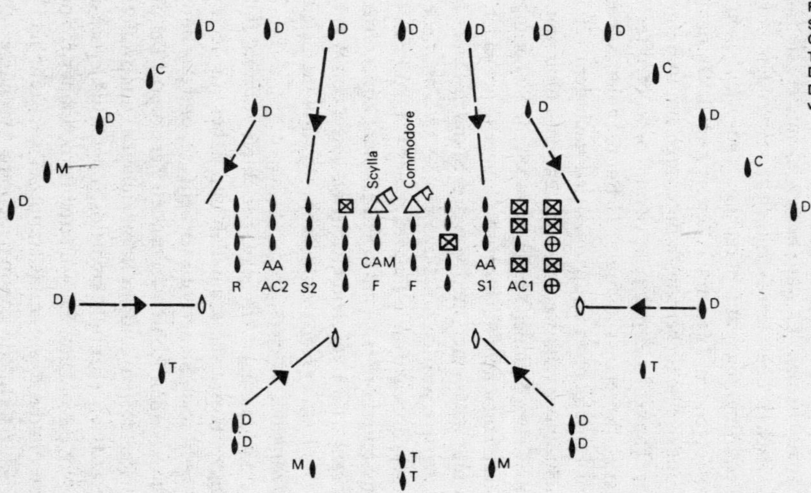

der Geleitfahrzeuge vereitelt wurde. Das Rettungsschiff *Copeland* rettete 163 Überlebende der betroffenen Schiffe. Dabei wurde dieses selbst von zwei Torpedoflugzeugen angegriffen, aber es gelang ihm, die anlaufenden Torpedos auszumanövrieren. Der letzte Angriff erfolgte um 20.35 Uhr, als es fast dunkel war, aber auch dieser war ohne Erfolg.
Beim Überdenken der Lage nach diesen Angriffen kam der Kommandant der *Avenger*, Commander A. P. Colthurst, zu der Überzeugung, daß es unklug war, seine veralteten Jagdflugzeuge dafür einzusetzen, die besser bewaffneten Fühlunghalterflugzeuge, von denen zeitweise bis zu neun den Geleitzug umkreisten, abzuschießen. Es wäre besser, meinte er, sie für eine ständige Luftkampfbereitschaft über dem Geleitzug zu verwenden, um Formationen anfliegender Feindflugzeuge aufzubrechen. Die Richtigkeit seiner Beurteilung wurde am folgenden Tage unter Beweis gestellt. In der Zwischenzeit war es *U 457* gelungen, die Sicherung zu durchbrechen, und um 02.26 Uhr am 14ten erhielt der Tanker *Atheltemplar* einen Torpedotreffer im Maschinenraum. Wegen der Anwesenheit mehrerer U-Boote in der Nähe, und da Geleitfahrzeuge zum Einschleppen und zum Geleit nach dem 120 sm entfernten Spitzbergen nicht abgezweigt werden konnten, entschloß man sich, den Tanker zu versenken. Sieben Stunden später schlugen die Sicherungsstreitkräfte zurück. *U 589* wurde von einem »Swordfish« Flugzeug gemeldet, von der *Onslow* angegriffen und nach einer Jagd von drei Stunden Dauer schließlich versenkt.
Die Luftangriffe wurden am 14ten um 12.35 Uhr wieder aufgenommen, als etwa 20 torpedobewaffnete Flugzeuge des K.G. 30 den Geleitzug in geringer Höhe von Steuerbord vorn anflogen. Diesmal konzentrierten sie ihre Angriffe auf die *Avenger*, die vor dem Geleitzug, gegen den Wind steuernd, ihre Jäger startete. Die *Ulster Queen* verließ ihre Position im Geleitzug und lief vor zur Unterstützung des Trägers.
»Es war ein großartiger Anblick«, berichtete Admiral Burnett, »zu sehen, wie die *Avenger* »Hurricanes« ausstieß und dabei vor der Front des Geleitzuges von Backbord nach Steuerbord vorbeijagte, und das inmitten des Sicherungsgürtels der aus allen Rohren feuernden Zerstörer«. Bei diesem Angriff wurde kein Schiff getroffen, und ein Bombenangriff aus großer Höhe, der um 13.00 Uhr folgte, blieb ebenfalls erfolglos, obgleich hierbei die *Avenger* nur mit knapper Not davonkam. Ein weiterer Torpedoangriff von 25 Flugzeugen, bei dem wiederum die *Avenger* das Hauptziel war, kam bald hinterher. Ihre Jäger und ihre Schiffsartillerie konnten mehrere Abschüsse von Angreifern für sich verbuchen, doch der Frachter *Mary Luckenbach* in der Steuerbord Außenkolonne wurde getroffen und flog in die Luft. Der letzte Angriff des Tages erfolgte um 14.30 Uhr. Er wurde von etwa 20 Bombenflugzeugen aus einer Höhe von 2000 und 1300 m durchgeführt, wobei jedoch einige versuchten,

Generaladmiral Otto Schniewind, der Befehlshaber der Kampfgruppe, dessen Flagge auf der *Tirpitz* gesetzt war (Imperial War Museum).

Der Kreuzer HMS *Sheffield*, der an den meisten bedeutenden Seekampfhandlungen im Zusammenhang mit der Sicherung der Nordmeer-Geleitzüge teilnahm. Obgleich dieser nur mit 15,2-cm-Kanonen bestückt war, drängte er zusammen mit HMS *Jamaica,* der die gleiche Armierung hatte, die viel schwerer bewaffneten Feindschiffe *Lützow* und *Hipper* während des Gefechts im Barents-Meer, am 31. Dezember 1942, erfolgreich ab (Imperial War Museum).

HMS *Edinburgh,* ein Schwesterschiff der HMS *Belfast.* Sie sank im Barents-Meer, nachdem sie im Gefecht mit dem Feind, im Mai 1942, zweimal torpediert worden war (Imperial War Museum).

Der Geleitflugzeugträger HMS *Nabob* nach einem Torpedotreffer von *U 354* im Achterschiff während eines Luftangriffs auf die *Tirpitz.* Er hatte eine Besatzung der Royal Canadian Navy. Trotz der Beschädigung führte er die Luftoperationen weiter durch und kehrte zum Stützpunkt zurück (Imperial War Museum).

HM Trawler *Northern Gem,* einer von der großen Anzahl der Fischdampfer, die bei Kriegsausbruch von der Admiralität für Minensuch- und Vorpostendienste requiriert wurden. Sie leisteten bei der Durchführung der Nordmeer-Geleitzüge hervorragende Dienste (Imperial War Museum).

Der Flak-Kreuzer HMS *Scylla.* Er hatte wie sein Schwesterschiff HMS *Charybdis* eine Bewaffnung von acht 11,4-cm-Kanonen in Zwillingslafetten anstatt der zehn 13,3-cm-Geschütze, die für diese Schiffe geplant waren. Der erstere war Admiral Burnett's Flaggschiff während der Operation des PQ.18 (Imperial War Museum).

Großadmiral Erich Raeder, Oberbefehlshaber der Kriegsmarine von 1928 bis 1943 (Imperial War Museum).

Unten links: Admiral Sir Harold Burrough, der 1940 bis 1944 das 10. Kreuzergeschwader der »Home Fleet« befehligte (Imperial War Museum).

Admiral Sir John Tovey, Oberbefehlshaber der »Home Fleet« 1940 bis 1943. Er stand im Widerspruch zu der Handhabung der Operation des PQ.17 durch den ersten Seelord (Imperial War Museum).

ihre Bomben im Sturzflug abzuwerfen. Treffer wurden nicht erzielt. Als der Geleitzug sich am folgenden Tage in einer Entfernung von 400 sm vom Banak-Flugplatz befand, wurde er wiederum von hochfliegenden Bombern angegriffen. Obwohl dabei einige Schiffe nur knapp verfehlt wurden, erhielt keines einen Treffer. Doch die U-Boote hielten weiter Fühlung, und am 16ten etwa um 03.00 Uhr wurde *U 457* von der *Impulsive* versenkt.

Im Verlauf dieses Tages befahl die Marinegruppe Nord den auf PQ.18 angesetzten U-Booten, nunmehr auf den QP.14 zu operieren. Dieser Geleitzug, der 15 Frachter mit den Rettungsschiffen *Rathlin* und *Zamalek* unter dem Commodore Dowding umfaßte, und der von den Zerstörern *Blankney* und *Middleton*, den Flakschiffen *Palomares* und *Pozarica*, den Korvetten *Poppy*, *Dianella* und FFS *La Malouine*, den Minensuchbooten *Bramble*, *Leda* und *Seagull* sowie von vier Trawlern — alle alte Veteranen des PQ.17 Debakel's — gesichert wurde, hatte Archangelsk am 13. September verlassen. Drei Tage später begann Admiral Burnett mit dem Übergang des FDE und der Trägergruppe von dem PQ.18 auf den QP.14. In der Hoffnung, daß der Feind den Abzug von so vielen Schiffen vom PQ.18 nicht bemerken würde, wurde der Wechsel in drei Gruppen vorgenommen. Während der nächsten zwei Tage verstärkten die sowjetischen Zerstörer *Gremjaščij, Kujbyšev, Sokrušitel'nyj* und *Urickij* die Sicherung, und das Flugabwehr-Potential der beiden großen Zerstörer sollte sich bald als höchst willkommen erweisen. Am 18. September wurde der Geleitzug, während er Kanin Nos am Eingang des Weißen Meeres rundete, bei schlechter Sicht von Flugzeugen der K.G. 26 und 30 angegriffen. Bei dem ersten Angriff um 08.20 Uhr flogen 12 He–111 niedrig über dem Wasser von achtern an und lösten ihre Torpedos. Es gelang allen Schiffen, mit der Ausnahme des Frachters *Kentucky*, ihnen auszuweichen. Eine Stunde später wurde der Angriff wiederholt. Dabei gab es keine Verluste, aber einige Ju–88 Bomber, die ihren Angriff auf den der Torpedoflugzeuge abgestimmt hatten, erzielten einen Treffer auf der manövrierunfähigen *Kentucky*, der ihr Schicksal besiegelte. Beim ersten Angriff katapultierte das CAM-Schiff *Empire Morn* ihren »Hurricane« Jäger, der zwei He–115 Wasserflugzeuge abschoß. Am nächsten Tag bombten 12 Ju–88 den Geleitzug, obgleich dieser mittlerweile schon die Dvina Barre passierte, aber Treffer wurden nicht erzielt. Als die Schiffe in den Hafen einliefen, kam Sturm auf, und drei von ihnen gerieten auf Grund. Sie wurden von der *Ulster Queen* gesichert und auch noch angegriffen. Alle kamen aber, ohne getroffen zu werden, wieder frei. Eine Ju–88 wurde vermißt.

Die deutschen Angriffe auf den PQ.18, die mit beachtlicher Hartnäckigkeit durchgeführt wurden, hatten zwar nicht eine so lähmende Wirkung wie die auf den PQ.17, aber sie waren trotzdem schwerwiegend. 13 Schiffe waren verloren gegangen, davon 3 durch U-Boote und 10 durch Luftangriffe. Der Preis, den der Feind jetzt zu zahlen hatte, war jedoch sehr viel höher gewesen. Dieser belief sich auf 3 U-Boote und 22 Flugzeuge.[33] Admiral Golovko, dessen unfreundliche Kommentare zu dem Missgeschick des PQ.17 einen Mangel an Verständnis für die eingeschlossenen Risiken zeigten, war hinsichtlich dessen Nachfolgers sachlicher. »Das also sind die Ergebnisse des September Geleitzuges PQ.18«, schrieb er in sein Tagebuch, »sie bestätigen wieder einmal, daß die Überwasserschiffe des Feindes, entschlossene Maßnahmen der Deckungsstreitkräfte und entsprechende Vorbereitungen auf den Kampf vorausgesetzt, neutralisiert werden können, wohingegen die Angriffe der U-Boote und Flugzeuge abgewiesen werden können.«[34]

Inzwischen hatte sich Admiral Burnett auf der *Scylla* am 17. September auf der Position 75° N 48° O mit dem FDE, dem Flak-Schiff *Alynbank*, den Unterseebooten *P 614* und *P 615*, der Trägerkampfgruppe und der Gruppe Q dem heimwärts gehenden Geleitzug QP.14 angeschlossen. Im Verhältnis zu seiner Größe — 15 Frachter — war es der am stärksten gesicherte Geleitzug, der jemals auf der Rückreise war. Wie bereits erwähnt wurde, beabsichtigte die Marinegruppe Nord, die im Altafjord versammelten Schiffe zum Angriff auf diesen Geleitzug einzusetzen, und sie hatten Befehl, am 13. September auszulaufen. Doch an diesem Tage erinnerte Hitler Admiral Raeder an die Bedeutung dieser Schiffe für die Verteidigung Norwegens. Er wies ihn darauf hin, wie unerwünscht es wäre, diese einem unangemessenen Risiko auszusetzen. Raeder sagte deshalb die Operation ab. Admiral Tovey hielt es für wahrscheinlich, daß die Stärke des FDE und die Anwesenheit sowohl der RAF-Torpedoflugzeuge in Nordrußland als auch die der alliierten Unterseeboote mitwirkende Faktoren waren, die zu dieser Entscheidung beitrugen.

So waren es nur die U-Boote und die Luftwaffe, mit denen der QP.14 zu kämpfen hatte. Während der Fahrt des Geleitzuges durch das Barents-Meer war das Wetter unsichtig mit Nebelschwaden und zeitweisen Schneeböen. Starke Kälte behinderte die Operation der U-Bootabwehrflugzeuge der *Avenger*, aber eine »Catalina«, die von der Kola-Bucht aus operierte, half aus. Am 18. September sichtete während des Vormittags ein feindlicher Fühlunghalter den Geleitzug, doch die Fühlung ging wieder verloren. Später am Tage sichtete die »Catalina« zwei U-Boote in einiger Entfernung nordöstlich des Geleitzuges und ein weiteres 20 sm achteraus, aber es erfolgten keine Angriffe. Als die Gruppe Q ihren Treibstoffvorrat erschöpft hatte, wurden die beiden Zerstörer zum Lowe Sund detachiert, um den Tanker *Oligarch* und einen der Zer-

33 Die amtlichen deutschen Zahlen.
34 Golovko, ebenda, Seite 130

störer der Kampfgruppe P heranzuholen. Nachdem am Morgen des 19. September das Südkap von Spitzbergen gerundet worden war, setzte Admiral Burnett Flugzeuge und Zerstörer zu einer besonderen Jagd auf U-Boote an, von denen drei in Entfernungen von 7, 12 und 20 sm vom Geleitzug gesichtet worden waren, aber alle tauchten, bevor sie angegriffen werden konnten, und wurden an diesem Tage nicht mehr gesehen. Doch am nächsten Tage schlossen die U-Boote heran, und eine Reihe von Zwischenfällen störte die Ruhe der bisher ereignislosen Reise. Tatsächlich waren dort sieben U-Boote — *U 377*, *U 212*, *U378*, *U 435*, *U 592*, *U251*, *U 408* —, die auf den QP.14 operierten, und am 20ten um 05.20 Uhr torpedierte und versenkte *U 435* das Minensuchboot *Leda* auf der Rückseite des Sicherungsgürtels. Sie wurden aber durch den energischen Einsatz der kreisenden »Swordfish«-Flugzeuge und der Geleitfahrzeuge daran gehindert, bis zu den späteren Stunden des Tages irgendwelche weiteren Erfolge zu erreichen.
Um 08.20 Uhr erschien ein Aufklärungsflugzeug und das gerade zur rechten Zeit, um die Kursänderung des Geleitzuges nach Südwesten zu beobachten. Aber der Vormittag und der Nachmittag brachten keine weiteren Zwischenfälle bis um 15.30 Uhr, als *P 614* das in einer Schneeböe nur flüchtig gesichtete *U 408* erfolglos angriff. Kurz danach ließ Burnett die beiden britischen Unterseeboote, bevor sie in ihren Stützpunkt zurückkehrten, hinter dem Geleitzug patrouillieren. Die U-Boote hatten noch nicht aufgegeben, und um 17.20 Uhr torpedierte *U 255* den Frachter *Silver Sword* (ein Überlebender vom PQ.17), der dann versenkt werden mußte.
Da mittlerweile die Gefahr von Flugzeugangriffen vorüber schien, und die Flugzeugbesatzungen der *Avenger*, die harte Arbeit geleistet hatten, dringend Ruhe brauchten, detachierte Burnett die *Scylla* und die *Avenger* mit einem Geleit von drei Zerstörern zur Rückkehr nach Scapa, nachdem er seine Flagge auf dem Zerstörer *Milne* (Captain I. M. R. Campbell RN) gesetzt hatte. Gleichzeitig forderte er vom »Coastal Command« Luftüberwachung gegen U-Boote an. Kaum hatten sich der Träger und seine Begleiter abgesetzt, als *U 703* den *Tribal*-Klasse Zerstörer *Somali* auf dem Backbord-Flügel des Sicherungsgürtels torpedierte. Er wurde von der *Ashanti* in Schlepp genommen, die ihn auch mit elektrischem Strom versorgte. Am 22. September traf man mit dem Tanker *Blue Ranger* von der Gruppe P zusammen, und es gelang Commander R. G. Onslow RN, dem Kommandanten der *Ashanti*, deren Heizölvorrat zur Neige ging, mit hervorragendem seemännischem Geschick vom Tanker Öl zu ergänzen, ohne dabei die Schleppverbindung zu schlippen. Nach einer erfolgreichen Schleppfahrt von 420 sm verschlechterte sich unglücklicherweise das Wetter, und in der Frühe des 24. September, als der Wind Sturmstärke erreicht hatte, brach die *Somali* in zwei Hälften auseinan-

der und sank. Der größte Teil der Besatzung war vorher von der *Ashanti* übernommen worden, so daß sich nur noch 80 Mann an Bord befanden, als das Unglück hereinbrach. Aber nur 35 einschließlich des Kommandanten, Lieutenant Commander C. Maud RN, wurden gerettet.

Nachdem Admiral Burnett sich davon überzeugt hatte, daß mit dem Schleppzug und mit dem Geleit alles in bester Ordnung war, hatte er am 22. September früh das Kommando über die Sicherungsstreitkräfte an Captain A. Scott-Moncrieff RN auf *Faulknor* übergeben und sich verabschiedet. Der Geleitzug hatte nun eine Sicherung von 11 Zerstörern und 9 kleineren Fahrzeugen, dazu war als Reaktion auf die Anforderung des Admirals eine »Catalina« angekommen. Als diese wenige Stunden später ein U-Boot angriff, wurde sie unglücklicherweise durch Artilleriefeuer des U-Bootes beschädigt und mußte auf dem Wasser notlanden. Zur Ablösung stand ein weiteres Flugzeug nicht zur Verfügung. Am 22ten um 06.30 Uhr, etwa eine halbe Stunde nachdem Burnett sich verabschiedet hatte, drang *U 435* in den Sicherungsgürtel ein und torpedierte in schneller Folge die Frachter *Bellingham* (ein Überlebender vom PQ.17), *Ocean Voice* (Commodore Dowding's Schiff) und den Tanker *Grey Ranger*. Die Rettungsschiffe *Rathlin* und *Zamalek* waren schnell zur Stelle und retteten gemeinschaftlich 144 Überlebende der drei Schiffe. Commodore Dowding und sein Stab wurden von einem der Geleitfahrzeuge gerettet. Das war der letzte Angriff auf den QP.14. Die überlebenden Schiffe erreichten Loch Ewe am 26. September.

Wenn Admiral Tovey die beiden Geleitzugoperationen zusammennahm, bei denen von einer Gesamtzahl von 55 im Geleit fahrenden Schiffen 15 und dazu 1 *Tribal*-Klasse Zerstörer, 1 Minensuchboot, 1 Flottentanker und 4 Flugzeuge (3 Flugzeugführer wurden gerettet) verloren gingen, und wenn er dabei die Stärke der Gegenkräfte in Betracht zog, so hielt er diese Verluste nicht für unangemessen hoch. Der Vorteil, einen Träger beim Geleitzug zu haben, hatte sich vollauf bestätigt. Dennoch hatte es erhebliche Risiken gegeben, insbesondere im Hinblick auf die Tanker, von deren Überleben der Erfolg der Operation abhing. Die beiden Tanker im Lowe Sund waren nur mit Glück der Beobachtung entgangen. Jedoch war ein Faktor höchst zufriedenstellend, und das war die Art und Weise, in der die Offiziere und Mannschaften der Trägergruppe und des FDE die 18 Tage des ständigen Einsatzes unter arktischen Bedingungen und unter der Belastung durch U-Boot- und Luftangriffe durchgestanden hatten. Die Flugzeugbesatzungen der *Avenger* hatten bewiesen, daß sie imstande waren, unter äußerst schwierigen Bedingungen zu kämpfen, und sie wurden durch den Commander-in-Chief mit besonderem Lob bedacht.

Für den Feind waren die Ergebnisse der Operationen enttäuschend. Er hatte 33 torpedobewaffnete Flugzeuge, 6 Ju–88 Bombenflugzeuge und 2 Blohm &

Voss Langstreckenflugzeuge verloren. Der offizielle deutsche Bericht bestätigte die Wirksamkeit der Verteidigung: »Es wurde festgestellt, daß es wegen der Jagdflugzeuge nicht nur unmöglich war, an den Träger heranzukommen, um ihn wirksam anzugreifen«, stand in dem Bericht der Luftwaffe, »sondern auch, daß der umfassende Sicherungsgürtel von Kriegsschiffen den Torpedoangriff auf die in der Mitte fahrenden Handelsschiffe zu einem äußerst riskanten Unterfangen machte«. Es gab auch keinen Zweifel, daß Großadmiral Raeder durch das Unterlassen des ursprünglich geplanten Einsatzes der Überwasserschiffe eine Erfolgsmöglichkeit verpaßte, die unter derart günstigen Bedingungen nicht wiederkehren sollte. Was die U-Boote anbetrifft, so hatten diese ihre Erfolge teuer bezahlt. 3 Boote gingen verloren und 5 wurden beschädigt. Dazu wurde *U 255*, das vor Island auf den QP.14 wartete, am 23. September durch eine patrouillierende »Catalina« beschädigt. Das in den Atlantik auslaufende *U 253* ging wahrscheinlich vor Island auf einer alliierten Mine verloren.[34a]

34a Mitteilung von R. Coppock, Naval Historical Section, Ministry of Defence.

Der Angriff auf den Geleitzug JW.51B

Die Wechselbeziehung zwischen den verschiedenen Kriegsschauplätzen sollte nun in einer Art und Weise in Erscheinung treten, welche die Schwierigkeiten bei der Führung der Nordmeer-Geleitzüge beträchtlich erleichterte. Die Alliierten hatten sich schließlich auf eine großangelegte Landung in Nordafrika geeinigt, die im Oktober oder Anfang November unter dem Decknamen »Torch« stattfinden sollte. Diese Operation machte erhebliche Anforderungen an die »Home Fleet« unvermeidlich, so daß eine vorübergehende Einstellung der Nordmeer-Geleitzüge notwendig wurde. Zunächst stand die schwierige Aufgabe bevor, diese Nachricht dem russischen Generalissimus beizubringen. Von dem bevorstehenden Angriff war er durch Churchill bei dessen Besuch in Moskau im August unterrichtet worden, aber dabei war ihm nicht bewußt geworden, daß dieses Unternehmen die einstweilige Einstellung der Geleitzüge zur Folge haben würde. Nach einem Telegrammaustausch mit Präsident Roosevelt einigte man sich darauf, die Unterrichtung von Stalin solange hinauszuschieben, bis die Vorbereitungen für einen Versuch, mehrere Schiffe als Einzelfahrer nach Nordrußland fahren zu lassen, und bis auch die Vorkehrungen für eine Luftunterstützung der russischen Armeen, die den Kaukasus verteidigten, abgeschlossen waren. Die Nachricht wurde dann unter dem Datum des 9. Oktober mit Telegrammen von Roosevelt und von Churchill übermittelt. Diese wurden nicht freundlich entgegengenommen.

Einzelfahrer-Reisen

Ende Oktober wurden 13 Schiffe von Island aus, einzeln fahrend und ohne Geleitsicherung, in Marsch gesetzt. Sie liefen zeitlich so aus, daß sie von einander einen Abstand von 200 sm hatten. Aber der Versuch wurde kein Erfolg. Fünf Schiffe kamen an, vier wurden im Zusammenwirken von Luft- und U-Bootangriffen versenkt, eins lief vor Spitzbergen auf Grund, und drei kehrten zurück. Auch in entgegengesetzter Richtung fuhren acht Schiffe als Einzelfahrer, davon kamen sieben heil an, während eins am 7. November von dem deutschen Zerstörer *Z 29* abgefangen und versenkt wurde.

Deutsche Minen-Operationen

Nachdem inzwischen die Genehmigung der russischen Regierung eingegangen war, die Sanitätseinheit in Vaenga an Land zu bringen, verließ diese Scapa an Bord des Kreuzers *Argonaut*, der von den Zerstörern *Intrepid* und *Obdurate* gesichert wurde, am 13. Oktober und erreichte die Kola-Bucht ohne Feindeinwirkung am 21. Oktober. Auf der Rückreise waren die Besatzungen der beiden »Hampden«-Squadrons, die ihre Flugzeuge an die Russen übergeben hatten, und auch Überlebende von den Schiffen, die beim PQ.18 verloren gegangen waren, eingeschifft. Während diese beiden Operationen liefen, war der Feind damit beschäftigt, Minen zu legen: die Zerstörer *Richard Beitzen, Friedrich Eckolt, Z 29* und *Z 30* vor Kanin Noss am Eingang zum Weißen Meer, denen später der sowjetische Eisbrecher *Mikojan* zum Opfer fiel, und *U 592* weiter östlich vor der Jugor-Straße. Ohne von der Anwesenheit einer Gruppe von norwegischen Metereologen auf Spitzbergen eine Ahnung zu haben, landeten *U 212* und *U 586* zu dieser Zeit dort eine deutsche Gruppe; die beiden Wetterstationen arbeiteten mehrere Monate lang, ohne von einander zu wissen.

Verminderte Luftbedrohung

Am 23. Oktober begann General Montgomery's 8. Armee ihre berühmte Offensive gegen Feldmarschall Rommel's Afrika Korps bei El Alamein; zwei Wochen später landeten die Alliierten in Casablanca, Oran und Algier. Als Folge davon sah sich das deutsche Oberkommando gezwungen, die Luftwaffen-Staffeln von Nordnorwegen auf Flugplätze in Sizilien zu verlegen, wo sie gut gebraucht werden konnten, um die neue Bedrohung abzuwehren. Somit war eines der größten Hindernisse für die Operation der Nordmeer-Geleitzüge beseitigt, wie entzifferte Luftwaffensignale zeigten.

Geleitzug QP.15

In den Häfen des Weißen Meeres hatte sich mittlerweile eine große Anzahl von entladenen Handelsschiffen angesammelt. Diese würden dort vom Eis blockiert werden, wenn sie nicht vor dem Einsatz des Winters abgeholt wurden. Die Admiralität hatte die »Ultra«-Nachrichten über die Verminderung der feindlichen Luftstärke in Nordnorwegen erhalten und kam zu der Überzeugung, daß die Schiffe ohne großes Risiko mit einer verhältnismäßig schwachen Geleitsicherung zurückgebracht werden könnten. Admiral Tovey äußerte die Ansicht, daß der Geleitzug auf 20 Schiffe beschränkt werden sollte, aber der Engpaß an Schiffsraum war zu dieser Zeit kritisch, und die Admiralität bestand darauf, daß alle Schiffe fahren müßten. Im ganzen waren für den Geleitzug QP.15, der am 17. November auslaufen sollte, 30 Schiffe namhaft gemacht worden, aber eines davon war nicht fahrbereit, und ein anderes lief auf Grund, so gingen nur 28 in See. Die Nahsicherung bestand aus den Korvetten *Bryony*, *Bergamot*, *Bluebell* und *Camelia*, den Minensuchbooten *Halycon*, *Britomart*, *Hazard*, *Sharpshooter* und *Salamander*, dem Flak-Schiff *Ulster Queen* und einem Trawler. Während des ersten Teils der Reise sollten die sowjetischen Zerstörer *Baku* und *Sokrušitel'nyj* den Geleitzug begleiten. Außerdem war auch geplant, die Sicherung im Barents-Meer durch die Zerstörer *Faulknor* (Captain A. Scott-Moncrieff), *Impulsive*, *Intrepid*, *Icarus* und *Echo* zu verstärken. Diese sollten später von den Zerstörern *Musketeer*, *Oakley*, *Orwell*, *Ledbury* und *Middleton* abgelöst werden. Westlich der Bären-Insel war Deckung durch die Kreuzer *London* (Flaggschiff von Rear Admiral L. K. Hamilton) und *Suffolk*, gesichert durch die Zerstörer *Forester* und *Onslaught*, vorgesehen. Die Unterseeboote *Uredd* (norwegisch) *Junon* (freifranzösisch), *P 312* und *P 216* hatten Befehl, vor dem Eingang des Altafjord zu patrouillieren, für den Fall, daß eines der feindlichen Überwasserschiffe herauskommen sollte.

Nach drei Seetagen geriet der Geleitzug in den ersten einer Folge von Stürmen, der ihn buchstäblich auseinander wehte, und bei dem kaum wahrnehmbaren Tageslicht dieser Jahreszeit war es unmöglich, ihn wieder zu sammeln. Beide sowjetischen Zerstörer erlitten Seeschäden. Bei der *Baku* bekamen mehrere Platten des Schiffskörpers Risse, während die *Sokrušitel'nyj* das Heck verlor und dann unterging. Admiral Golovko ließ den Rest der Flottille auslaufen, um Beistand zu leisten; unter sehr großen Schwierigkeiten wurden 187 Offiziere und Mannschaften der *Sokrušitel'nyj* gerettet, von denen ein Viertel später an Unterkühlung starb. Den beiden britischen Zerstörergruppen gelang es nicht, Fühlung mit dem Geleitzug zu bekommen, der zu der Zeit, als er die Bären-Insel erreicht hatte, in eine Vielzahl von kleinen Gruppen aufgesplittert war. Der Feind hatte einen Funkspruch entziffert, der ihn über das Auslaufen des QP.15 informierte, und acht U-Boote hatten Befehl bekommen, östlich der Bären-Insel zu patrouillieren, um ihn abzufangen. Die Admiralität glaubte, diese warteten nördlich der Insel, und leitete den Geleitzug auf die südliche Passage um. Jedoch am 23. November torpedierte *U 625* den Frachter *Goolistan* und *U 601* die *Kuznec Lesov*, die beide verloren gingen. Die Marinegruppe Nord hatte die Absicht, die *Admiral Hipper* und eine Zerstörerflottille auslaufen zu lassen, um den Geleitzug abzufangen; doch für einen wirklichen Einsatz, sowohl des Kreuzers als auch der Zerstörer, wurde das Wetter für zu schlecht gehalten, zumal eine Luftaufklärung fehlte. Die 26 überlebenden Schiffe des QP.15 erreichten Island zur vorgesehenen Zeit. Dieser war der letzte der PQ — QP Serie von Geleitzügen, da aus Sicherheitsgründen entschieden worden war, die Nordmeer-Geleitzüge in JW, ausgehend, und RA, heimwärtsgehend, umzubenennen, dabei sollten beide mit der Nr. 51 beginnen.

Raeder's Besprechung mit Hitler

Am 19. November, während der stürmischen Reise des QP.15 durch das Barents-Meer, machte Raeder einen seiner periodischen Besuche bei Hitler. Er wiederholte seine Meinung, die er bereits früher zum Ausdruck gebracht hatte, daß Angriffe gegen die Nordmeer-Geleitzüge nur dann unternommen werden sollten, wenn das zu erreichende Ziel den Einsatz lohnte. Als Beispiel führte er die QP-Geleitzüge an, weil diese im allgemeinen leicht gesichert waren, und deshalb gute Erfolge erwartet werden könnten. Der Engpaß in Heizöl wirke hemmend auf die Bewegungsfreiheit der Flotte, berichtete er Hitler, während alle verfügbaren Minensuchverbände durch die britischen Luftverminungen überlastet seien. Die Schweren Kreuzer *Lützow* und *Prinz Eugen* wären bereit, um von der Ostsee nach Nordnorwegen verlegt zu werden, meldete er, aber die *Tirpitz* habe Maschinenschaden und benötige eine Instandsetzung. Wegen der Ölknappheit wollte Hitler nur einer Verlegung der dieselbetriebenen *Lützow* zustimmen, indessen wiederholte er seine Befürchtung einer Invasion von Norwegen während der langen Winternächte und die Notwendigkeit, die leichten Seestreitkräfte dort zu verstärken. Raeder betonte, daß der Abzug von Staffeln der Luftwaffe die schwachen Stellen der Küstenverteidigung gefährlich exponiert habe. Daraufhin befahl Hitler, daß in dem nördlichen Seegebiet eine Mindestzahl von 23 U-Booten gehalten werden sollte. Auch ordnete er an, Überlegungen für die Invasion von Island anzustellen und zu diesem Zweck die Konstruktion von Spezial-U-Booten zu veranlassen.

Änderung der britischen Geleitzug-Taktik

Streitkräfte zur Sicherung eines weiteren Geleitzuges nach Nordrußland konnten nicht vor Mitte Dezember zusammengebracht werden. In der Zwischenzeit hatten wichtige Beratungen über die beste Methode der Sicherung zwischen der Admiralität und Admiral Tovey stattgefunden. Die Jahreszeit mit fast ständiger Dunkelheit und mit schweren Stürmen, die um die Mitte des November über dem Nordmeer herrschten, schränkte die Möglichkeit der Luftaufklärung für beide Seiten stark ein; Admiral Tovey war dafür, mehrere kleine, leicht gesicherte Geleitzüge fahren zu lassen. Die Admiralität jedoch war damit nicht einverstanden, und sie bestand darauf, daß die nächste Abfahrt solange aufgeschoben werden sollte, bis ausreichend Sicherungsfahrzeuge verfügbar waren, um einen großen Geleitzug fahren zu lassen. Das bedeutete eine Wartezeit bis zum 22. Dezember; zu dieser Zeit würde aber bereits die erste Hälfte der günstigen »dunklen« Periode verstrichen sein. Schließlich willigte die Admiralität ein, den Geleitzug in zwei Gruppen, mit einem Zeitabstand von zwei Wochen, fahren zu lassen. Jede Gruppe würde aus etwa 16 Schiffen mit Zerstörersicherung bestehen. Zwei zusätzliche Kreuzer mit 15,2 cm Geschützen sollten der »Home Fleet« zugeteilt werden, und die Admiralität bestand darauf, daß diese, entgegen Admiral Tovey's Rat, dem Geleitzug bis weit in das Barents-Meer Deckung geben mußten. Diese nachdrückliche Weisung war gerechtfertigt.

Die Geleitzüge JW.51 A und B

Der Geleitzug JW.51 A mit 16 Schiffen, einschließlich eines RFA Tankers, lief am 15. Dezember von Loch Ewe aus. Er wurde von den Korvetten *Honeysuckle* und *Oxlip*, dem Minensuchboot *Seagull* und von zwei Trawlern geleitet. Die Zerstörer *Faulknor* (Captain A. Scott-Moncrieff RN, S.O.E.), *Echo*, *Inglefield*, *Fury*, *Eclipse*, *Beagle* und *Boadicea* stießen nordöstlich von Island dazu, nachdem sie in Seidisfjord Öl ergänzt hatten. Vier Unterseeboote waren angesetzt, um die Einfahrt zum Altafjord zu beobachten. Die Kreuzer *Sheffield* (Flaggschiff von Rear Admiral R. Burnett) und *Jamaica* mit den Zerstörern *Opportune* und *Matchless*, als Kampfverband »R« bezeichnet, kreuzten westlich des Geleitzuges, ungefähr im gleichen Seegebiet, wie auch das Schlachtschiff *King George V* (Flaggschiff von Admiral Sir John Tovey) und der Kreuzer *Berwick* mit drei Zerstörern, bis der Geleitzug am 22. Dezember die Bären-Insel südlich passiert hatte. Dann detachierte Burnett seine beiden Zerstörer zur Beölung aus dem Tanker und zur Verstärkung der Geleitsicherung. Während seine beiden Kreuzer, sich 60 sm südlich des Geleitzuges haltend, die Kola-Bucht ansteuerten, die am 24. Dezember, einen Tag vor dem Geleitzug, erreicht wurde. Der Feind hatte die Reise des Geleitzuges nicht erfaßt. Einige Schiffe liefen weiter zum Weißen Meer und kamen am 27. Dezember in Molotovsk an.

Fünf Tage bevor der Geleitzug JW.51 A auslief, verließ die *Lützow* Gotenhafen in der Ostsee und traf eine Woche später im Altafjord ein, wo sie die *Scheer* ablöste, deren Werftinstandsetzung fällig war. Diese Bewegungen wurden von der Admiralität nicht bemerkt.
Der Geleitzug JW.51 B, der aus 14 Frachtern bestand, lief am 22. Dezember, wie geplant, von Loch Ewe aus. Seine Nahsicherung wurde von den Korvetten *Rhododendron* und *Hyderabad*, dem Minensuchboot *Bramble* und von zwei Trawlern gebildet. Diese wurde am 24. Dezember vor Island durch die Zerstörer *Onslow* (Captain R. St. V. Sherbrooke DSO, RN, S.O.E.), *Oribi*, *Obedient*, *Orwell*, *Obdurate* und *Achates* verstärkt. Ferndeckung gaben das Schlachtschiff *Anson* (Flaggschiff von Vice Admiral Sir Bruce Fraser) und der Kreuzer *Cumberland* mit den Zerstörern *Forester*, *Icarus* und *Impulsive*, die am 26. Dezember von Island ausliefen, um Admiral Tovey's Verband abzulösen.
Die Route des Geleitzuges war dieselbe, die der JW.51 A gewählt hatte. Doch dieses Mal wurde er von der deutschen Luftaufklärung erfaßt und am 24. Dezember auch von *U 354*. Daraufhin wurden die Schiffe im Altafjord vorsorglich in Bereitschaft versetzt, um ihn abzufangen. Die Operation ist unter dem Namen »Regenbogen« bekannt. Der Einsatz mußte für die *Lützow* mit einer bereits geplanten Übungsfahrt nach ihrer kürzlichen Werftliegezeit vor einem geplanten Atlantik-Einsatz kombiniert werden, und diese Tatsache mag einige Auswirkung auf die nachfolgenden Geschehnisse gehabt haben.

Die ersten fünf Tage der Reise des Geleitzuges waren ereignislos; aber am Abend des sechsten Tages, als dieser zwischen Jan Mayen und der Bären-Insel stand, geriet er in einen schweren Sturm, der die Sicht erheblich herabsetzte. Während der Nacht vom 28/29ten hatte der Zerstörer *Oribi* einen Kreiselkompaß-Defekt, und er verlor die Fühlung. So erging es auch dem Trawler *Vizalma* und fünf Frachtern. Deshalb detachierte Captain Sherbrooke am folgenden Nachmittag die *Bramble*, um nach den fehlenden Schiffen zu suchen. Admiral Burnett hatte sein Auslaufen aus der Kola-Bucht am 27. Dezember zeitlich so abgestimmt, daß er dem Geleitzug JW.51 B Deckung geben konnte, sobald dieser 11° Ostlänge erreicht hatte, was nach seiner Schätzung um die Mittagszeit des 29. Dezember der Fall sein würde. Seine Instruktionen untersagten ihm, näher als 50 sm heranzuschließen, außer wenn ein Angriff durch Überwasserschiffe erfolgen sollte, da um den Geleitzug herum in der Regel die U-Boote standen. Wie vordem hielt er sich gut südlich von der Geleitzugroute; doch nach Erreichen des Längengrades der Kola-Bucht (33 1/2° Ost) drehte er auf Nordwest-Kurs und kreuzte sie in der Absicht, den Geleitzug im Norden zu passieren und diesen aus einer Position zwischen 40 und 50 sm achterausstehend zu decken, da dieses die wahrscheinlichste Richtung war, aus der feindliche Streitkräfte erwartet werden konnten. Seine Begründung dafür, sich im Norden des Geleitzuges zu halten, war der Gewinn des Vorteils besserer Lichtverhältnisse gegenüber einem Gegner, der sich von Süden näherte, und auch, um die Entdeckung durch Luftaufklärung zu vermeiden. Er war der Überzeugung, daß diese Vorteile schwerer wogen als der Nachteil einer weniger günstigen Position, um den Feind von seinem Stützpunkt abzuschneiden. Es sollte sich herausstellen, daß er recht hatte. Sein Plan wurde jedoch dadurch durcheinandergebracht, daß der Geleitzug 20 sm weiter südlich und 60 sm weiter westlich als erwartet stand. So kam es, daß Burnett am 31. Dezember, an dem Tag, an dem er einen Angriff für am wahrscheinlichsten hielt, anstatt die geplante Position hinter dem Geleitzug einzunehmen, sich etwa 30 sm nordwestlich davon befand.

Operation »Regenbogen«

Trotz des schlechten Wetters hatte *U 354* (Kapitänleutnant Herbschleb) seit der ersten Sichtung, sechs Tage vorher, an dem Geleitzug erfolgreich Fühlung gehalten, und am 30. Dezember mittags meldete er diesen als »schwach gesichert«. Das war genau die Information, die benötigt wurde, damit die Operation »Regenbogen« ausgeführt werden durfte. Am 30. Dezember um 18.00 Uhr ging der Kreuzer *Admiral Hipper* (Flaggschiff von Vizeadmiral Kummetz) mit der *Lützow* (Kapitän z. See Stange) in See. Sie wurden begleitet von der 5. Zerstörerflottille mit den Zerstörern *Friedrich Eckoldt*, *Richard Beitzen*, *Theodor Riedel*, *Z 29*, *Z 30* und *Z 31*. Kummetz's Befehle waren, den Geleitzug zu vernichten, keine Zeit mit der Rettung von Besatzungen zu verlieren und den Feind daran zu hindern, dieses zu tun, einige Kapitäne zur Befragung gefangen zu nehmen, und, falls möglich, auch ein einzelnes Schiff als Prise zu nehmen.

Durch einen Schlag nach Nordwesten unmittelbar nach Verlassen des Altafjord umging der deutsche Verband die alliierten Unterseeboote, die vor der Einfahrt patrouillierten, und die Admiralität erhielt von seinem Auslaufen keine Meldung. Kummetz erhielt, kurz nach dem in See gehen, einen Funkspruch von Admiral Klüber (Admiral Nordmeer) folgenden Inhalts: »Entgegen Operationsbefehlen, Zurückhaltung üben, wenn Sie Fühlung mit Feind vergleichbarer Stärke bekommen, da das Eingehen unangemessen hohen Risikos für die Kreuzer unerwünscht ist«. Das war nicht gerade ein sehr ermutigender Funkspruch, und wie berichtet werden wird, übte er einen unheilvollen Einfluß auf den Ausgang der Operation aus. Um Mitternacht des 30./31. Dezember erhielt er Informationen, daß der Geleitzug in einem Quadrat stand, welches sich ausgehend von der Position 71°30'Nord, 36°00'Ost 240 sm nach Norden und 120 sm nach Osten erstreckte, und mit 7 bis 11 Knoten Kurs Ost steuerte, und daß *U 354* und *U 626* Fühlung hatten. Eingeschlossen war eine Warnung, daß zwei britische Kreuzer mit ihrer Zerstörersicherung am 27. Dezember aus der Kola-Bucht ausgelaufen waren und beim Geleitzug stehen könnten, und daß drei oder vier Unterseeboote in See stünden. Trotz der lähmenden Beschränkungen, die ihm auferlegt worden waren, hatte Kummetz einen Angriffsplan entwickelt, der zu einem durchschlagenden Erfolg hätte führen können, wenn er kühn durchgeführt wurde.

In dieser Jahreszeit stieg die Sonne niemals höher als 6° unter den Horizont, so daß die wahre Dämmerung um 08.00 Uhr begann und etwa um 14.50 Uhr Ortszeit endete (siehe Skizze I). Das bedeutete, daß es nur während des Vormittags etwa 2 1/2 Stunden mit ausreichendem Licht gab, um Schiffe auf eine Entfernung bis zu etwa 10 sm zu erkennen, wobei es noch auf die jeweils herrschende Sichtigkeit ankam. Diese Zeitspanne wählte Kummetz als die günstigste Zeit für den Angriff auf den Geleitzug. Bei seinen Überlegungen schied er einen Nachtangriff wegen der Gefahr von Torpedoschüssen der Geleitzerstörer aus. Er entschloß sich, die Annäherung an den Geleitzug, im Hinblick auf die Ungewissheit seines Standortes und seiner Vormarschgeschwindigkeit, von hinten vorzunehmen. Er entschied sich dafür, seine Zerstörer 15 sm auseinanderzuziehen, um eine breite Front abzudecken, und *Hipper* und *Lützow* aus verschiedenen Richtungen angreifen zu lassen, um dadurch die Verteidigung zu verwirren. Er hoffte, die Geleitfahrzeuge würden das Schiff anlaufen, das als erstes in Feindberührung kommt, und dadurch für das andere freies Schußfeld geben. Zu diesem Zweck erweiterten *Hipper* und *Lützow* während der Nacht den Abstand voneinander auf 75 sm, die erstere nach Norden und die letztere nach Süden. Die Zerstörer blieben bei der *Hipper*, wobei beabsichtigt war, diese erst um 08.00 Uhr, falls die Sicht es erlaubte, auseinanderzuziehen. Während des Angriffs sollten *Eckoldt*, *Beitzen* und *Z 29* mit der *Hipper* und *Riedel*, *Z 30* und *Z 32* mit der *Lützow* zusammen operieren.

Am 31ten um 07.15 Uhr passierte die *Hipper*, mit hoher Fahrt nordost steuernd, den Geleitzug etwa 20 sm hinter ihm, und wenige Minuten später wurden die Umrisse von zwei Schiffen gesichtet. Kummetz befahl deshalb die *Eckoldt* zur Untersuchung. Die *Hipper* drehte inzwischen zu, um die schmale Silhouette zu zeigen. Nach wenigen Minuten, als eine Meldung des Zerstörers noch nicht eingegangen war, nahm um 07.42 Uhr der Kreuzer seinen östlichen Kurs wieder auf und verminderte die Fahrt auf 10 Knoten, da es zur Ausführung des Planes noch zu früh war. Als die Helligkeit zunahm, erschienen mehr Umrisse von Schiffen vor dem östlichen Horizont, die Kummetz nicht im

Zweifel ließen, daß er eher als er erwartet hatte, auf den Geleitzug gestoßen war. Er ließ deshalb sein Flaggschiff auf Gegenkurs gehen, um eine weitere Zunahme der Helligkeit abzuwarten, doch durch diese Kursänderung verlor er die Fühlung mit seinen Zerstörern. Die *Eckoldt* ging, als sie detachiert wurde, auf einen südöstlichen Kurs, und die anderen Zerstörer der Flottille hängten sich an. Der Befehl zum Auseinanderziehen war nun überflüssig geworden, und in der Voraussicht eines Befehls, sich den diesbezüglichen Schiffen anzuschließen, begann die *Riedel*-Gruppe, sich zur *Lützow* hin in Bewegung zu setzen, während die *Eckoldt*-Gruppe, gemäß den Befehlen, die sie nun von dem Admiral bekam, die Fühlung am Geleitzug hielt. So weit entwickelte sich Kummetz's Plan genau so, wie es seiner Absicht entsprach.

Die Lage am 31. Dezember um 08.30 Uhr (siehe Skizzen VIII und IX)

Um 08.30 an diesem bitterkalten Morgen des 31. Dezember mit 16° Kälte und mit einem Mantel von Schnee und Eis, der alle beteiligten Schiffe überzog, waren die Bedingungen für ein Seegefecht so ungünstig, wie man es sich nur denken kann. Das Wetter war jedoch klar mit einer Sicht von etwa 7 sm nach Norden und 10 sm nach Süden, wenn nicht Schneeböen auftraten, und es dann plötzlich so unsichtig wurde, als ob ein Vorhang vorgezogen worden wäre. Der nach Osten steuernde Geleitzug, mit seinen fünf Zerstörern, zwei Korvetten und einem Trawler, bestand jetzt aus 12 Frachtern und hatte eine Position etwa 220 sm nordwestlich der Kola-Bucht erreicht. Etwa 45 sm nördlicher geleitete der Trawler *Vizalma* den Frachter *Chester Valley*, einen der beiden Nachzügler, während die *Bramble* 5sm nordöstlich vom Geleitzug alleinfahrend immer noch nach dem anderen suchte. Admiral Burnett mit *Sheffield* und *Jamaica* stand etwa 30 sm nördlich vom Geleitzug zwischen diesem und der *Vizalma*. Keine dieser vier Gruppen war sich über den eigenen Standort im Verhältnis zu denen der anderen im klaren.

Die *Hipper* hatte gerade 20 sm hinter dem Geleitzug dessen Kielwasser gekreuzt, während die *Lützow*, in einer Position 50 sm südöstlich von diesem, gerade dabei war, heranzuschließen. In diesem Augenblick sichtete und meldete die *Obdurate* (Lieutenant Commander C. E. D. Sclater), die Steuerbord vorn in der Geleitsicherung stand, zwei von den Zerstörern der *Eckoldt*-Gruppe in Peilung südwest und offensichtlich das Kielwasser des Geleitzuges mit nördlichem Kurs kreuzend. Captain Sherbrooke wies sie an, nachzustoßen und aufzuklären. Als sie andrehte, um dieses auszuführen, kam das dritte Schiff der Gruppe in Sicht. Die Feindzerstörer drehten, von der *Obdurate* beschattet, nach Nordwesten ab, und es geschah weiter nichts bis 09.30 Uhr, als

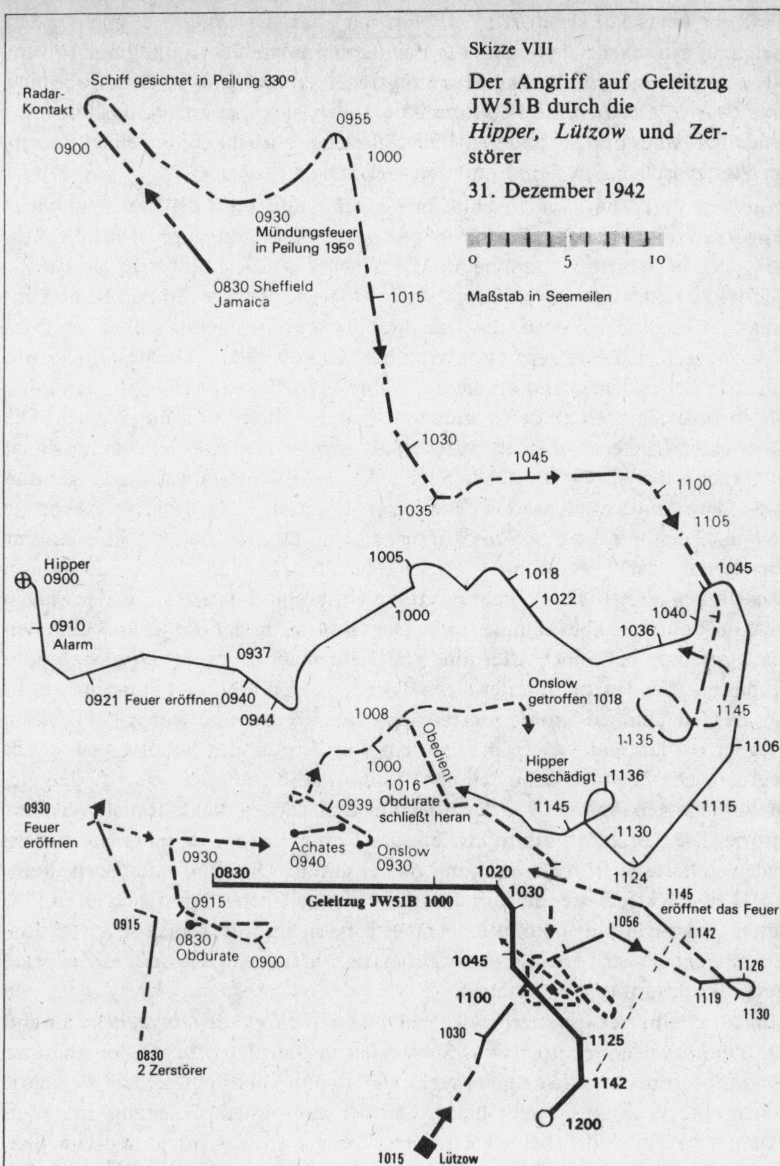

Skizze VIII

Der Angriff auf Geleitzug JW51B durch die *Hipper*, *Lützow* und Zerstörer

31. Dezember 1942

diese das Feuer auf sie eröffneten. Nun war es an der *Obdurate*, sich auf den Geleitzug zurückzuziehen, aber der Feind unternahm nichts, um ihr zu folgen. Als Captain Sherbrooke das Mündungsfeuer sah, stieß er in diese Richtung vor. *Orwell*, *Obedient* und *Obdurate* befahl er, sich ihm anzuschließen, während er *Achates* und die anderen Geleitfahrzeuge zurückließ, um einen Rauchschleier zwischen den Feind und den Geleitzug zu legen.

Kummetz hatte sich nun entschlossen, seinen Angriff auf den Geleitzug nicht länger aufzuschieben, und er befahl den beiden Zerstörergruppen auf die diesbezüglichen Schiffe zu sammeln. Als es heller wurde, und mehr und mehr Schiffe zu sehen waren, stand er vor der Schwierigkeit, Freund und Feind voneinander zu unterschieden; das war die bittere Folge davon, daß er die Fühlung mit seinen Zerstörern verloren hatte. Um 09.39 Uhr drehte *Hipper* auf einen östlichen Kurs, und als sie dabei ihre breite Silhouette zeigte, erkannte Sherbrooke sie auch an den symmetrisch angeordneten Geschütztürmen. Die Sichtung erfolgte auf beiden Seiten, und *Hipper* forderte Erkennungssignal an. Aber selbst als die britischen Schiffe keine Antwort gaben, wagte Kapitän z. See Hartmann es nicht, das Feuer zu eröffnen, da er befürchtete, es könnte sich um Zerstörer der *Eckoldt*-Gruppe handeln. Doch um 09.42 Uhr konnte er die *Achates* dabei beobachten, als sie einen Rauchschleier legte, und da nun hinsichtlich ihrer Identität kein Zweifel mehr bestand, feuerte er einige Salven in ihre Richtung, aber ohne Erfolg. Die *Onslow*, zu der die *Orwell* gestoßen war, griff nun bei einer Entfernung von 5 1/2 sm (102 hm) die *Hipper* an, und Kapitän z. See Hartmann, der einen Torpedoangriff vermutete, drehte ab. In der nächsten halben Stunde führten der große Kreuzer und seine viel kleineren Gegner ein laufendes Gefecht, bei dem von Zeit zu Zeit Schüsse gewechselt wurden. Die Zerstörer schossen nach Radar und die *Hipper* benutzte den Geleitzug als Abkommpunkt, der aber hin und wieder durch Rauch verdeckt wurde. Die ganze Zeit hindurch kam das Feindschiff weiter nach Nordosten; indessen hatte Sherbrooke erkannt, daß er mit der Drohung eines Torpedoangriffs eine Waffe hatte, die ihm die Initiative gab, auch wenn er sich ihren Einsatz nur dann erlauben konnte, wenn er ganz sicher war, seinen sehr viel stärkeren Gegner, der bei voller Bewegungsfreiheit ein sehr schwieriges Ziel war, auch aktionsunfähig zu machen.

Um 09.55 Uhr bekam Sherbrooke Verstärkung durch die *Obedient*, während die *Obdurate* immer noch von Südwesten her aufdampfte. Da er aber die *Eckoldt*-Gruppe aus den Augen verloren hatte und befürchtete, daß sie inzwischen eine Position erreicht hatte, von der aus sie den Geleitzug angreifen konnte, befahl er den beiden Zerstörern wieder an diesen heranzuschließen, während er mit seiner *Onslow* und der *Orwell* weiterhin die *Hipper* davon fernhielt. Der Geleitzug hatte mittlerweile den Kurs nach Südost geändert und

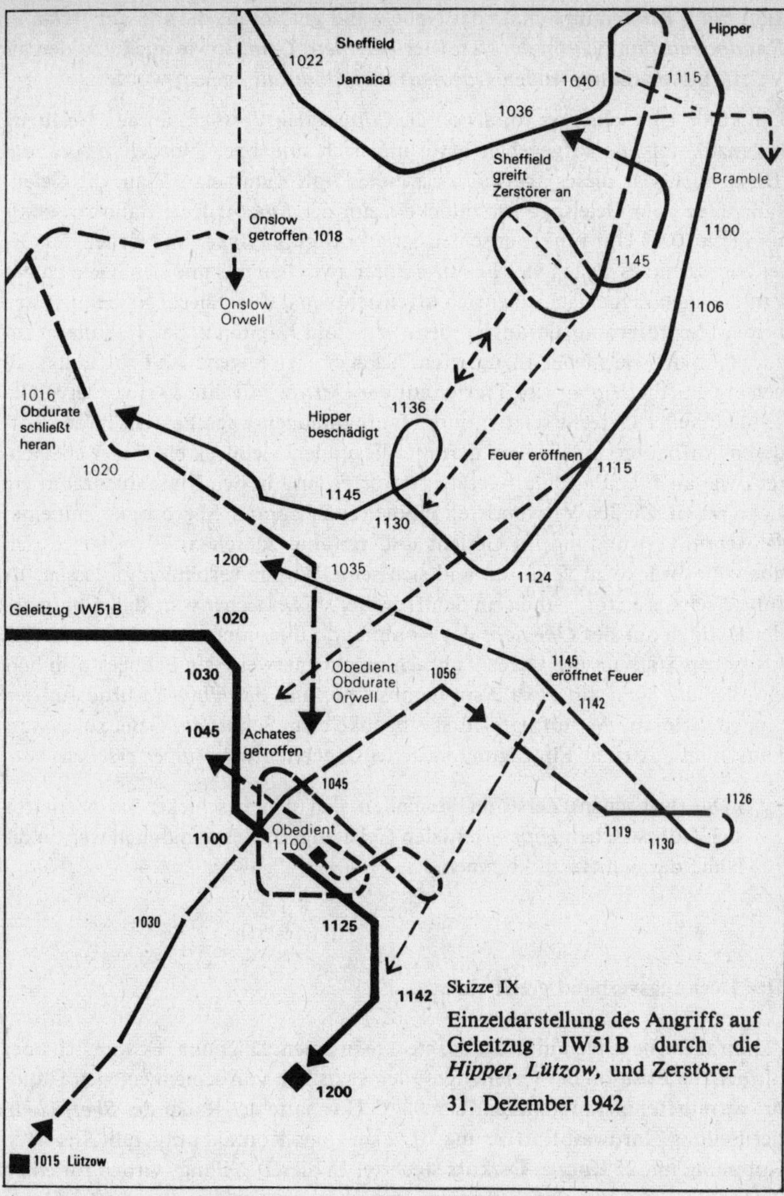

Skizze IX

Einzeldarstellung des Angriffs auf Geleitzug JW51B durch die *Hipper*, *Lützow*, und Zerstörer

31. Dezember 1942

kam mit 9 Knoten im Schutz der Nebelwand gut voran, die von der *Achates*, *Rhododendron* und von dem Trawler *Northern Gem*, sowie auch von den als Verstärkung ankommenden *Obedient* und *Obdurate*, gelegt wurde.

Um 10.08 Uhr schien es so, als ob die *Hipper* den Versuch, an den Geleitzug heranzukommen, aufgegeben hatte und sich nun nach Norden zurückzog. Tatsächlich war dieses aber ein Bestandteil von Kummetz's Plan, die Geleitfahrzeuge vom Geleitzug fortzulocken, um der *Lützow* freie Bahn zu schaffen. Um 10.13 Uhr funkte er seinen Streitkräften: »*Hipper* im Norden des Geleitzuges, und es stehen vier Feindzerstörer zwischen uns und dem Geleitzug«. Zur gleichen Zeit entschied er sich offensichtlich dafür, Sherbrooke mit seinen beiden Zerstörern abzudrängen, denn er befahl Kapitän z. See Hartmann zuzudrehen und sie wieder anzugreifen. Nach einigen ungenauen Eröffnungssalven erzielte die *Hipper* vier Treffer auf der *Onslow*, die ihre zwei vorderen Geschütze außer Gefecht setzten, ihre Hauptantennen wegschossen, in den vorderen Aufbauten und in dem darunter liegenden Meßdeck ein Feuer entfachten, wie auch beide Radar-Geräte zerstörten und in den Maschinenraum ein Loch rissen. Zu den Verwundeten gehörte auch Captain Sherbrooke, mit einer schweren Verwundung im Gesicht und unfähig zu sehen. Er weigerte sich aber, die Brücke zu verlassen und sich seine Wunde verbinden zu lassen. Er führte seine Zerstörer und sein Schiff weiter, bis er sicher war, daß Commander Kinloch auf der *Obedient* das Kommando übernommen hatte. In diesem kritischen Stadium des Gefechts brach glücklicherweise ein Schneesturm herein, der die Sicht auf etwa 2 sm herabsetzte, und die *Hipper* wurde aus den Augen verloren. Wie erfolgreich Sherbrooke beim Schutz des Geleitzuges war, kann man aus einer Eintragung im Kriegstagebuch der *Hipper* ersehen:

> »Die (britischen) Zerstörer verhielten sich sehr geschickt. Sie postierten sich (so) zwischen *Hipper* und den Geleitzug, daß es unmöglich war, in die Nähe der Schiffe zu kommen.«

Der Deckungsverband greift ein

Admiral Burnett, weit im Norden, steckte in einem Dilemma. Er war sich über die genaue Position des Geleitzuges, den er östlich von seinem eigenen Standort vermutete, nicht im klaren. Um 08.58 Uhr hatte das Radar der *Sheffield* in der Peilung Nordwest Entfernung 7 1/2 sm einen Kontakt aufgefaßt, der nach Kopplung mit 25 Knoten Ostkurs steuerte. In dieser Peilung wurden für einen Augenblick die verschwommenen Umrisse eines Schiffes gesichtet, darauf

drehte die *Sheffield* ab und ging auf Gegenkurs. Um 09.32 Uhr wurde gegen den südlichen Horizont Mündungsfeuer beobachtet, das jedoch für Flak-Feuer gehalten wurde. Deshalb drehte sie nun wieder nach Backbord, um sich dem unbekannten Schiff zu nähern, das in Wirklichkeit die von der *Vizalma* geleitete *Chester Valley* war. Um 09.41 Uhr wurde heftiger Geschützdonner gehört, und das Mündungsfeuer war im Süden zu sehen. Wenige Minuten später wurde Sherbrooke's Meldung über die Sichtung von drei Feindzerstörern empfangen.
Alles deutete nun darauf hin, daß der Geleitzug weiter im Süden stand, als erwartet worden war. Doch das unbekannte Schiff stellte Burnett noch weiterhin vor ein Rätsel, da Nachzügler normalerweise hinter dem Geleitzug anzutreffen sind, deshalb behielt er seinen nördlichen Kurs noch bei, während er mit seinem Stabschef (Captain A. W. Clarke RN) und mit seinem Stab die Lage besprach. Sehr schnell kam er dann zu dem Entschluß, nach dem wohlbekannten Grundsatz der Marine zu handeln: »Im Zweifelsfall steuere den Donner der Geschütze an«. Um 09.55 Uhr drehten die Kreuzer auf Südkurs und erhöhten die Fahrt auf 25 Knoten, diese nach und nach auf 31 Knoten steigernd. Um 10.30 Uhr deuteten Radar-Kontakte auf Schiffe in den Peilungen 140° Entfernung 15 sm und 180° Entfernung 12 sm hin, beide offensichtlich mit hoher Fahrt nach Osten steuernd. Um 10.35 Uhr ging er auf Parallelkurs und beobachtete eine Minute später Steuerbord voraus Feuersalven. Das war die *Hipper* im Angriff auf das unglückliche Minensuchboot *Bramble*, das von dem Gefecht völlig überrascht wurde. Einige Salven des deutschen Kreuzers auf kurze Entfernung brachten sie zum Stoppen, und Kummetz befahl der *Eckoldt*-Gruppe, ihr den Rest zu geben. Der *Bramble* gelang es, bevor sie überwältigt wurde, noch eine Feindmeldung abzusetzen, aufgenommen hatte diese jedoch nur die *Hyderabad*. Um 10.45 Uhr schien der östliche von den beiden Kontakten, die von der *Sheffield* beobachtet wurden, der tatsächlich die *Hipper* war, den Kurs nach Süden geändert zu haben; folglich machte Burnett die Bewegung mit und nahm die Verfolgung auf.

Die »Lützow« schließt heran

Um 10.30 Uhr hatte der Commodore des Geleitzuges den Signalbefehl für eine weitere Kursänderung nach Süden gegeben, während an seiner Backbord Flanke die *Obedient* und die *Obdurate* heranschlossen, die etwa 10 Minuten später noch durch die *Orwell* Verstärkung erhielten. Die *Achates* setzte das Nebeln achtern fort, während die beschädigte *Onslow* aufdampfte, um die vorliche Station einzunehmen, dabei bemühte sie sich ständig, den Kreuzer-

verband auf das Gefechtsfeld zu ziehen. Um diese Zeit meldete die an der Backbord-Seite des Geleitzuges stehende Korvette *Rhododendron* eine Rauchfahne in der Peilung Südwest, und zehn Minuten später sichtete sie ein großes Schiff in Peilung 160° Entfernung 2 sm mit Kurs Nordost. Das war die *Lützow* mit der *Riedel*-Zerstörergruppe, die sich zum Angriff auf den Geleitzug näherte. Kapitän z. See Stange hatte das Mündungsfeuer des Gefechts zwischen der *Hipper* und den Zerstörern beobachtet und auch den bestätigenden Funkspruch der *Hipper* empfangen, aber er hatte, wie alle Teilnehmer an dieser verworrenen Schlacht im Zwielicht, Schwierigkeiten, Freund und Feind voneinander zu unterscheiden. Als er um 10.50 Uhr an Backbord ein unbekanntes Schiff sichtete, wahrscheinlich die *Rhododendron*, drehte er deshalb auf einen südöstlichen Kurs ab und ging mit der Fahrt herunter, um eine Schneebö abzuwarten, die vorübergehend die Sicht herabsetzte. Der Geleitzug hatte inzwischen wieder einen südöstlichen Kurs aufgenommen. Er stand etwa 5 sm Steuerbord querab von der *Lützow* und gut in der Reichweite ihrer Kanonen.
Commander Kinloch kam mit seinen drei Zerstörern an der Backbordseite des Geleitzuges auf, und er sichtete um 11.00 Uhr, als sich die Sicht besserte, in der Peilung 60° ein großes Feindschiff mit zwei Zerstörern, das er für die *Hipper* hielt. Das veranlaßte ihn, auf Gegenkurs zu drehen und zur Abschirmung des Geleitzuges zu nebeln. Tatsächlich war es aber die *Lützow*, die er gesehen hatte. Doch die *Hipper* näherte sich hinter ihr in derselben Peilung mit 31 Knoten und griff ein im Osten stehendes, nicht identifiziertes Ziel, wahrscheinlich die *Bramble*, an. Indes, um 11.15 Uhr, nahm der Kreuzer die *Achates* unter Feuer, die Befehl hatte, sich vor dem Geleitzug der *Onslow* anzuschließen. Sie zeigte sich, aus einer Nebelwand, die sie selbst gerade gelegt hatte, hervorkommend, in voller Breite vor der *Hipper*. In wenigen Minuten war sie zusammengeschossen und ihr Kommandant, Lieutenant-Commander A. H. T. Johns RN, zusammen mit 40 Mann seiner Besatzung gefallen. Der Erste Offizier, Lieutenant Peyton-Jones RN, übernahm das Kommando. Da nun die Fahrt des Schiffes so herabgesetzt war, daß ein Überholen des Geleitzuges nicht mehr möglich war, nahm er das Nebeln wieder auf und führte dieses bis zur Beendigung des Gefechtes durch. Dann brachten die erhaltenen Beschädigungen das Schiff zum Kentern. 81 Mann der Besatzung wurden durch den Trawler *Northern Gem* gerettet. Nachdem sie die *Achates* ausgeschaltet hatte, richtete die *Hipper* das Feuer auf die *Obedient*, der bei einer Entfernung von 78 hm mit einer deckenden Salve die Antennen abgeschossen wurden. Jedoch wegen der Gefahr, torpediert zu werden, drehte Kapitän z. See Hartmann nach Norden ab und kam drei Minuten später in die Visiere der Kanonen von Burnett's Kreuzern.

Die britischen Kreuzer greifen die »Hipper« an

Die britischen Schiffe hatten den Vorteil der Beleuchtung, wie Burnett es erhofft hatte, und konnten die *Hipper* deutlich sehen, wohingegen der Feind von ihrer Gegenwart keine Ahnung hatte, bis sie das Feuer eröffneten. Burnett ließ seine Kreuzer auf einen Kurs schwenken, der annähernd parallel zu dem der *Hipper* war, wobei die *Sheffield* bei einer Entfernung von 120 hm bereits das Feuer eröffnete, als sie sich noch in der Drehung befand. Die *Jamaica* folgte nach, und die *Hipper*, völlig überrumpelt, erwiderte erst, als ihre Gegner bereits vier Salven gefeuert und drei Treffer erzielt hatten. Eine Granate detonierte im dritten Kesselraum, wodurch die Fahrt auf 28 Knoten herabgesetzt wurde, und eine andere setzte den Flugzeugschuppen in Brand. Nach einer Drehung von über 270° nach Steuerbord nahm der deutsche Kreuzer einen westlichen Kurs auf und verschwand in einer Rauchwolke. Mit Zerstörern im Süden und Kreuzern im Norden und die Instruktionen, die er beim Auslaufen erhalten hatte, bedenkend, entschied Kummetz sich für den Abbruch der Operation. Um 11.37 Uhr befahl er allen Schiffen, das Gefecht abzubrechen und sich in westlicher Richtung zurückzuziehen.
Die britischen Kreuzer machten die Drehung der *Hipper* mit, und zu einer Zeit verringerte sich die Entfernung auf 73 hm, doch unglücklicherweise mußte in diesem Augenblick das Feuer eingestellt werden, weil das Ziel undeutlich wurde. Um 11.43 Uhr wurden in einer Entfernung von 37 hm die Zerstörer der *Eckoldt*-Gruppe gesichtet. Da sie eine ideale Position hatten, um Torpedos zu schießen, drehte die *Sheffield* mit Hartruder zu und lief den Führerzerstörer an, mit der Absicht zu rammen. Die *Eckoldt*, welche die britischen Kreuzer fälschlich für *Hipper* und *Lützow* gehalten hatte, sah sich plötzlich von einem Feuerhagel der *Sheffield* auf eine Entfernung, die zu einer Zeit nur noch 9 hm betrug, eingedeckt, und in wenigen Minuten war sie ein glühender Trümmerhaufen. Die *Jamaica* griff die *Beitzen* an, doch diese drehte, sich einnebelnd, schnell ab und entging der Vernichtung.

Die verpaßte Gelegenheit der »Lützow«

Man wird sich daran erinnern, daß die *Lützow* sich im Nordosten des Geleitzuges aufhielt und auf bessere Sichtverhältnisse wartete. Kapitän z. See Stange fand, daß nun um 11.27 Uhr der Augenblick gekommen war, um heranzuschließen und anzugreifen, deshalb drehte er nach Steuerbord auf einen nordwestlichen Kurs. So konnte er mit der *Hipper* in Fühlung bleiben, mit der er wenige Minuten vorher das Erkennungssignal ausgetauscht hatte. Um 11.42

Uhr konnten im Südwesten einige Schiffe des Geleitzuges ausgemacht werden, und er eröffnete bei einer Entfernung von etwa 167 hm das Feuer auf diese. Doch nur ein Schiff, die *Calibre*, wurde getroffen, da die meisten Salven kurz lagen. Der Commodore führte unverzüglich eine gleichzeitige Sofort-Wendung von 45° nach Steuerbord durch, und Commander Kinloch auf der *Obedient*, etwa 4 sm achteraus vom Geleitzug, ließ seine Zerstörer nach Osten schwenken und begann, einen Nebelschleier zwischen die Frachtschiffe und den Feind zu legen. Dieser wurde nach wenigen Minuten wirksam und nötigte die *Lützow*, das Feuer einzustellen.
Kinloch sichtete nun im Norden etwa 7 sm entfernt die *Hipper* und zwei Zerstörer, einen westlichen Kurs steuernd. Daraufhin befahl er seinen drei Zerstörern eine gleichzeitige Wendung nach Nordwest, wodurch die *Obdurate* das führende Schiff wurde. Das war insofern von Vorteil, weil, im Gegensatz zur *Obedient*, ihre Funkanlagen noch betriebsklar waren. Die *Lützow* hatte nach Erhalt des Rückzugbefehls von Kummetz die Fahrt auf 24 Knoten erhöht und bemühte sich, an die *Hipper* heranzuschließen, als sie um 11.55 Uhr Backbord querab Kinloch's drei Zerstörer in einer Entfernung von 67 hm in Sicht bekam. Sie eröffnete ein gut liegendes Feuer, das von den Zerstörern erwidert wurde. Um 12.02 Uhr beschädigte ein Nahkrepierer die *Obdurate*, und die drei Zerstörer drehten nach Backbord ab, sich aber weiterhin zwischen dem Feind und dem Geleitzug haltend. Doch die *Lützow* behielt ihren westlichen Kurs bei, und das Gefecht war damit beendet.

Die Feindschiffe ziehen sich zurück

Unterdessen nahm Burnett, nachdem er wich mit der *Eckoldt*-Zerstörergruppe abgegeben hatte, die Verfolgung der *Hipper* wieder auf, die 12 1/2 sm weiter im Südwesten stand. Sie kam um 12.15 Uhr kurzzeitig in Sicht, aber wenig später sah die *Sheffield* sich der Gefahr eines Torpedoangriffs von *Beitzen* und *Z 29* ausgesetzt und gezwungen, auf diese zuzudrehen. Gerade war sie dabei, das Feuer auf die Zerstörer zu eröffnen, als in derselben Peilung auch die *Lützow* erschien, und beide Kreuzer richteten dann das Feuer bei einer Entfernung von 133 hm auf den Schweren Kreuzer. Die *Lützow* erwiderte, und die weiter vorausstehende *Hipper* fiel mit ein. Die Salven der *Lützow* fielen kurz, aber diejenigen der *Hipper* lagen so gefährlich gut, daß Burnett abdrehte, um das Gefecht abzubrechen und auch um Torpedos auszuweichen, welche die Zerstörer geschossen haben könnten. Als er seinen vorherigen westlichen Kurs um 12.45 Uhr wieder aufnahm, waren die Feindschiffe außer Sicht, und wenn sie auf dem Radarschirm auch noch bis 14.00 Uhr verfolgt werden konnten, so ergab sich doch keine Gelegenheit mehr, das Gefecht wieder aufzunehmen. Da Burnett sich nicht zu weit vom Geleitzug wegziehen lassen wollte — über dessen Standort er immer noch im Zweifel war — gab er die Verfolgungsjagd auf und schwenkte nach dem Süden ein für den Fall, daß der Kreuzer *Nürnberg*, der nach den Berichten auch im Altafjord war, dort in der Nähe auf der Lauer liegen sollte. Tatsächlich hatte man aber seine Seetüchtigkeit nicht für ausreichend angesehen, um im Winter in diesen stürmischen Gewässern zu operieren.

Die Auswirkungen des Funkspruchs von »U 354«

U 354, das die Meldung abgegeben hatte, welche die Operation »Regenbogen« auslöste, und das, auch wenn es ein Zuschauer des Gefechtes war, keine sehr klare Vorstellung von dem haben konnte, was wirklich vor sich ging, machte nun einen Funkspruch, der schwerwiegende Nachwirkungen haben sollte. Kapitänleutnant Herbschleb funkte um 11.45 Uhr an die Marinegruppe Nord: »Nach unseren Beobachtungen hat die Schlacht ihren Höhepunkt erreicht. Ich sehe nur rot«. Diese Meldung wurde als ein Anzeichen gewertet, daß die Operation nach Plan verlief, und daß ein Sieg im Kommen war. Das wurde Hitler in sein Hauptquartier übermittelt.
Als die *Hipper* sich dem Altafjord näherte, wurde sie von dem ehemaligen U-Boot *U 570*, jetzt HMS. *Graph* gesichtet, aber sie lief zu schnell vorbei, um einen Angriff anzubringen. Doch drei Stunden später sah die *Graph* einen Zerstörer mit einem anderen im Schlepp ankommen, und sie griff an, aber ihre Torpedos gingen fehl.

Geleitzug JW.51 B kommt an und RA.51 läuft aus

Der Geleitzug JW.51 B, der so tapfer und erfolgreich verteidigt worden war, entging weiterer Aufmerksamkeit des Feindes, und erreichte, nachdem seine Sicherung am Nachmittag des 2. Januar durch zwei Minensuchboote und zwei russische Zerstörer verstärkt worden war, am nächsten Tag die Kola-Bucht. Eine Gruppe ging mit den russischen Geleitfahrzeugen weiter nach Archangelsk und kam dort am 6. Januar an. Admiral Burnett's Aufgabe war damit noch nicht beendet; er hatte noch den nach Westen gehenden Geleitzug RA.51 mit 14 Frachtern zu decken, der am 30. Dezember bei einem nordöstlichen Sturm aus der Kola-Bucht ausgelaufen war. Dieser wurde von den Zerstörern *Faulknor*, *Fury*, *Echo*, *Eclipse*, *Inglefield* und *Beagle* und von dem Minensuchboot *Gleaner* sowie von vier Trawlern gesichert. Seine Marschroute verlief 150 sm südlich von der des JW.51 B und gut frei von dem Gefechtsfeld. Drei U-Boote lagen in Wartestellung auf ihn, aber da ihre Standorte entziffert waren, wurden sie umgangen, und der RA. 51 hatte eine ereignislose Reise. Am 11. Januar erreichte er Loch Ewe. Die *Sheffield* und die *Jamaica*, die während der letzten Hälfte der Reise von den Kreuzern *Kent* (Flaggschiff von Rear Admiral L. K. Hamilton) und *Berwick* abgelöst worden waren, liefen am 2. Januar in Seidisfjord ein.

Nach Erhalt der Nachrichten von dem Gefecht ging Admiral Tovey auf der *King George V* mit der *Howe*, dem Kreuzer *Bermuda* und mit sechs Zerstörern in See, um zusätzliche Unterstützung zu geben, falls diese notwendig sein sollte. Nachdem er bis zum Vormittag des 3. Januar im Seegebiet bis östlich der Jan Mayen-Insel gekreuzt hatte, kehrte er nach Scapa zurück; Hamilton mit seinen Kreuzern folgte am nächsten Tag.

Admiral Tovey's Kommentar zu dem Gefecht

Das Ergebnis des Gefechts wurde von Admiral Tovey in seinem Bericht trefflich zusammengefaßt:

> »Daß ein feindlicher Verband von wenigstens einem Panzerschiff, einem Schweren Kreuzer und sechs Zerstörern mit all den Vorteilen der Überraschung und der Konzentration durch fünf Zerstörer abgewehrt und durch zwei Kreuzer mit 15,2 cm Kaliber aus dem Felde geschlagen werden konnten, und das ohne irgendwelche Verluste beim Geleitzug, ist höchst anerkennenswert und zufriedenstellend.«

Für seinen tapferen Einsatz bei der Verteidigung des Geleitzuges wurde Captain R. St. V. Sherbrooke DSO, RN, das Victoria Kreuz verliehen.

Deutsche Reaktionen

Vom deutschen Standpunkt aus gesehen, war das Ereignis der Operation eindeutig enttäuschend, und es wurde dem Oberkommando zum Bewußtsein gebracht, daß solange kein Erfolg zu erwarten sein würde, wie seine Überwasserschiffe gezwungen wurden, unter so lähmenden Beschränkungen zu operieren. Außerdem war das Fehlen einer genau erklärten Absicht eine mitwirkende Ursache für den Fehlschlag. Vornehmlich Kapitän z. See Stange, der wußte, daß irgendeine erlittene Beschädigung die geplante Probe- und Übungsfahrt vor dem Atlantik-Einsatz seines Schiffes vereiteln würde, mußte, was dieses anbetrifft, besonders besorgt gewesen sein. Die Ansichten, die er in seinem Bericht hinsichtlich des »Risiko-Faktors« zum Ausdruck brachte, wurden später von Admiral Schniewind gebilligt. Es muß aber gesagt werden, daß die Zerstörer es versäumten, die Gelegenheiten zu ergreifen, die sich für den Angriff auf den Geleitzug boten. Mit einer Ausnahme, als die *Eckoldt* detachiert wurde, um die *Bramble* zu versenken, folgten sie brav den Schiffen, denen sie zugeteilt waren. Kummetz entschuldigte ihre Untätigkeit wenig überzeugend folgendermaßen: »Einen Zerstörerangriff zu machen, stand wegen der möglichen Verwechslung mit dem Feind außer Frage«.

Das Gefecht hatte weitreichende Folgen. Wütend über die Verzögerung, ihm darüber Bericht zu erstatten, noch mehr aufgebracht, als er diesen dann erhielt, und die Erwartungen, die durch den Funkspruch von *U 354* erweckt worden waren, nicht erfüllt wurden, verfügte Hitler die Außerdienststellung aller schweren Schiffe (Schlachtschiffe und Kreuzer) sowie die Einstellung der Fertig- und Umbauarbeiten an Flugzeugträgern, die gerade erst wieder aufgenommen worden waren, und er befahl Großadmiral Raeder, sich unverzüglich bei ihm zu melden. Raeder wartete mit der Ausführung bis zum 6. Januar, und da Hitler Begründungen nicht anhören wollte, reichte er sein Abschiedsgesuch ein, das angenommen wurde. Sein Nachfolger wurde Admiral Karl Dönitz, der hervorragende Befehlshaber der U-Bootwaffe.

Die »Tirpitz« lahmgelegt

Sowjetische Beschwerden

Trotz des Erlasses Hitler's wegen der Ausmusterung der großen Schiffe, liefen am 10. Januar 1943 noch das Schlachtschiff *Scharnhorst* und der Kreuzer *Prinz Eugen* mit dem Vorhaben, die anderen Schiffe in Nordnorwegen zu verstärken, aus Gotenhafen an der Ostsee aus. Sie wurden vor Skagen von einem Flugzeug des »Coastal Command« gesichtet und kehrten um, da sie befürchteten, abgefangen zu werden. Es vergingen 2 Monate, bevor es dann der *Scharnhorst* gelang, den Altafjord zu erreichen. Aber die *Prinz Eugen* wiederholte den Versuch nicht und verblieb bis zum Kriegsende in der Ostsee.

Inzwischen hatte sich der sowjetische Botschafter in London, M. Maisky, bei einem darüber verärgerten Mr. Churchill über die geringe Größe der nächsten beiden Geleitzüge beschwert, die für die Reise nach Murmansk geplant waren. Der Botschafter schien sich über England's immer noch dürftigen Bestand an Geleitfahrzeugen nicht im klaren zu sein, und auch nicht über die komplizierte Organisation, die zum Beladen der Schiffe und zu ihrer Versammlung an dem vorbestimmten Platz erforderlich war. So ergab es sich, daß nur 14 Frachter für den Geleitzug JW.52 auslaufklar waren, und Admiral Tovey war bestrebt, noch den besten Nutzen aus der auslaufenden Periode der Dunkelheit zu ziehen, in der die feindliche Luftaufklärung im Nachteil war. Die »Home Fleet« war noch ohne einen Flugzeugträger, und man glaubte, daß der deutsche Träger *Graf Zeppelin* kurz vor der Indienststellung stand; obgleich das in Wirklichkeit nicht der Fall war, schien dieses eine weitere Begründung dafür, die Abreise des Geleitzuges nicht hinauszuzögern.

Die Reise des Geleitzuges JW.52

Am 17. Januar verließ der Geleitzug JW.52 mit 14 Schiffen, gesichert durch die Zerstörer *Blankney*, *Middleton* und *Ledbury*, das Minensuchboot *Britomart*, die Korvetten *Lotus* und *Starwort* sowie durch zwei Trawler, Loch Ewe und passierte die Färöer-Inseln ostwärts. Auf der Höhe von der Ostküste Is-

land's wurden die drei Zerstörer von einem Sicherungsverband abgelöst, der als der »Ocean Escort« bekannt wurde, und aus den Zerstörern *Onslaught* (Commander W. H. Selby RN, S.O.E.), *Beagle*, *Musketeer*, *Offa*, *Matchless*, *Bulldog* und *Piorun* (polnisch) bestand. Eine Kreuzer-Deckungsgruppe, die *Kent* (Flaggschiff von Rear Admiral L.K.H. Hamilton), *Glasgow* und die *Bermuda* umfassend, ging in See, um zwischen dem Längengrad 10° Ost und der Kola-Bucht Schutz zu geben. Das Schlachtschiff *Anson* (Flaggschiff von Vice Admiral Sir Bruce Fraser), der Kreuzer *Sheffield* und vier Zerstörer kreuzten südwestlich der Bären-Insel, während der Geleitzug das Seegebiet zwischen 24° und 32° Ostlänge passierte, wo man einen Angriff der deutschen im Altafjord liegenden Schiffe für am wahrscheinlichsten hielt. Dieses waren *Tirpitz*, *Lützow*, *Hipper* (beschädigt) und acht Zerstörer.
Die Reise des Geleitzuges war durch gutes Wetter begünstigt, und er kam gut voran. Jedoch ein Schiff, die *Empire Baffin*, das die Fahrtstufe nicht halten konnte, mußte nach Island zurückgeschickt werden. Am 23. Januar sichtete und meldete ein BV–138 Flugboot der Küstenfliegergruppe 706 den Geleitzug; und am folgenden Tage starteten vier He–115 Torpedoflugzeuge, um ihn anzugreifen. Sie konnten aber keinen einzigen Treffer erzielen, und durch das Abwehrfeuer gingen zwei Flugzeuge verloren. Die heranbeorderten U-Boote blieben gleichfalls erfolglos, was der Wachsamkeit der Geleitfahrzeuge zu verdanken war, von denen jetzt viele mit Bord-Kurzwellenpeilgeräten ausgerüstet waren. Diese versetzten sie in die Lage, die zahlreichen Fühlunghalter-Funksignale einzupeilen, die U-Boote sendeten, um ihre Kameraden an den Geleitzug heranzuholen. Das ermöglichte dem Geleitzug, Ausweichkurse zu steuern, und es erleichterte den Geleitfahrzeugen die Aufgabe des Gegenangriffs. Nur *U 662* (Kapitänleutnant Queck) gelang es, auf den Geleitzug zum Angriff zu kommen, aber seine Torpedos gingen fehl. Der Kreuzer-Deckungsverband, der den schnellen Vormarsch des Geleitzuges nicht erfaßt hatte, stand, anstatt 40 sm Backbord voraus vom Geleitzug, wie Hamilton glaubte, nun 20 sm achteraus von diesem in dem Gebiet, wo sich die Fühlung haltenden U-Boote im allgemeinen sammeln. Die *Kent* und die *Bermuda* kamen glücklich davon, als *U 625* (Oberleutnant z. See Benker) sie ohne Erfolg angriff. Der Geleitzug wurde vor der Einfahrt in die Kola-Bucht von fünf sowjetischen Zerstörern aufgenommen, und alle Schiffe liefen zusammen mit den Kreuzern am 27. Januar in den Hafen ein.

Der rückkehrende Geleitzug RA.52

Wegen Verzögerungen beim Entladen waren nur 11 von 24 Schiffen auslaufbereit, um mit dem rückkehrenden Geleitzug RA.52 zu fahren, der nach Plan am 29. Januar auslaufen sollte. So kam es, daß die Anzahl der Geleitfahrzeuge die Zahl der Frachter überstieg. Neben den sieben Zerstörern von der Geleitsicherung des JW.52 waren es die *Forester* und *Icarus* sowie die beschädigte *Onslow* zusammen mit den Minensuchbooten *Harrier* und *Seagull*, den Korvetten *Rhododendron*, *Oxlip*, *Honeysuckle*, *Hyderabad* und vier Trawlern. Fünf sowjetische Zerstörer begleiteten den Geleitzug während der ersten zwei Tage der Reise. Die Schlachtschiff-Unterstützungsgruppe und der Kreuzer-Deckungsverband waren die gleichen, wie für den Geleitzug JW.52.
Am 1. Februar meldete *U 625* (Oberleutnant z. See Benker) den Geleitzug im Südwesten der Bären-Insel und griff ohne Erfolg an; aber die deutsche Luftaufklärung konnte ihn nicht finden. Am 3. Februar gelang es *U 255* (Kapitänleutnant Reche), der fünf Tage vorher bei einer Küstenunternehmung den sowjetischen Eisbrecher *Malygin* und den Dampfer *Ufa* versenkt hatte, nun den amerikanischen Frachter *Greylock* zu torpedieren, dessen ganze Besatzung von der *Harrier* und der *Oxlip* unter Mithilfe der Trawler *Lady Madeleine* und *Northern Wave* gerettet wurde. Die anderen 10 Schiffe des Geleitzuges erreichten unversehrt Loch Ewe am 8. Februar.

Dönitz übernimmt den Oberbefehl

Noch am gleichen Tag legte der neue Oberbefehlshaber der deutschen Kriegsmarine, Großadmiral Karl Dönitz, Hitler, gemäß dessen »unwiderruflichem« Entschluß, einen Plan für die Außerdienststellung der großen Schiffe vor. Dönitz unterschied sich von seinem Vorgänger Raeder im Charakter, in der Einstellung und in der Erfahrung. Mit dem Alter von 51 Jahren war er nicht nur jünger, sondern auch härter. Um hier seine eigenen Worte zu gebrauchen, »er vertraute der Führung von Adolf Hitler vorbehaltlos«, dafür hörte Hitler ihn mit mehr Geduld an, als er Raeder eingeräumt hatte. Überdies empfahl ihn der Erfolg des U-Boot-Krieges seinem Führer. Wenn er auch bisher behauptet hatte, daß der Seekrieg durch die U-Boote gewonnen werden könnte, so kam er nun, als er Zeit gehabt hatte, die Auswirkungen von Hitlers Befehl zu überdenken, zu denselben Schlußfolgerungen wie sein Vorgänger. Dennoch war er zu klug, um den Versuch zu unternehmen, sofort die Klingen mit Hitler zu kreuzen. Er legte deshalb einen Plan vor, der die Außerdienststellung der *Hipper* und der *Köln* im März, der *Scharnhorst* im Juli und der *Tirpitz* im Herbst vorsah.

Was Dönitz insbesondere zu besprechen wünschte und was wegen Zeitmangels nicht mehr möglich war, das war die Lockerung der lähmenden Bindungen, die Hitler den Flaggoffizieren und Kommandanten im Hinblick auf die Vermeidung von Beschädigungen ihrer Schiffe auferlegt hatte, die in erster Linie die Ursache für das Ausbleiben entscheidender Erfolge gegen die Nordmeer-Geleitzüge waren. Doch mit dieser delikaten Aufgabe betraute er dann seinen Vertreter in Hitler's Hauptquartier, den Admiral Theodor Krancke. Sehr zu Dönitz's Überraschung erklärte sich Hitler mit dem Vorschlag einverstanden, daß, wenn er (Dönitz) Schiffe für eine besondere Operation einsetzte, dann der befehlshabende Offizier freie Hand haben sollte, so zu handeln, wie die Lage das erforderte, auch wenn dabei Verluste die Folge sein könnten.
Durch dieses Ergebnis ermutigt, griff er bei seiner nächsten Besprechung mit Hitler, am 20. Februar, die Frage der Außerdienststellung der großen Schiffe wieder auf. Er wies darauf hin, wie nützlich diese beim Abfangen der Nordmeer-Geleitzüge sein könnten. Indem er die kritische Lage an der Ostfront (Stalingrad war am 31. Januar gefallen) in Betracht zog, betonte er die Pflicht der Marine, das Heer in jeder nur möglichen Weise zu unterstützen. Deshalb schlug er einen weiteren Versuch vor, die *Scharnhorst* nach Nordnorwegen zu überführen, wo dann mit der *Tirpitz* und der *Lützow* wieder eine »recht beachtlich starke« Kampfgruppe aufgestellt werden könnte, nachdem die *Hipper* für Reparaturarbeiten nach Deutschland zurückgekehrt war. Hitler's Reaktion auf diesen Vorschlag war, um mit den Worten von Dönitz zu sprechen, »äußerst heftig«, aber schließlich stimmte er der Überführung widerwillig zu.

Der Geleitzug JW.53

Obwohl alle Anstrengungen gemacht wurden, die Russen zu beschwichtigen und die Abfahrt des nächsten Geleitzuges zu beschleunigen, war es nicht vor dem 15. Februar möglich, genügend Schiffe zu versammeln. Das war bereits vier Tage später als geplant, und selbst dann waren nur 25 von den versprochenen 30 Frachtern fertig. So lief am 15. Februar der Geleitzug JW.53 mit 25 Frachtern aus dem Loch Ewe aus. Er wurde gesichert von den Zerstörern *Pytchley*, *Middleton*, *Meynell*, den Minensuchbooten *Jason*, *Halycon*, den Korvetten *Dianella*, *Poppy*, *Bergamot* und von zwei Trawlern. Am nächsten Tag liefen die Zerstörer *Musketeer*, *Matchless* und die Korvette *Bryony* mit drei weiteren Frachtern aus; aber das Wetter war so schlecht, daß sie zurückkommen mußten.
Da es zur Zeit auf der Breite des Nordkaps annähernd sieben Stunden Tageslicht gab, wurde beschlossen, dem Geleitzug ein Ozean-Geleit von ähnlicher

Stärke, wie es der PQ.18 hatte, mitzugeben. Es bestand nun aus dem Kreuzer *Scylla* (Captain I. A. P. Macintyre RN), dem Geleitträger *Dasher*, den Zerstörern *Milne* (Captain I. M. R. Campbell RN), *Faulknor* (Captain A. Scott-Moncrieff RN), *Boadicea*, *Inglefield*, *Orwell*, *Opportune*, *Obedient*, *Obdurate*, *Fury*, *Intrepid*, *Impulsive*, *Eclipse* und *Orkan* (polnisch). Die Zerstörer *Blankney* und *Ledbury* waren der *Dasher* für Rettungsaufgaben beigegeben. Die Kreuzer-Deckungsgruppe bestand aus der *Belfast* (Flaggschiff von Rear Admiral R. Burnett), *Cumberland* und *Sheffield*, während Admiral Tovey auf der *King George V* mit der *Howe* und dem Kreuzer *Norfolk* sowie mit sechs Zerstörern die Unterstützung sicherstellte.

Das Wetter, welches die Reisen der beiden vorangehenden Geleitzüge begünstigt hatte, änderte sich jetzt; und als die Schiffe des Geleitzuges den Butt of Lewis rundeten und von dem Schutz der Hebriden freikamen, traf sie die volle Wucht eines atlantischen Sturmes. Viele Schiffe hatten Deckladungen von Panzern, Lokomotiven und Lastwagen, und drei von ihnen mußten bereits, nachdem sie wenige Stunden den Schlägen der gewaltigen Seen ausgesetzt waren, in den Hafen zurückkehren, um die Ladung wieder seefest zu zurren. Der Träger *Dasher* erlitt Seeschäden und mußte auch zurückkehren wie die *Sheffield*, die von ihrem vordersten Geschützturm, den sie querab gedreht hatte, um die Beschädigung der Segeltuch-Schartenabdeckungen der 15,2 cm Rohre zu vermeiden, die Turmdecke verlor, die glatt abgerissen und über Bord gespült wurde. Admiral Tovey ließ sie durch die *Norfolk* ersetzen, und die *Berwick* kam zu der Schlachtschiff-Gruppe. Der Sturm machte es der *Scylla* mit dem Ozean-Geleit unmöglich, an den Geleitzug heranzuschließen. So fiel Commander H. G. A. Lewis auf der *Jason* die Aufgabe zu, den Geleitzug zusammenzuhalten, was ihm trotz der bedrohlichen Umstände mit beachtlichem Erfolg gelang.

Nach vier Tagen hatte der Sturm sich ausgeweht; und während der Nacht vom 19./20. Februar kam die Schlachtschiff-Gruppe in Radar-Reichweite zum Geleitzug. Damit war die *King George V* in der Lage, die Standorte der Schiffe zu erkoppeln und diese Captain Campbell auf der *Milne* zu übermitteln. Er hatte mit sechs seiner Zerstörer zur Treibstoffergänzung Seidisfjord anlaufen müssen, von wo er am 20. Februar auslief, um sich dem Geleitzug anzuschließen, der sich inzwischen wieder formiert hatte und nun auf die Bären-Insel zulief.

Die Eisgrenze lag in dieser Jahreszeit so weit im Süden, daß die Route des Geleitzuges nur 250 sm nördlich des deutschen Stützpunktes Altafjord lag; und am 23. Februar sichteten und meldeten Feindflugzeuge ihn. Aber wiederum bewies das Bord-Kurzwellenpeilgerät seinen Wert. Ein über Wasser überraschtes U-Boot befand sich plötzlich von Leuchtgrananten hell beleuchtet und unter dem Angriff der Geleitfahrzeuge. Die angriffsfreudige Taktik dieses gut eingespielten Teams hielt die U-Boote während der ganzen Reise vom Anlauf auf die stetig ostwärts fahrenden, schwer beladenen Frachter ab.

Am 25. Februar flogen 18 Ju–88 der I./K.G. 30 einen flachen Sturzangriff auf den Geleitzug, wobei nur ein Schiff durch einen Nahtreffer leichte Beschädigungen erlitt. Ein ähnlicher Angriff am folgenden Tage war ebenfalls erfolglos. Nachdem später am gleichen Tage vier sowjetische Zerstörer die Sicherung verstärkt hatten, teilte sich der Geleitzug. 15 Schiffe liefen am 27. Februar in die Kola-Bucht ein, während die verbleibenden sieben zu Häfen des Weißen Meeres weiterliefen, wo sie zwei Tage später heil eintrafen.

Durch das Ausbleiben eines Erfolges, während der Geleitzug auf See war, enttäuscht, griffen am 27. und 28. Februar mehrere Ju–87 vom Sturzkampf-Geschwader 5 die vor Murmansk liegenden Schiffe an, wobei drei von diesen beschädigt wurden. Bei weiteren Angriffen durch Ju–88 des K.G. 30 wurde ein Schiff versenkt und ein weiteres schwer beschädigt. Der Schutz des Hafens war hinsichtlich der Fliegerabwehr immer noch höchst unzureichend, worüber sich Admiral Golovko selbst völlig im klaren war.

Der Geleitzug RA.53

Der heimwärts gehende Geleitzug RA.53 lief am 1. März mit 30 Frachtern aus der Kola-Bucht aus. Er hatte dieselbe Geleitsicherung, die auch den JW.53 begleitet hatte. Am Tage nach dem Auslaufen bekam *U 255* (Kapitänleutnant Reche) Fühlung und beschattete ihn mehrere Tage lang, bevor es am 5. März zum Angriff auf die Frachter *Executive* und *Richard Bland* kam. Der erstere sank, während es der *Richard Bland* gelang, trotz seiner Beschädigungen weiter im Geleit zu bleiben. Nachdem ein Angriff von 12 Ju–88 der I./K.G. 30 durch das heftige Abwehrfeuer der Frachtschiffe und Geleitfahrzeuge abgeschlagen worden war, begann das Wetter sich zu verschlechtern. Als dann einer der atlantischen Stürme nordostwärts in das Barents-Meer fegte, war es unvermeidlich, daß der Geleitzug sich auseinanderzog. Die U-Boote ergriffen diese günstige Gelegenheit, auf die sie gewartet hatten. Am 9. März versenkte *U 568* (Kapitänleutnant von der Esch) den Frachter *Puerto Rican*, und am folgenden Tage versenkte *U 255* (Kapitänleutnant Reche) den bereits beschädigten *Richard Bland*. Ein vierter Frachter wurde durch den Sturm zum Sinken gebracht, und ein fünftes Schiff mußte in sinkendem Zustand von der *Opportune* nach Seidisfjord eingeschleppt werden; das war eine große Leistung, die Admiral Tovey's besondere Anerkennung fand. Die 25 überlebenden Schiffe erreichten am 14. März Loch Ewe.

Die »Scharnhorst« verstärkt die Kampfgruppe

Den Vorteil des schlechten Wetters nutzend, brach das Schlachtschiff *Scharnhorst* in der Nacht vom 8./9. März unbemerkt aus der Ostsee aus und erreichte nach kurzem Aufenthalt in Bergen am 10. März Drontheim. Am nächsten Tag lief sie in Begleitung der *Tirpitz* und mit einer Zerstörersicherung in die Bogen-Bucht, in der Nähe von Narvik, ein, wo sie mit der *Lützow* und der *Nürnberg* zusammentraf. Zehn Tage später verlegte der ganze Verband, mit Ausnahme der *Nürnberg*, die nach Deutschland zurückgekehrt war, nordwärts zum Altafjord.

Einstweilige Einstellung der Nordmeer-Geleitzüge

Als Admiral Tovey von diesen Bewegungen erfuhr und dazu die mit dem herannahenden Sommer zunehmenden Stunden des Tageslichts in Betracht zog, teilte er der Admiralität mit, daß die Fortsetzung der Nordmeer-Geleitzüge nach seiner Meinung nicht mehr vertretbar war, weil nur noch mit einem Schlachtschiffgeleit während der Fahrt durch das Barents-Meer, die Gewähr für ihre sichere Ankunft gegeben sein würde. Er war nicht gewillt, eine solche Maßnahme zu treffen, wenn auch die Bedrohung durch Luftangriffe — aus Gründen, die in Kapitel 4 dargelegt wurden — sich während der Wintermonate vermindert hatte. Schließlich führten aber andere Gründe zur Einstellung der Geleitzüge in den Sommermonaten. Die Schlacht im Atlantik ging ihrem Höhepunkt entgegen, weil Dönitz eine äußerste Anstrengung machte, um auf diesem lebenswichtigen Kriegsschauplatz eine Entscheidung herbeizuführen. Im März erreichten die Verluste an Handelsschiffen eine alarmierende Höhe, wenn auch hierbei 12 U-Boote vernichtet wurden. Die Admiralität war sich der Tatsache bewußt, daß eine Krise bevorstand, und befahl die Konzentration aller verfügbaren Geleitfahrzeuge für die Sicherung der Atlantik-Geleitzüge; so verblieb Admiral Tovey nur eine Mindestanzahl von Zerstörern, um seine Schlachtschiffe zu sichern. Die Schlacht tobte wütend während der Monate April und Mai, jedoch gegen Ende dieser Zeit sah sich Dönitz gezwungen, die Niederlage anzuerkennen.

Churchill informiert Stalin über die Gründe für die zeitweilige Einstellung der Geleitzüge

Mr. Churchill informierte Stalin am 30. März über die Gründe für die Einstellung der Nordmeer-Geleitzüge bis September und erhielt eine sehr grobe Antwort. Nach einem weiteren Telegramm, in dem der Premierminister die Erfol-

Großadmiral Karl Dönitz, Befehlshaber der U-Boote, Oberbefehlshaber der Kriegsmarine von 1943–1945 (Imperial War Museum).

HMS *Campania,* einer der vier Schiffe, die als Frachter nicht fertiggestellt und auf britischen Schiffswerften zu Geleitflugzeugträgern umgebaut wurden. Diese hatten im Gegensatz zu denen, die in den Vereinigten Staaten gebaut wurden, Dieselantrieb und zwei Schrauben. Sie waren damit besser in der Lage, ihre Fahrt bei Schlechtwetter zu halten. Sie führten 16 »Swordfish«- und »Wildcat«-Flugzeuge (Imperial War Museum).

Captain Rupert Sherbrooke VC, RN, dem das Victoria-Kreuz für hervorragende Tapferkeit bei der Verteidigung des Geleitzuges JW.51B, während eines Gefechtes im Barents-Meer, gegen erheblich überlegene feindliche Streitkräfte verliehen wurde (Imperial War Museum).

Admiral Sir Robert Burnett, der an vielen Nordmeer-Geleitzugoperationen teilnahm, insbesondere an denen, die während des Gefechts vor dem Nordkap, im Dezember 1943, zur Vernichtung des Schlachtschiffes *Scharnhorst* führten. Er ist hier auf der brücke des Führerzerstörers HMS *Faulknor* im Gespräch mit Captain A. Scott-Moncrieff RN zu sehen (Imperial War Museum).

Ein Wasserbombenangriff der »Order of the Red Banner« Division, die aus in Murmansk stationierten U-Jagdfahrzeugen bestand. Der Seemann im Vordergrund benutzt ein tragbares Entfernungsmeßgerät (Novosti Press).

Admiral Sir Roderick McGrigor, der an vielen der späteren Nordmeer-Geleitzugoperationen teilnahm, während er das 18. Kreuzgeschwader in der »Home Fleet« befehligte (Imperial War Museum).

Admiral of the Fleet Sir Dudley Pound, First Sea Lord und Chief of the Naval Staff von 1939 bis zu seinem Tode im Oktober 1943. Seine Entscheidung für den Befehl an den Geleitzug PQ.17, »sich zu zerstreuen«, bleibt Gegenstand vieler Auseinandersetzungen (Imperial War Museum).

ge aufzählte, die von den alliierten Armeen in Nordafrika und mit der Bombardierung der deutschen Rüstungszentren errungen worden waren, wurde Stalin zugänglicher.

Reorganisation des deutschen Marine-Befehlsbereichs

Im Kapitel 1 wurde bereits erwähnt, daß sich eine Reorganisation der Kommandostruktur im nördlichen deutschen Marinebereich eventuell als notwendig erweisen würde. Ende März beschloß Dönitz, die Kommandostellen des Marinegruppenkommandos Nord und des Flottenkommandos zusammenzulegen, damit wurde der Befehlshaber der Kampfgruppe, Admiral Kummetz, unmittelbar dem Marinegruppenkommando Nord in Kiel, Generaladmiral Schniewind, unterstellt. Der Admiral Nordmeer (Konteradmiral Klüber) blieb als vorgeschobene operative Führungsstelle in Narvik für Überwasser-Operationen zuständig; die U-Bootführung übernahm ein F.d.U. Norwegen (Kapitän z. See Peters) in Narvik. Die zeitweilige Einstellung der Nordmeer-Geleitzüge führte keineswegs zu einem Stillstand aller Seekriegshandlungen in diesem Gebiet. Das Frühjahr und den Sommer hindurch waren sowjetische Unterseeboote tätig, deutsche Küstengeleite anzugreifen und Minen zu legen, dabei entstanden Verluste auf beiden Seiten. Auch gab es Lufttätigkeit in geringem Umfang. Am 8. Juli führte der neue Oberbefehlshaber der britischen »Home Fleet«, Admiral Sir Bruce Fraser, der Admiral Sir John Tovey abgelöst hatte, seine Flotte, unterstützt durch eine US-Kampfgruppe unter Rear Admiral Hustvedt USN, in See, um vor der norwegischen Küste eine Demonstration zu veranstalten, mit der die Aufmerksamkeit der Deutschen von der bevorstehenden Landung der Alliierten auf Sizilien abgelenkt werden sollte. Leider lief diese diplomatische Aktion ab, ohne vom Feind bemerkt zu werden. Die Operation wurde später im Monat wiederholt; dieses Mal in Begleitung der Träger *Illustrious* und *Unicorn*, und dabei wurden fünf BV–138 Flugzeuge abgeschossen.

Deutscher Vorstoß in die Kara-See und Angriff auf Spitzbergen

Zwischen Ende Juli und Anfang Oktober wurden U-Boote eingesetzt, um Minen in der Mündung des Pečora-Flußes zu legen und den russischen Küstenverkehr vor Port Dikson sowie anderwärts in der Kara-See anzugreifen. Am 6. September liefen die Schiffe, die den ganzen Sommer über im Altafjord untätig gelegen hatten, zu einer Unternehmung aus, die mit dem Decknamen »Zitronella« bezeichnet wurde. Die *Tirpitz* (Flaggschiff von Admiral Kummetz), mit der *Scharnhorst* und den Zerstörern *Z 27*, *Z 29*, *Z 30*, *Z 31*, *Z 33*, *Steinbrinck*, *Galster*, *Riedel* und *Lody*, hatte den Auftrag, die Anlagen auf Spitzbergen zu zerstören. Ein Bataillon des 349. Grenadier-Regiments war auf den Zerstörern eingeschifft, und in den Morgenstunden des 8. September wurden die Truppen im Grönfjord und in der Advent Bucht gelandet. Nachdem die *Tirpitz* Barentsburg beschossen hatte, und die Kohlen- und Vorratslager wie auch die Wasser- und Elektrizitätswerke zerstört worden waren, wurden die Truppen wieder eingeschifft. Dann kehrte der Verband zum Altafjord zurück, wo er am 9. September einlief. Die Nachrichten von dem Überfall erreichten die Admiralität erst, als dieser bereits im Gange war. Die »Home Fleet« ging in See, aber der Feind war, lange bevor ein Abfangen möglich gewesen wäre, in seinen Stützpunkt zurückgekehrt.

Angriff von Kleinst-Unterseebooten auf die »Tirpitz«

Eine seit langem geplante und sorgfältig einstudierte Operation, mit der die *Tirpitz* auf ihrem stark geschützten Liegeplatz durch einen Angriff mit Kleinst-Unterseebooten lahmgelegt werden sollte, wurde nun in die Tat umgesetzt. Der Angriff fand am 22. September statt. Obwohl es nur zwei von den sechs Kleinst-Unterseebooten gelang, an das Ziel heranzukommen und ihre Sprengladungen unter das Schlachtschiff zu legen, richteten die nachfolgenden Detonationen so großen Schaden an, daß es bis zum März des folgenden Jahres außer Gefecht gesetzt wurde. Damit war eine Pause in der Bedrohung gewonnen, die auf den Nordmeer-Geleitzügen gelastet hatte, seitdem das mächtige Schlachtschiff nach Norwegen verlegt worden war. Die Bedrohung wurde um ein weiteres vermindert, als die *Lützow* am 23. September den Altafjord verließ, um in die Ostsee zurückzukehren. Um sie abzufangen, wurden drei »Beaufighters« und eine Squadron torpedobewaffneter »Tarpon«-Flugzeuge der Flottenfliegerverbände angesetzt; diese konnten aber keine Fühlung bekommen, und sie erreichte unversehrt ihren Hafen. Das führte zu einer großen Untersuchung durch die Admiralität und das Luftfahrtministerium. Als Folge davon wurde die Stärke der Kampfverbände des »Coastal Command« erhöht, und es wurden bessere Vorkehrungen getroffen, um sicherzustellen, daß nicht wieder nur durch das Fehlen geeigneter Flugzeuge eine derart günstige Gelegenheit verpaßt würde.

Angriff auf die deutsche Schiffahrt

Während Vorbereitungen für die Wiederaufnahme der Geleitzüge nach Nordrußland getroffen wurden, nutzte Admiral Fraser den Vorteil der günstigen Lage, die sich durch die Beschädigung der *Tirpitz* ergab, um einen Angriff auf die deutsche Schiffahrt im Hafen von Bodö durchzuführen. Die »Home Fleet« war durch den US Flugzeugträger *Ranger* und den US Kreuzer *Tuscaloosa* sowie durch sechs US-Zerstörer verstärkt worden; und die amerikanischen Piloten waren voller Tatendrang, nun ihren ersten Feindflug zu machen. Am 2. Oktober lief der Verband aus Scapa aus, und zwei Tage später wurden 120 sm vor der norwegischen Küste insgesamt 30 »Dauntless«-Sturzkampfbomber und torpedobewaffnete »Avenger«-Flugzeuge, begleitet von 12 »Hellcat«-Jägern, gestartet. Der Feind wurde überrascht, und im Hafen von Bodö wurden 4 Frachter versenkt und 6 weitere beschädigt. 5 Flugzeuge gingen durch Abwehrfeuer verloren; aber auch 2 Feindflugzeuge, die nachfolgend versuchten, den Verband zu beschatten, wurden abgeschossen.

Admiral Golovko wird nach Moskau zitiert

Am 9. Oktober forderte Generalissimus Stalin Admiral Golovko auf, nach Moskau zu kommen. Golovko behauptete, daß der Anlaß, für den man ihn kommen ließ, der Erfolg der deutschen Operation im Kara-Meer war. Es scheint aber glaubwürdiger, daß ein langes Telegramm, welches Churchill am 1. Oktober an Stalin gesandt hatte, etwas damit zu tun hatte. Neben der Ankündigung, daß geplant sei, in den Monaten November bis Februar vier Geleitzüge nach Rußland fahren zu lassen, von denen jeder aus annähernd 35 britischen und amerikanischen Schiffen bestehen sollte, benutzte der Premierminister die Gelegenheit, um Stalin zur persönlichen Kenntnisnahme eine lange Liste von Beschwerden über die Behandlung des in Rußland stationierten britischen Personals zu unterbreiten, die weit von dem entfernt war, was man von einem Verbündeten erwarten sollte. Stalin beantwortete das Telegramm nicht vor dem 13. Oktober, und erst nachdem er Golovko gesprochen hatte. Dann antwortete er in derart beleidigender Form, daß Churchill die Annahme verweigerte und den Außenminister, Mr. Anthony Eden, der am 18. Oktober in Moskau angekommen war, mit der Erledigung dieser Angelegenheit beauftragte. Einer der umstrittenen Punkte war die Frage, ob die Durchführung der Geleitzüge eine Schuldverpflichtung von seiten Englands und der Vereinigten Staaten darstellte, oder, ob diese als eine Operation des Krieges anzusehen wäre, die zwar nach ihren besten Kräften, aber ohne Übernahme irgendeiner Garantie für die in einer bestimmten Zeit zu liefernden Gütermenge, auszuführen war. Um die Verhandlungsposition des Außenministers bei seinen Besprechungen mit dem russischen Generalissimus zu stärken, ordnete Churchill einen Stillstand der Maßnahmen an, die für die Wiederaufnahme der Geleitzüge im Gange waren. Die Aktion hatte die gewünschte Wirkung. Die Besprechung fand am 21. Oktober statt. Nachdem der Außenminister unmißverständlich und deutlich gesprochen hatte, und Stalin die Beseitigung einiger der von Churchill vorgebrachten Beschwerdegründe, einschließlich der Genehmigung zur Landung einer Sanitätseinheit in Vaenga, zugesagt hatte, kam man, obwohl Stalin auf seiner Meinung bestand, daß seine Verbündeten zur Durchführung der Geleitzüge verpflichtet wären, schließlich überein, die Geleitzüge im November wieder aufzunehmen.

Wiederaufnahme der Geleitzüge

Wie sein Vorgänger Tovey, brachte Admiral Fraser Einwendungen gegen die vorgesehene Größe der wiederaufgenommenen Geleitzüge vor, die sich nun auf 40 Schiffe erhöht hatte. Unter den Winterbedingungen geschah es nur zu leicht, daß Schiffe vom Geleitzug abgesondert und dann eine leichte Beute der U-Boote wurden. Die Admiralität erklärte sich deshalb damit einverstanden, die Geleitzüge in zwei Gruppen, zu je 20 Schiffen und mit einem Zeitabstand von zwei Wochen, fahren zu lassen. Jede Gruppe sollte ein starkes Zerstörergeleit haben. Kreuzer sollten eingesetzt werden, um während der am meisten gefährdeten Reiseabschnitte, zwischen der Bären-Insel und der Kola-Bucht, Nah-Deckung zu geben. Eine Schlachtschiff-Deckungsgruppe sollte im Seegebiet südwestlich der Bären-Insel kreuzen.

Die Geleitzüge RA.54 A und B und JW.54 A und B

Der erste Geleitzug von der neuen Serie sollte ein westgehender sein, der RA.54 A mit 13 Frachtern, die seit dem Frühjahr in Häfen des Weißen Meeres auf Geleit gewartet hatten. Ein Geleitsicherungsverband, der aus den Zerstörern *Milne* (Captain I. M. R. Campbell RN), *Musketeer*, *Mahratta*, *Matchless*, *Savage*, *Scorpion*, *Scourge*, *Saumarez*, *Westcott*, den Minensuchbooten *Harrier* und *Seagull* sowie aus der norwegischen Korvette *Eglantine* bestand, verließ Seidisfjord am 23. Oktober. Zusätzlich waren fünf ehem. amerikanische Diesel-Minensuchboote der *Admirable*-Klasse und drei ex US-U-Boot-Jäger dabei, die den Russen im Rahmen des Pacht- und Leihvertrages übergeben werden sollten. Die Schiffe erreichten am 28. Oktober heil die Kola-

Bucht, und Admiral Golovko besichtigte sogleich die neuesten Zugänge seiner Flotte. Er bezeichnete diese als: »sehr geeignet für Kampfoperationen; ihre Seetüchtigkeit ist durchaus erfreulich und bei der Atlantik-Überquerung in den Herbststürmen erprobt worden«.[35] Auf einem der Schiffe wurde ihm ein Schluck Rum angeboten. Als er entdeckt hatte, daß ein ganzes Faß davon an Bord war, ordnete er, sehr zum Kummer seiner Gastgeber, die Übersendung an das Hospital für die Verwundeten an.
Der Geleitzug RA.54 A verließ mit 13 Frachtern, nach einer Verzögerung durch Nebel, am 1. November Archangelsk und erreichte Loch Ewe am 14. November, ohne vom Feind entdeckt worden zu sein. Am folgenden Tage lief der Geleitzug JW.54 A mit 18 Frachtern und einem Tanker, gesichert durch die Zerstörer *Onslow*, (Captain J. A. McCoy DSO, RN), *Onslaught*, *Orwell*, *Impulsive*, *Iroquois*, *Haida*, *Huron*, *Inconstant*, *Whitehall*, die Korvette *Heather* und das Minensuchboot *Hussar*, vom Loch Ewe aus. Eine Woche später folgte der Geleitzug JW.54 B mit 14 Frachtern, einem Tanker und einem Rettungsschiff mit einer Sicherung, die aus den Zerstörern *Saumarez*, *Savage*, *Scorpion*, *Stord*, *Scourge*, *Venus*, *Vigilant*, *Hardy*, *Beagle*, den Korvetten *Rhododendron*, *Poppy* und dem Minensuchboot *Halycon* bestand. Die Kreuzer *Kent* (Flaggschiff von Rear Admiral A. Palliser), *Jamaica* und *Bermuda* begleiteten den JW.54 A ganz bis zur Kola-Bucht und gaben den Geleitzügen JW.54 B und RA.54 B Deckung, während diese sich in der gefährdeten Zone befanden. Die Schlachtschiff-Deckung für alle vier Geleitzüge wurde durch die *Anson* (Flaggschiff von Vice Admiral Sir Henry Moore) mit der USS *Tuscaloosa* (für die Geleitzüge JW.54 B und RA.54 B abgelöst durch die *Belfast*), von Akureyri aus operierend, sichergestellt. Vier sowjetische Zerstörer trafen sich mit den Geleitzügen bei der Annäherung und beim Auslaufen aus der Kola-Bucht und übernahmen auch die Sicherung der Schiffe, die nach Archangelsk gingen und von dort kamen. Der Geleitzug RA.54 B, bestehend aus 8 Frachtern, lief am 26. November mit derselben Geleitsicherung aus, die mit dem JW.54 A angekommen war, mit der Ausnahme, daß jetzt anstatt der *Harrier* das Minensuchboot *Hussar* mitfuhr. Alle Schiffe erreichten heil Loch Ewe am 9. Dezember.

Das Ausbleiben deutscher Gegenwirkung

Die Ausreise des nächsten ostgehenden Geleitzuges JW.55 A war für den 12. Dezember geplant. Er bestand aus 19 Frachtern, die von den Zerstörern *Milne* (Captain I. M. R. Campbell RN, S.O.E.), *Musketeer*, *Meteor*, *Match-*

35 Golovko, ebenda, Seite 173

less, *Opportune*, *Ashanti*, *Virago*, *Athabaskan*, *Westcott*, der Korvette *Acanthus* und dem Minensuchboot *Speedwell* gesichert wurden, und verließ planmäßig Loch Ewe. Um ihn abzufangen, waren östlich der Bären-Insel vier U-Boote, *U 277*, *U 387*, *U 354* und *U 636*, aufgestellt worden. Doch Fühlung bekam nur das letztere am 18. Dezember nach Sichtung eines der Geleitfahrzeuge; es stand aber zu weit ab, um zum Angriff zu kommen. Am 20. Dezember erreichte der Geleitzug unversehrt die Kola-Bucht, und zwei Tage später machte die zum Weißen Meer abgezweigte Gruppe in Archangelsk fest.
Die offensichtlich geringe Beachtung der Geleitzüge durch den Feind seit ihrer Wiederaufnahme, überraschte Admiral Fraser. Er war davon überzeugt, daß die Zurückhaltung nur auf die Unkenntnis ihrer Bewegungen zurückzuführen war, und daß ein entschlossener Störversuch erwartet werden müßte, sobald der Feind gute Informationen über eine Geleitzugoperation in der Hand hatte. Dafür befanden sich das Schlachtschiff *Scharnhorst* und die fünf Zerstörer der 4. Flottille, die im Altafjord lagen, in einer idealen Position. Deshalb beschloß der Oberbefehlshaber, nachdem er gehört hatte, daß der JW.55 A gemeldet worden war, sein Flaggschiff *Duke of York* und den Kreuzer *Jamaica* bis zur Kola-Bucht mitfahren zu lassen, wo sie am 16. Dezember eintrafen. Tatsächlich waren sich die Deutschen aber seit Mitte November aus der Analyse des alliierten Funkverkehrs über die Wiederaufnahme der Geleitzüge im klaren; doch sowohl die Seekriegsleitung als auch die Marinegruppe Nord zogen in Erwägung, daß der Einsatz der *Scharnhorst* bei der Überlegenheit des britischen Radars in einer Operation nicht ratsam war, die in dieser Jahreszeit höchstwahrscheinlich zu einem Nachtgefecht führen würde. Großadmiral Dönitz, andererseits, war verpflichtet, die weitere Indiensthaltung der schweren Schiffe zu rechtfertigen und konnte deshalb diese vorsichtige Lagebeurteilung nicht unterstützen. Unglücklicherweise für ihn sollte es sich erweisen, daß die Seekriegsleitung Recht hatte.

Der Verlust der »Scharnhorst«

Die Admirale Fraser und Golovko besprechen sich

Der Oberbefehlshaber der britischen »Home Fleet« war sehr gastfreundlich von Admiral Golovko empfangen worden, der seinem Tagebuch die folgende Bemerkung über diesen Besuch anvertraute: »Ich kann es immer noch nicht begreifen, was den Oberbefehlshaber der britischen »Home Fleet« veranlaßt haben könnte, uns ausgerechnet in der Jahreszeit der längsten Polarnächte zu besuchen«.[36] Nachdem sich Admiral Fraser über die Lage informiert hatte, verließ er am 23. Dezember mit der *Duke of York*, der *Jamaica* und vier Zerstörern die Kola-Bucht und lief eilig nach Akureyri zurück, um Brennstoff zu ergänzen und den beiden nächsten Geleitzügen JW.55 B und RA.55 A Deckung zu geben, die von Loch Ewe beziehungsweise von der Kola-Bucht am 20. und 22. Dezember auslaufen sollten. Er wußte bereits aufgrund geheimster Nachrichten, die man durch Entzifferung deutscher Funksprüche bekommen hatte, und die ihm und Admiral Burnett am 20. Dezember von der Admiralität als »Ultra«-Signal mitgeteilt worden waren, daß der Feind den Einsatz der *Scharnhorst* zum Angriff auf die Geleitzüge plante. Der RA.55 A, der aus 22 Frachtern bestand, lief schließlich erst am 23. Dezember aus. Er hatte dieselbe Geleitsicherung, die mit dem JW.55 A angekommen war, mit einer Verstärkung durch die Korvetten *Dianella* und *Poppy*.

Der Geleitzug JW.55 B

Die 19 Frachter des Geleitzuges JW.55 B liefen planmäßig am 20. Dezember aus Loch Ewe aus. Zwei Tage später stieß vor Island die Ozean-Geleitsicherung dazu, die aus den Zerstörern *Onslow* (Captain J. A. McCoy, RSO, RN, S.O.E.) *Onslaught*, *Orwell*, *Impulsive*, *Obdurate*, *Iroquois*, *Huron*, *Haida*, *Whitehall*, *Wrestler*, den Korvetten *Oxlip*, *Honeysuckle* und dem Minensuchboot *Gleaner* bestand. Die Kreuzer *Belfast* (Flaggschiff von Vice Admiral

---

36 Golovko, ebenda, Seite 181

R. Burnett) *Sheffield* und *Norfolk*, die den JW.55 A bis in die Kola-Bucht begleitet hatten, liefen dort am 23. Dezember aus, um dem Geleitzug östlich der Bären-Insel Deckung zu geben.

Deutsche Maßnahmen

Bei einer Besprechung mit Hitler am 18./19. Dezember hatte sich Dönitz die Genehmigung des Führers für einen Angriff der Überwasserschiffe auf den nächsten Geleitzug mit Nachschub für Rußland, der festgestellt wurde, gesichert. Er mußte nicht lange warten, denn am 22. Dezember sichtete ein Wetterflugzeug den JW.55 B bei den Färöer-Inseln; doch es meldete ihn als einen Geleitzug von 40 Truppentransportern mit einer Kreuzersicherung. Generaladmiral Schniewind befahl daraufhin eine Konzentration der U-Boote der Gruppe Eisenbart (*U 277*, *U 367*, *U 354*, *U 601*, *U 716*, *U 957* und *U 314*) vor dem Eingang zum Vestfjord und ordnete für die Schlachtschiff-Gruppe eine 3 Stunden-Bereitschaft an. Nach einiger Überlegung kam er zu der Überzeugung, daß der Flugzeugführer sich geirrt haben mußte, und daß dieser wahrscheinlich einen normalen Nordmeer-Geleitzug gesehen hatte. Deshalb ließ er die Gruppe Eisenbart die frühere Aufstellung südlich der Bären-Insel wieder einnehmen. Am nächsten Tag kam eine zutreffende Meldung von einem Aufklärungsflugzeug, das eingesetzt wurde, um den Geleitzug aufzufinden und zu beschatten; es meldete ihn mit 17 Schiffen auf einer Position 300 sm südöstlich der Jan Mayen-Insel. Am folgenden Tag wurde er 220 sm südöstlich dieser Insel gemeldet; und Generaladmiral Schniewind ließ den U-Boot Streifen 100 sm weiter nach Westen verschieben. Später am gleichen Tage bekamen *U 601* (Oberleutnant z. See Hansen) und *U 716* (Oberleutnant z. See Dunkelberg) Fühlung. Sie wurden aber von den Geleitfahrzeugen abgedrängt. Kampfflugzeuge standen nicht zur Verfügung. Überdies informierte die Luftflotte 5 die Marinegruppe Nord, daß eine ständige Luftaufklärung nur kurzzeitig durchgeführt werden könnte, falls das Auslaufen der Schlachtschiff-Gruppe befohlen würde, und auch dann nur bis zu einer Entfernung von 450 sm. Die Fühlung mit JW.55 B ging am 24ten kurz nach 16.00 Uhr verloren. In Anbetracht aller dieser Umstände schätzte Schniewind die Aussichten für einen erfolgreichen Einsatz der *Scharnhorst* gegen den Geleitzug nicht gerade hoch ein, aber er telefonierte trotzdem mit Berlin, um die Meinung von Großadmiral Dönitz zu hören.

Der Oberbefehlshaber war in Paris, und man entschied sich dafür, die Angelegenheit bis zu seiner Rückkehr, die für den nächsten Tag vorgesehen war, warten zu lassen. Zu den Problemen der Marinegruppe Nord kam hinzu, daß Admiral Kummetz krank geworden war; und Konteradmiral Erich Bey, der Führer der Zerstörer, war zu seinem Nachfolger im Kommando der Kampfgruppe ernannt worden. Bey war ein erfahrener Zerstörer-Offizier, der an dem zweiten Gefecht um Narvik teilgenommen hatte. Zwei Wochen nach Antritt seines neuen Kommandos hatte er Generaladmiral Schniewind eine Denkschrift vorgelegt, in der er seine Übereinstimmung mit den Ansichten von Kummetz zum Ausdruck brachte, daß ein Einsatz der *Scharnhorst* für den Angriff auf Geleitzüge während der dunklen Wintermonate nicht empfehlenswert war, und daß er die Zerstörer hierfür als besser geeignet ansah. Jedoch schloß Bey seine Denkschrift mit einer mehr optimistischen Äußerung ab: »Jede Aussicht auf Erfolg«, schrieb er, »muß notwendigerweise vom Zufall oder von irgendeinem Versagen und von einem schwerwiegenden Fehler des Feindes abhängen. (Er dachte möglicherweise an den PQ.17). Trotz unserer Schwäche hat der Krieg uns immer noch viele günstige Gelegenheiten geboten, und die Erfahrung rechtfertigt die Hoffnung, daß das Glück auf unserer Seite sein wird«. Inzwischen hatte Dönitz eine Weisung herausgegeben, die seine zuvor vertretene Meinung, daß ein Einsatz der *Scharnhorst* während der langen Polarnächte abzulehnen war, einschränkte. Jetzt äußerte er die Ansicht, daß solche Operationen in Erwägung gezogen werden könnten, vorausgesetzt, sie wären »unserer Stärke angemessen«, und daß Luftaufklärung zur Verfügung gestellt werden könnte. Wie bereits erläutert wurde, war aber die Lage im Hinblick auf diese letzte Voraussetzung keineswegs zufriedenstellend.

Fraser's Besorgnis um die Sicherheit des Geleitzuges

Captain McCoy meldete um 23.15 Uhr den erkoppelten Standort des Geleitzuges JW.55 B für den 24ten 01.00 Uhr an den dienstältesten britischen Seeoffizier in Nordrußland. Doch während der Nacht verschlechterte sich das Wetter, und am Morgen, als es Zeit war, den Kurs von 037° auf 057° zu ändern, waren die Schiffe über ein weites Seegebiet verstreut. Er verringerte deshalb die Fahrt auf 7 Knoten, damit die Nachzügler aufkommen konnten. Gegen Mittag, als das Gros des Geleitzuges eine Position 240 sm östlich der Jan Mayen-Insel und 400 sm entfernt vom Altafjord erreicht hatte, erschienen zwei Feindflugzeuge und hielten Fühlung. Er lief nun in den am meisten gefährdeten Abschnitt der Reise ein; dabei stand der Schlachtschiff-Deckungsverband, dessen Vormarschgeschwindigkeit durch die notwendige Rücksichtnahme auf den Brennstoffverbrauch der begleitenden Zerstörer beschränkt war, immer noch 400 sm achteraus. Admiral Fraser entschloß sich deshalb, die Funkstille zu brechen, um Captain McCoy zu befehlen, mit dem Geleitzug für drei Stunden auf Gegenkurs zu gehen, damit er mit seinem Verband heranschließen konnte. Gleichzeitig erhöhte er die Fahrt auf 19 Knoten.

McCoy kam nach einem Gespräch mit dem Commodore zu der Überzeugung, daß die Ausführung eines so schwierigen Manövers wie das einer Kehrtwendung des ganzen Geleitzuges nicht ratsam war, und verminderte anstatt dessen die Fahrtstufe von 9 auf 8 Knoten. Das brachte zwar nicht den von Admiral Fraser erhofften, schnellen Erfolg, aber es trug doch dazu bei, den Abstand zwischen ihren Schiffen zu verringern.
Inzwischen passierte der Geleitzug RA.55 A in den Morgenstunden des 25. Dezembers, unbemerkt vom Feind, die Bären-Insel im Süden. Der Commander-in-Chief wies Burnett an, ihn einen nördlichen Kurs steuern zu lassen und, da er gegenwärtig nicht bedroht war, vier seiner Zerstörer zur Verstärkung der Sicherung des JW.55 B abzuzweigen. In Ausführung dieses Befehls, wurden am 25ten um 02.00 Uhr die *Musketeer, Matchless, Opportune* und *Virago* detachiert. Sie brachten die Stärke der Geleitsicherung des JW.55 B auf 14 Zerstörer. Das war eine Streitmacht, die stark genug war, um bei einem Angriff von Überwasserschiffen eine gewichtige Rolle zu spielen.

Dönitz trifft eine Entscheidung

Drei Peilstationen des deutschen Funkbeobachtungsdienstes bekamen genaue Peilungen von Funksprüchen, die von der *Duke of York* oder vom S.O.E. des Geleitzuges abgegeben wurden. Aber aus irgendeinem unerklärlichen Grund und trotz der Tatsache, daß es Anzeichen dafür gab, daß diese von einem britischen Deckungsverband gesendet worden waren, wurde die Ortung als unzuverlässig eingestuft, und wurden die Funksprüche, als möglicherweise von einem Nachzügler des Geleitzuges abgegeben, angesehen, was — wie spätere Forschungen von J. Rohwer ergaben — wahrscheinlich der Wahrheit näherkommt; der Zeitvergleich zeigt, daß die Einpeilungen wohl eine Abendstandortmeldung des S.O.E. betrafen. So stellte sich die Lage im Nordmeer für Dönitz am Morgen des 25. Dezember, als er nach Berlin zurückkehrte, folgendermaßen dar:

> »Ein Geleitzug mit Kriegsmaterial für Rußland lief mit einer Kreuzersicherung, die unserem Schlachtschiff unterlegen war, in für unsere Kampfgruppe erreichbarer Nähe vorbei. Standort, Kurs und Vormarschgeschwindigkeit waren zuverlässig bekannt. Wegen der Eisgrenze an der Bären-Insel und der überlegenen Geschwindigkeit der Kampfgruppe konnte er einem Angriff unserer Streitkräfte nicht ausweichen.«[37]

---

37 Grand Admiral Karl Dönitz, »Memoirs«
(George Weidenfeld & Nicolson Ltd., 1959), Seite 375
Dönitz »10 Jahre und 20 Tage« (Bernhard & Graefe, 1977), Seite 368

Er wußte sehr gut, daß die Nordmeer-Geleitzüge stets eine Schlachtschiff-Deckungsgruppe hatten, aber früher hatte diese in einem Seegebiet weiter im Westen gekreuzt; und er nahm an, wie er sagt, »sie konnte von dem Geleitzug durchaus noch so weit entfernt sein, daß ein rascher Angriff der *Scharnhorst* Aussicht auf Erfolg hatte«.[38] Der Besuch der *Duke of York* in der Kola-Bucht, von dem er auch anscheinend noch keine Kenntnis gehabt hat, war deshalb für ihn kein Hinweis auf eine mögliche Änderung der bisherigen Taktik. Nachdem Schniewind gegen Mittag des 25ten von der Seekriegsleitung noch nichts gehört hatte, ordnete er um 12.15 Uhr für die Kampfgruppe einstündige Bereitschaft an. Um 14.15 Uhr gab Dönitz den Auslaufbefehl für 17.00 Uhr. Die Uhrzeit wurde später auf 19.00 Uhr berichtigt, um Bey und seinem Stab Zeit zum Umsteigen von der *Tirpitz* auf die *Scharnhorst* zu geben. Zu dieser Zeit wehte eine steife Brise über dem Seegebiet nördlich des Nordkaps. Eine Meldung mit der Uhrzeitgruppe 14.15 Uhr am 25ten von Oberleutnant z. See Hansen, dem Kommandanten von *U 601*, das seit 09.00 Uhr an dem JW.55 B Fühlung hielt, stellte fest: »Wind Süd Stärke 7, Regen, Sicht 2 sm«. Schniewind schlug nun vor, das Auslaufen der Kampfgruppe zu verschieben, bis die Wetterbedingungen sich gebessert hätten, und die Luftaufklärung, die um 10.00 Uhr eingestellt worden war, wieder aufgenommen werden könnte. Sein Vorschlag wurde nicht gebilligt; und um 19.00 Uhr führte Kapitän z. See Hintze die *Scharnhorst* in Begleitung der Zerstörer *Z 29* (Kapitän z. See Johannesson), *Z 30*, *Z 33*, *Z 34* und *Z 38* durch die enge Einfahrt des Altafjords hinaus in das stürmische Barents-Meer und lief mit 25 Knoten nordwärts.

Admiral Bey's Operationsbefehle

Der Operationsbefehl der Marinegruppe Nord für Admiral Bey war:

a) Ansatz der Kampfgruppe *Scharnhorst* mit 5 Zerstörern gegen Geleitzug am 26. 12. mit Dämmerungsbeginn.
b) Geschlossener Einsatz nur bei günstigen Kampfbedingungen (Wetter, Sicht, klare Feindlage)
c) Falls für *Scharnhorst* keine günstigen Bedingungen, Ansatz der Zerstörer allein, Schlachtschiff abgesetzt in Aufnahmestellung, gegebenenfalls sogar Wartestellung im Außenfjord.

Dieser Befehl gab Bey beträchtliche Handlungsfreiheit, aber er wurde durch eine zusätzliche Weisung von Dönitz ergänzt, die zwar nicht direkt im Widerspruch dazu stand, aber doch einige einschränkende Formulierungen enthielt.

---

38 siehe Fußnote 37

Sie lautete:

1. Feind will durch wichtigen Geleitzug mit Nahrung und Waffen für Russen heldenmütigen Kampf unseres Ost-Heeres erschweren. Wir müssen helfen.
2. Geleitzug mit *Scharnhorst* und Zerstörern angreifen.
3. Taktische Lage geschickt und wagemutig ausnützen. Gefecht nicht mit halbem Erfolg beenden. Angepackte Lage durchschlagen. Größte Chance liegt in überlegener Artillerie *Scharnhorst*, deshalb ihren Einsatz anstreben. Entsprechend Zerstörer ansetzen.
4. Abbrechen nach eigenem Ermessen. Grundsätzlich Abbrechen bei Auftreten schwerer Streitkräfte.
5. Besatzungen in diesem Sinne einstellen. Ich glaube an Euren Angriffsgeist.

Der Unterschied des Schwerpunktes in diesen beiden Fassungen des Operationsbefehls ist bemerkenswert. Schniewind begünstigte den Angriff auf den Geleitzug durch die Zerstörer, wohingegen Dönitz dem Angriff durch das Schlachtschiff den Vorzug gab. In dem ersteren Befehl enthielt Absatz a) die wichtigste von allen Voraussetzungen »klare Kenntniss der Feindlage«, und gerade diese fehlte, wie man sehen wird. Schließlich wurden Bey auch durch den Befehl von Dönitz, bei Auftreten eines überlegenen Feindes grundsätzlich das Gefecht abzubrechen, die Hände gebunden. Manch ein Seegefecht wurde schon durch den schwächeren, aber entschlosseneren von zwei Gegnern gewonnen.

Bewegungen der deutschen Kampfgruppe

Beim Auslaufen aus dem Küstenvorfeld, kurz vor Mitternacht, brach Bey die Funkstille, um der Gruppe Nord mitzuteilen, daß die Wetterlage die Einsatzmöglichkeiten der Zerstörer stark einschränkte, und daß er die Fahrt vermindern mußte. Mit dem Gewicht ihrer 15 cm Kanonen neigten diese Schiffe dazu, im Seegang schwer zu rollen. In seiner Antwort empfahl Schniewind das, was er »Kreuzerkrieg« durch die *Scharnhorst* allein, nannte; aber er überließ es dem Befehlshaber in See, nach eigenem Ermessen zu handeln.

Fraser's Dispositionen

In den frühen Morgenstunden des 26ten hatten die Admirale Fraser und Burnett von der Admiralität die übersetzten Entzifferungen von zwei aufgefangenen deutschen Funksprüchen erhalten. Der eine war die Meldung, daß die

Luftaufklärung am vorhergehenden Nachmittag den Geleitzug JW.55 B wieder festgestellt hatte, und der zweite war der Ausführungsbefehl für das Auslaufen der *Scharnhorst* und fünf Zerstörer am 25ten um 17.00 Uhr. Gleich hinterher ließ die Admiralität einen allgemeinen Funkspruch mit der Uhrzeitgruppe 03.19 Uhr folgen, der, ohne auch nur irgendwie die Quelle der Information erkennbar zu machen, besagte, daß nach Lagebeurteilung der Admiralität die *Scharnhorst* sich in See befand. Admiral Fraser erhöhte daraufhin die Fahrtstufe seines Verbandes auf 24 Knoten.
Am 26ten um 04.01 Uhr forderte der britische Oberbefehlshaber von Admiral Burnett und Captain McCoy Standortmeldungen des Kreuzerverbandes beziehungsweise des Geleitzuges JW.55 B an, wobei er gleichzeitig auch den Standort seines eigenen Verbandes angab (71° 07' N, 10° 48' Ost, Kurs 080°, 24 Knoten). Auch befahl er dem Geleitzug auf einen nördlichen Kurs zu gehen. Nach seiner Überzeugung war es unter den vorherrschenden Bedingungen der Dunkelheit und schlechten Sicht vor allem erforderlich, daß die drei Schiffsgruppen sich über ihre jeweiligen Standorte zueinander im klaren waren. Er hielt dieses für wichtiger als die mögliche Preisgabe des Standortes der *Duke of York* an den Feind. Auch diese Funksprüche wurden von den deutschen Peilstationen aufgenommen, aber wiederum scheint man von dieser Information keinen Gebrauch gemacht zu haben. Um 06.28 Uhr gab er einen weiteren Funkspruch ab, mit dem er den Geleitzug anwies, Kurs Nordost zu steuern, und den Kreuzern befahl, an diesen heranzuschließen. Der Funkspruch wurde von Captain McCoy um 07.05 Uhr empfangen, als er die Schwenkung des Geleitzuges auf den Kurs 035°, den vorhergegangenen Funkbefehl des Oberbefehlshaber befolgend, gerade beendet hatte; die Kreuzer gingen um 07.12 Uhr auf den Kurs 270°.

Bey's 'Probleme

Mehrere verzögerte Flugzeugmeldungen hatten Bey während der Nacht erreicht. Eine davon, mit der Uhrzeitgruppe vom 25ten 15.10 Uhr, unterrichtete ihn davon, daß eine Funkmeßortung in einem Umkreis von 50 sm rund um den Geleitzug keine andere Feindeinheit entdeckt hatte. Um 07.00 Uhr, als er das Seegebiet erreicht hatte, in dem er erwartete, den Geleitzug zu finden, wies er Kapitän z. See Hintze an, 250° zu steuern, und zog seine Zerstörer, die auf gleichem Kurs 10 sm voraus fuhren, mit jeweils 5 sm Abstand zu einem Aufklärungsstreifen auseinander. Da der Verband nun gegen Wind und See anlief, mußte er die Fahrtstufe auf 12 und schließlich auf 10 Knoten herabsetzen. Um 07.55 Uhr befahl er einen neuen Kurs von 230°. Um 08.20 Uhr wies er Kapitän z. See Hintze an, die Fahrt zu erhöhen, sicherlich weil er die Fahrtstufe für die Sicherheit der *Scharnhorst* im Hinblick auf Unterseeboot-Angriffe als zu niedrig ansah, und den Kurs nach Norden zu ändern; damit beabsichtigte er möglicherweise hinter dem Aufklärungsstreifen der Zerstörer einen breiten Zickzackkurs zu fahren, obgleich er hierzu keinerlei Hinweis signalisierte.

Die erste Gefechtsberührung mit Burnett's Kreuzern (siehe Skizze X)

Mit der Kursänderung nach Norden hatte Bey die *Scharnhorst* auf einen konvergierenden Kurs mit Burnett's Kreuzern, die von Osten herankamen, gebracht. Diese hatten nach der normalen Routine um 08.30 Uhr die Gefechtsstationen besetzt. Zehn Minuten später ging Burnett auf einen Kurs von etwa 315°. Unterdessen, um 08.34 Uhr, faßte das Radar der *Norfolk* in der Peilung 280° Entfernung 16 1/2 sm ein Schiff auf; und wenige Minuten später zeigte auch das Radar der *Belfast* einen ähnlichen Kontakt in der Peilung 295° Entfernung 17 sm. Nach Kopplung drehte das unbekannte Schiff, das anfangs Nord zu steuern schien, später auf einen südlichen Kurs. Dann kam um 09.21 Uhr die *Scharnhorst* in der Peilung 222° Entfernung 6 1/2 sm auf dem südlichen Schlag ihres Zickzackkurses in Sicht. Drei Minuten später versuchte die *Belfast* erfolglos, sie mit Leuchtgranaten zu beleuchten, und auch die anderen beiden Schiffe fielen ein; aber alle Sprengpunkte lagen kurz. Um 09.29 Uhr gab Burnett, der ungern noch länger warten wollte, den Befehl, das Feuer zu eröffnen, und ließ alle Schiffe eine gleichzeitige Wendung nach Backbord machen, um die Entfernung zu verringern. In der Wendung wurden auf der *Belfast* und der *Sheffield* die Betreichungswinkel der achteren Türme blockiert; aber die *Norfolk* konnte alle Rohre zum Tragen bringen und feuerte sechs Breitseiten bei einer Entfernung von 90 hm. Sie erzielte drei Treffer auf dem Schlachtschiff, die den Backbord Flak-Zielgeber und die Funkmeßantenne im Vormars zerstörten sowie auch geringere Schäden im Schiff verursachten. Die *Scharnhorst* war überrascht worden und setzte sich mit erhöhter Fahrt in südöstlicher Richtung ab, bis die Fühlung mit den Kreuzern abgerissen war. Dann drehte sie wieder nach Norden zurück, um an den Geleitzug heranzukommen, den Bey wahrscheinlich im Westen der Kreuzer vermutete. Burnett lehnte es richtigerweise ab, sich von dem Geleitzug weglocken zu lassen, dessen Schutz seine Hauptaufgabe war; deshalb drehte er, als die *Scharnhorst* mit hoher Fahrt ablief, um 10.00 Uhr wieder nach Nordwesten, um an ihn heranzuschließen. Er war sich vollkommen darüber im klaren, daß das Feindschiff gegen Wind und See eine höhere Fahrtstufe laufen konnte als sei-

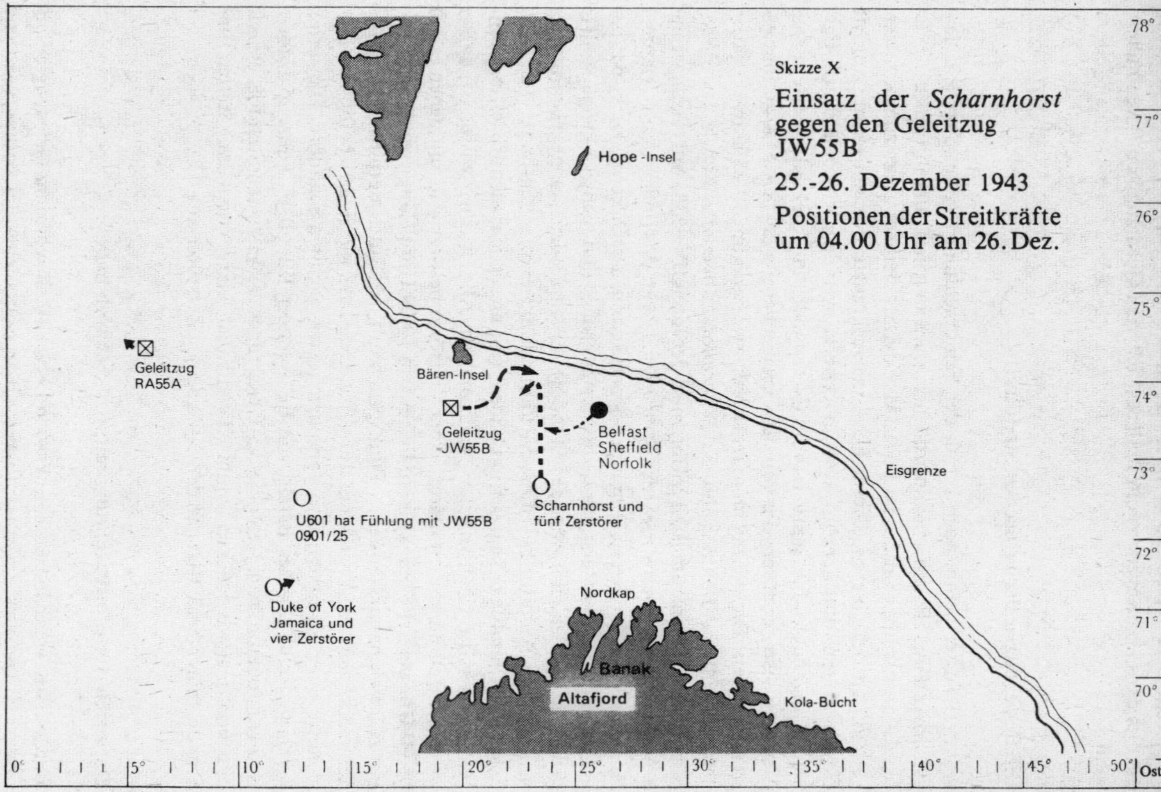
Skizze X
Einsatz der *Scharnhorst* gegen den Geleitzug JW55B
25.-26. Dezember 1943
Positionen der Streitkräfte um 04.00 Uhr am 26. Dez.
Hope -Insel
Bären-Insel
Geleitzug RA55A
Geleitzug JW55B
Belfast Sheffield Norfolk
Eisgrenze
Scharnhorst und fünf Zerstörer
U601 hat Fühlung mit JW55B 0901/25
Duke of York Jamaica und vier Zerstörer
Nordkap
Banak
Altafjord
Kola-Bucht
78°
77°
76°
75°
74°
73°
72°
71°
70°
0°
5°
10°
15°
20°
25°
30°
35°
40°
45°
50°
Ost

ne viel kleineren Kreuzer; so hoffte er, noch eine Position zu erreichen, von der aus er es abdrängen konnte, falls es sich dem Geleitzug von Osten nähern sollte.

Die Bewegungen der britischen Streitkräfte

Admiral Fraser befahl nach Erhalt der Feindmeldung von der *Sheffield* dem Geleitzug JW.55B, auf einen nördlichen Kurs zu gehen, um ihn aus dem Gefechtsfeld herauszuhalten, und wies McCoy an, vier Zerstörer zum Kreuzerverband zu detachieren. Dieser Funkspruch kreuzte sich mit einem von Mc Coy an Burnett mit der Anfrage, ob letzterer irgendeinen Beistand benötige. Nach Eingang des Funkspruchs vom Commander-in-Chief detachierte er nun dieselben vier Zerstörer, die von der Geleitsicherung des RA.55A zu ihm gestoßen waren. Diese erreichten den Kreuzerverband um 10.25 Uhr, nachdem gerade die Radar-Fühlung mit der *Scharnhorst* abgerissen war.
Inzwischen bekam um 10.12 Uhr eine der drei BV–138 Aufklärungsflugzeuge, die zur Unterstützung der *Scharnhorst* beim Auffinden des Geleitzuges eingesetzt worden waren, Funkmeß-Kontakt mit der *Duke of York*, der *Jamaica* und den vier Zerstörern, die als ein großes und mehrere kleine Schiffe gemeldet wurden, nur war der Standort 49 sm östlicher angegeben als der wahre. Falls Admiral Bey diese Meldung direkt empfangen hatte, was nicht bekannt ist, mußte er sich gefragt haben, wer diese nicht identifizierten Schiffe, 107 sm südwestlich von ihm, sein könnten. Alles was wir wissen ist, daß er zu dieser Zeit um den Standort seiner Zerstörer besorgt war, mit denen er seit 08.00 Uhr keinen Kontakt mehr hatte. Um 10.09 Uhr gelang es ihm, an Kapitän z. See Johannesson einen Funkspruch mit der Aufforderung zu einer Lagemeldung abzusetzen. Dieser antwortete, daß er, wie zuletzt befohlen, 230° steuerte mit 12 Knoten, und gab dazu seinen gegißten Standort. Daraufhin kam um 10.30 Uhr der Befehl von Bey: »neuer Kurs 070° Fahrt 25 Knoten und vorstoßen in nächste Nähe des Geleitzuges«, von dessen Standort er, wie angenommen werden kann, nun eine ziemlich klare Vorstellung hatte. Eine Stunde später berichtigte er den Kurs seiner Zerstörer auf 030°.

Die zweite Gefechtsberührung mit der »Scharnhorst«

Burnett's Kreuzer hatten eine Position etwa 10 sm vor dem Geleitzug eingenommen. Die vier Zerstörer fuhren als U-Bootssicherung voraus, während hinter ihnen die Kreuzer mit 28 Knoten Zickzackkurse auf einem Grundkurs

Ein Heinkel-111-T-Torpedo-Bomber, der hier mit zwei F4B-Torpedos mit Übungsköpfen armiert wird. Das Kampfgeschwader 26 war die einzige Einheit der Luftwaffe, die dieses Flugzeug mit Torpedobewaffnung benutzte; eine Tatsache, welche die Nordmeer-Geleitzüge vor noch schwereren Verlusten bewahrte (H. Schliephake).

Der deutsche Zerstörer *Friedrich Eckoldt* vor der Bären-Insel im Barents-Meer (Ministry of Defence).

Admiral Sir Bruce Fraser, Oberbefehlshaber der »Home Fleet« an Bord seines Flaggschiffes HMS *Duke of York* mit Admiral Arseni Golovko, Oberbefehlshaber der sowjetischen Nord-Flotte, während eines Besuches in Murmansk 1943 (Imperial War Museum).

Ein zweimotoriger Junkers-88A-4-Bomber, der Typ, der von dem Kampfgeschwader 30 für Angriffe auf die Nordmeer-Geleitzüge benutzt wurde. Obgleich Bombenangriffe eindrucksvoll und unangenehm waren, waren sie nicht so wirkungsvoll wie die der Torpedoflugzeuge (Alfred Price Collection).

Das Achterschiff des Schlachtschiffes *Scharnhorst* mit dem 28-cm-Turm und den achteren Aufbauten (Bildarchiv BfZ).

Das in Murmansk nach dem Kriege errichtete Denkmal zur Erinnerung an den Sieg der Alliierten über den gemeinsamen Feind (Novosti Press).

Ein sowjetisches Unterseeboot der »M«-Klasse von Poljarnoe in der Kola-Bucht (Novosti Press).

Der »Zweifache Held der Sowjet Union«, Boris Safonov, verbrüdert sich mit britischen Fliegern auf einem Flugplatz in der Nähe von Murmansk (Novosti Press).

von 045° steuerten. Da die Zerstörer einige Schwierigkeiten hatten, mit hoher Fahrt vor Wind und See zu steuern, verringerte er um 11.08 Uhr die Fahrtstufe auf 18 Knoten und ging auf Nordkurs, um den Zerstörern Gelegenheit zu geben, den Sicherungsfächer neu zu formieren. Dann nahm er um 11.22 Uhr den Kurs von 045° wieder auf. Der Geleitzug stand zu dieser Zeit 8 sm Backbord achteraus von ihm. Um 11.22 Uhr stellte der Oberbefehlshaber es McCoy frei, den Kurs des Geleitzuges, der auf die Eisgrenze zu lief, nach eigenem Ermessen zu ändern; so ließ er diesen um 11.55 Uhr auf den neuen Kurs von 125° einsteuern. Während die Schwenkung noch im Gange war, faßte das Radar der *Belfast* um 12.05 Uhr in der Peilung 072° Entfernung 15 sm einen Kontakt auf, der nach Burnett's Vermutung die *Scharnhorst* sein konnte. Es erwies sich bereits 15 Minuten später, daß er recht hatte, als sie, mit einem Kurs von etwa 240° auf ihn zu laufend, in Sicht kam. Inzwischen hatte er seinen vier Zerstörern befohlen, sich 1 sm vor der *Belfast* zu sammeln, und dann, sich in Peilung 090° und 2 sm Abstand von ihr zu halten, während er mit seinen Kreuzern auf einen Kurs von 100° schwenkte. Um 12.20 Uhr befahl er den Zerstörern, den Feind mit Torpedos anzugreifen. Eine Minute später beleuchtete die *Belfast* das Schlachtschiff mit Leuchtgranaten, und alle drei Kreuzer eröffneten das Feuer mit vollen Breitseiten bei einer Entfernung von 96 hm. Kapitän Hintze's sofortige Reaktion auf diesen zweiten Zusammenstoß war, abzudrehen, um den Torpedoangriff der Zerstörer zu verhindern. Dieses Mal wurde er nicht überrascht, und das deutsche Schiff eröffnete das Feuer, als es auf einem Kurs von etwa 040° lag. Dann drehte er sein Schiff, nach einem Ablenkungsmanöver nach Nordwesten, über 180° nach Backbord und steuerte auf einen Kurs von 110° ein. Die *Norfolk*, der einzige von den drei Kreuzern, der noch nicht mit Treibladungen schwachen Mündungsfeuers ausgerüstet war, wurde vom Feind als Ziel ausgesucht. Sie erhielt zwei 28 cm-Treffer; einer setzte den 3. Turm außer Gefecht, der andere detonierte mittschiffs und setzte die Radaranlagen Typ 273 und 284 außer Betrieb. Ein Offizier und sechs Mann fielen, und fünf wurden schwer verwundet. Die *Sheffield* wurde durch Splitter von Nahtreffern leicht beschädigt. Vermutlich wurde auch die *Scharnhorst* während dieses Gefechts getroffen, jedenfalls aber nicht so schwer, daß ihre Kampfkraft herabgesetzt wurde. Die Entfernung, die sich zu einer Zeit auf 73 hm verringert hatte, nahm nun schnell zu, als das Feindschiff mit hoher Fahrt südostwärts ablief. Um 12.41 kam es außer Sicht, und das Feuer wurde eingestellt. Burnett war entschlossen, das Schlachtschiff nicht entweichen zu lassen, und setzte seine Kreuzer mit einer Fahrtstufe von 28 Knoten zur Verfolgung an, wobei er mit Radar Fühlung hielt. Solange die *Scharnhorst* auf diesem Kurs blieb, konnte sie dem Geleitzug nicht gefährlich werden; so sah er jetzt seine Aufgabe darin, sie zu beschatten und ihren Standort, Kurs und ihre Fahrtstufe an Admiral Fraser zu melden, dessen Verband mit hoher Fahrt ostwärts lief, um sie abzuschneiden. Um 13.06 Uhr wiederholte der Fliegerführer Lofoten die Sichtmeldung der Luftaufklärung, die den Verband Fraser's betraf, mit der Uhrzeitgruppe 10.12 Uhr, die bereits vorher erwähnt wurde, aber er ließ den Hinweis auf »ein großes Schiff« aus. Diese Nachricht wird Admiral Bey ganz bestimmt zur Kenntnis genommen haben, aber in dieser verstümmelten Fassung hat sie ihn wahrscheinlich nicht vor der unmittelbar bevorstehenden Gefahr gewarnt.

Fraser's Problem

Gerade vor dem oben geschilderten Gefecht war Admiral Fraser wegen des Brennstoffverbrauchs seiner Zerstörer in ernster Sorge, und er fragte sich, ob er zur Kola-Bucht weiterfahren oder nach Island zurückkehren sollte. Als er aber Burnett's Feindmeldung mit der Uhrzeitgruppe 12.05 Uhr erhalten hatte, wußte er, wie er in seinem Bericht schrieb, »das war die große Chance, den Feind zu fangen«.[39]

Der JW.55B entging knapp der Gefahr

Captain McCoy hatte die Leuchtgranaten und das Mündungsfeuer des kurzen Gefechts zwischen den Kreuzern und der *Scharnhorst* beobachtet und daraufhin seine Zerstörer in Gruppen auf der Backbord Seite des Geleitzuges in Bereitschaft aufgestellt, das Feindschiff anzugreifen, falls es anlaufen sollte. Als dann klar zu erkennen war, daß dieses mit hoher Fahrt vom Geleitzug ablief, bildete er wieder einen Sicherungsgürtel, da ihm bekannt war, daß immer noch U-Boote Fühlung hatten. Während er diese Maßnahme aufgrund einer verschleppt eingegangenen U-Boot-Meldung traf, hatte er keine Ahnung, daß Bey um 12.18 Uhr seinen Zerstörern befohlen hatte, in dem Seegebiet weiter nach Westen zu operieren, und daß diese in Ausführung des Befehls nur 8 sm südlich am Geleitzug vorbeigelaufen waren. Ja, *Z 34*, der in der schweren See vom Verband abgekommen war, passierte den Konvoi, ohne es zu merken, im Norden. Sie erhielten dann, um 14.18 Uhr, von Bey den Befehl, zum Stützpunkt zurückzukehren. Ein Befehl, den Kapitän z. See Johannesson zunächst anzweifelte und rückfragte. Nach Erhalt einer Bestätigung, nahm er mit 12 Knoten Fahrt Kurs auf den Altafjord; und die deutschen Zerstörer nahmen an den weiteren Ereignissen nicht mehr teil.

---

39 »London Gazette«, 5. August 1947, Artikel 33

Die lange Jagd (siehe Skizze XI)

Während des dunklen Nachmittags hielt Burnett, 7 1/2 sm achteraus von der *Scharnhorst* stehend, Radar-Kontakt mit ihr. Der Feind drehte allmählich auf einen mittleren Kurs von 160°; und um 15.25 Uhr teilte Bey der Marinegruppe Nord seine voraussichtliche Ankunftszeit vor dem Altafjord mit. Mit den fortlaufenden Standortmeldungen, die von der *Belfast* kamen, war die *Duke of York* (Captain The Hon. G. H. E. Russell RN) in der Lage, den Zeitpunkt der Kampfaufnahme mit der *Scharnhorst* auf etwa 17.15 Uhr vorauszubestimmen, und entsprechend wurden alle Vorbereitungen hierfür getroffen. Um 16.17 Uhr erfaßte ihr Suchradar in der Peilung 020° Entfernung 22 sm einen Kontakt, der schnell näher kam. Es bestand kein Zweifel, daß dieses das Feindschiff war. Bereits um 16.32 Uhr hatte die Entfernung sich auf 14 sm verringert; und 12 Minuten später änderte die *Duke of York* den Kurs auf 080°, um alle Türme aus den Seitenbegrenzungen zu bringen. Um 16.47 Uhr

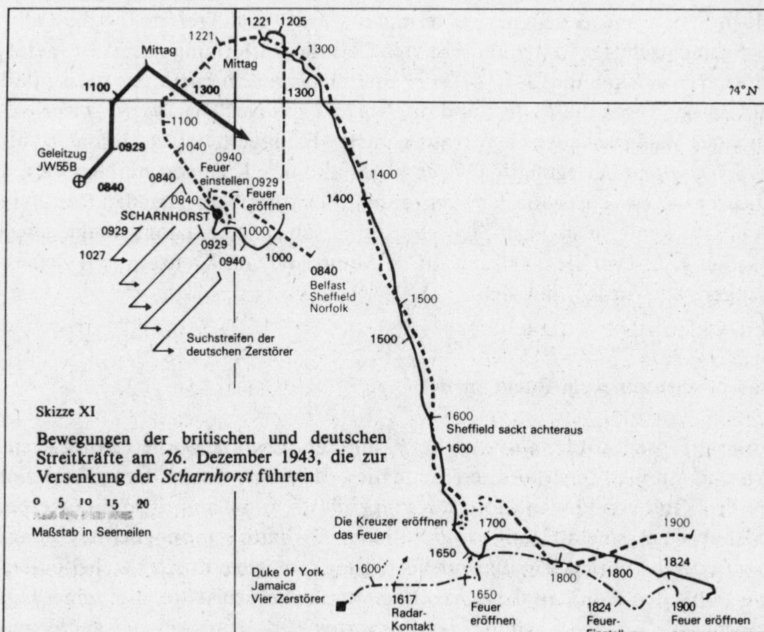

Skizze XI

Bewegungen der britischen und deutschen Streitkräfte am 26. Dezember 1943, die zur Versenkung der *Scharnhorst* führten

schoß die *Belfast*, und auch die *Duke of York*, Leuchtgranaten, um das Ziel zu beleuchten. In dem fahlen Licht der Leuchtkugeln war die *Scharnhost*, mit ihren Türmen voraus und achteraus gerichtet und mit hoher Fahrt auf die norwegische Küste zu laufend, klar zu sehen. Sie wurde völlig überrumpelt. Um 16.50 Uhr donnerten die zehn 35,6 cm Rohre der *Duke of York* bei einer Entfernung von 110 hm die erste Salve, in die kurz danach die 15,2 cm Kanonen der *Jamaica* einfielen. Kapitän z. See Hintze erkannte nun, daß er in eine Falle geraten war. Er steuerte auf einem östlichen Kurs ein und verließ sich auf seine überlegene Geschwindigkeit, um zu entkommen.

Es folgte eine lange Jagd, bei der sich die Entfernung allmählich vergrößerte, und die beiden schweren Schiffe sich nur noch dann und wann gegenseitig beschossen. Um 18.20 Uhr lag eine Entfernung von 183 hm zwischen ihnen; und beide stellten das Feuer ein. Zu einer Zeit sah es so aus, als ob das Feindschiff im Begriff war zu entkommen. Dann aber begann unvermutet, infolge der Nachwirkung eines Treffers der *Duke of York* im Achterschiff, seine Geschwindigkeit abzufallen. Schließlich gelang es den vier Zerstörern, denen Fraser befohlen hatte, mit Torpedos anzugreifen, aufzuholen und sich vorzusetzen. Um 18.50 Uhr schossen sie aus vorlicher Position ihre Torpedos von beiden Seiten und erzielten, wie vermutet wurde, drei Treffer, die die Fahrt des Schlachtschiffes weiter herabsetzten. Als die Entfernung auf 95 hm gefallen war, eröffneten die *Duke of York* und die *Jamaica* erneut das Feuer, und bald darauf fielen die *Belfast* und die *Norfolk* mit ein. Die *Sheffield* war wegen eines Wellenschadens achteraus gesackt. Es dauerte nur 20 Minuten, bis die *Scharnhorst* bewegungslos liegen blieb, und ihre Kanonen zum Schweigen gebracht waren. Torpedos der Kreuzer und Zerstörer besorgten den Rest. Um 19.45 Uhr kenterte sie nach Steuerbord und sank. Dabei nahm sie die ganze Besatzung, fast an die 2000, bis auf 36 Mann, die von Kreuzern und Zerstörern gerettet wurden, mit sich.

Fraser kehrt zur Kola-Bucht zurück

Admiral Fraser auf der *Duke of York*, mit der *Jamaica*, Burnett's drei Kreuzern und mit vier Zerstörern, erreichte die Kola-Bucht am 27. Dezember; und Admiral Golovko ging an Bord des Flaggschiffs, um dem britischen Oberbefehlshaber zu seinem Erfolg zu gratulieren. Er hatte sein möglichstes getan, um mit den beschränkten, ihm zur Verfügung stehenden Kräften zu helfen, indem er für den Fall, daß die *Scharnhorst* zurückkehren sollte, drei seiner Unterseeboote zur Überwachung der Zufahrten des Altafjords entsandte und seine Zerstörer Dampf aufmachen ließ, wie auch seine mit Bomben und mit

Torpedos bewaffneten Flugzeuge in Bereitschaft hielt. Destomehr war er enttäuscht darüber, daß man es ihm nicht erlaubte, die 36 Überlebenden des deutschen Schiffes auszufragen.
Die U-Boote blieben mit dem Geleitzug JW.55B bis zum Morgen des 27. Dezember in Fühlung, und dann wurden sie zur Suche nach Überlebenden der *Scharnhorst* befohlen. Zwei Tage später lief die für Murmansk bestimmte Gruppe des Geleitzuges mit 10 Frachtern und einem Tanker in die Kola-Bucht ein, während die Archangelskgruppe am 29. Dezember das Weiße Meer erreichte.

Die Auswirkungen des Untergangs der »Scharnhorst«

Die Operation der Nordmeer-Geleitzüge wurde durch die Versenkung der *Scharnhorst* sehr vereinfacht, da nun eine Bedrohung durch Überwasserschiffe, zumal die *Tirpitz* außer Gefechtsbereitschaft war, sich nur noch auf wenige Zerstörer beschränkte. Die Hauptbedrohung stellten noch die U-Boote dar; und der Feind hatte in dieser Jahreszeit durch das Wetter einen Verbündeten.

Die Geleitzüge JW.56A und B

Der Geleitzug JW.56A lief am 12. Januar 1944 mit 20 Schiffen aus dem Loch Ewe aus. Er wurde durch ein starkes Zerstörergeleit in ähnlicher Zusammensetzung, wie dasjenige für seinen Vorgänger, gesichert. Deckung gaben die Kreuzer *Kent* (Flaggschiff von Vice Admiral Arthur Palliser), *Berwick* und *Bermuda*. Vor den Färöer-Inseln wurde ein schwerer Sturm angetroffen; und der Geleitzug war gezwungen, Akureyri anzulaufen, um Schäden zu reparieren. 5 Schiffe mußten dort zurückgelassen werden. Am 21. Januar lief er mit einer Nahsicherung von 9 Zerstörern und 3 Korvetten wieder aus. Am folgenden Tage verließ der Geleitzug JW.56B, der aus 16 Schiffen bestand, mit einer Sicherung von 13 Zerstörern und Korvetten den Loch Ewe. Ein Agent des Feindes in Island hatte die Ausreise von JW.56A gemeldet. Daraufhin wurde die Gruppe »Isegrimm« mit 10 U-Booten südlich der Bären-Insel aufgestellt, um ihn abzufangen. Der Luftaufklärung gelang es nicht, den Geleitzug zu finden; aber *U 739* sichtete ihn am 26. Januar gegen Mittag und brachte 8 weitere Boote der Gruppe heran. Die Folge waren während der Dunkelheit des Nachmittags und der Nacht vom 26./27. Januar eine Serie von Angriffen, bei denen die Frachter *Penelope Barker, Fort Bellingham* und *Andrew Curtin* torpediert wurden, die alle anschließend sanken. Genau genommen, erhielt die *Fort*

Bellingham ihren Gnadenschuß erst später von *U 957* (Oberleutnant z. See Schaar), das dann einige von ihrer Besatzung rettete und gefangen nahm. Diese Erfolge waren auf den Mangel an Erfahrung einiger Kommandanten der Geleitfahrzeuge zurückzuführen.

Die Einführung des »Zaunkönig«

Im September 1943 hatten die Deutschen einen zielsuchenden Torpedo, bezeichnet als T 5 oder »Zaunkönig« eingeführt, dem die Alliierten den Codenamen »Gnat« gaben. Die U-Boote im Nordmeer wurden damit gegen Ende des Jahres ausgerüstet. Dieser Torpedo hatte eine Horchvorrichtung im Kopf, mit der er imstande war, auf das Schraubengeräusch eines der Geleitfahrzeuge einzusteuern. Er war insbesondere für den Gegenangriff der U-Boote auf diese Schiffe eingeführt worden. *U 360* (Kapitänleutnant Becker) schoß im Verlauf der oben geschilderten Angriffe einen dieser Torpedos auf den Zerstörer *Obdurate*; aber es gelang diesem, obwohl er getroffen wurde, den Hafen zu erreichen. Am 27. Januar wurde das Geleit durch die russischen Zerstörer *Razumnyj, Gramjaščij* und *Groznyj* verstärkt, und am folgenden Tage liefen die 12 übriggebliebenen Frachter des Geleitzuges mit der Sicherung in die Kola-Bucht ein.

Im Hinblick auf die Erfolge der U-Boote, die drei Schiffe des JW.56A versenkt hatten, verschob Admiral Fraser die Ausreise des heimwärts bestimmten Geleitzuges RA.56A und setzte die für ihn vorgesehene Sicherung, die aus denselben Schiffen bestand, die vorher den JW.56A geleitet hatten, zur Verstärkung der Sicherung des JW.56B ein. Dieser Geleitzug, der unter dem Kommando des Veterans der Nordmeer-Geleitzüge, des Captain I. M. R. Campbell RN, stand, war nach Norden umgeleitet worden. Da sein Geleitzug am fünften Tage nach der Ausreise vom Loch Ewe von Flugzeugen gemeldet worden war, hatte Campbell von dieser Zeit an die Lage mit Besorgnis beobachtet. Er hat berichtet, wie »eine riesige Erleichterung es war, als Captain Robson auf der *Hardy* mit sechs weiteren Zerstörern von Kola zur Unterstützung ankam«.[40] Die U-Boote waren als Gruppe »Werwolf« neu formiert worden, die auf eine Stärke von 15 Booten gebracht worden war. Deshalb war der Entschluß des Oberbefehlshabers höchst angebracht.

Am 29ten um 09.34 Uhr wurde der JW.56B zuerst von *U 956* (Oberleutnant z. See Mohs) gesichtet. Das Boot wurde bei drei Anläufen von den Geleitfahrzeugen, auf die es ohne Erfolg Zaunkönig-Torpedos schoß, abgedrängt. Die

40 Campbell and Macintyre, ebenda, Seite 209

ganze Nacht vom 29./30. Januar hindurch versuchten die U-Boote in den starken Sicherungsgürtel einzudringen, wobei sie den Gegenangriffen mit Zaunkönig-Torpedos begegneten. Schließlich sprach eine dieser Waffen, die von *U 278* (Oberleutnant z. See Franze) geschossen wurde, auf die Schrauben der *Hardy* an und jagte ihr Heck in die Luft. Inmitten eines derart heftigen Kampfes mit den U-Booten konnte es nicht in Frage kommen, sie in Schlepp zu nehmen, so versenkte die *Venus* sie nach Übernahme der Besatzung mit einem Torpedo. Auch die *Milne* entging nur knapp den Zaunkönig-Torpedos, die von *U 737* und *U 957* geschossen wurden. Später an diesem Tage vernichteten die *Meteor* und die *Whitehall* nach einer Jagd von vier Stunden Dauer *U 314*, obwohl sie damals keine Kenntnis von ihrem Erfolg hatten. Das Können und die Entschlossenheit, mit denen der Geleitzug verteidigt wurde, hinderte die U-Boote daran, zum Angriff zu kommen; und die 16 Frachter liefen am 1. Februar unversehrt in die Kola-Bucht ein.

Der Geleitzug RA.56

Der Geleitzug RA.56, der aus 37 Frachtern bestand, lief am 3. Februar mit einer Sicherung von 23 Zerstörern und Korvetten aus der Kola-Bucht aus. Er umging erfolgreich die 8 verbleibenden U-Boote der Gruppe »Werwolf«, die durch eine ungenaue Meldung der Luftaufklärung hinsichtlich seines Kurses irregeführt worden waren, und erreichte am 11. Februar unversehrt Loch Ewe.

Die Geleitzug-Taktik wird geändert

Mit den vermehrten Stunden des Tageslichts und mit der Möglichkeit, daß der Feind seine Luftstreitkräfte in Nordnorwegen verstärken könnte, entschloß sich Admiral Fraser, die bisherige Taktik einer Aufteilung der Geleitzüge in zwei Gruppen zu ändern und jeweils einen großen, stark gesicherten Geleitzug fahren zu lassen. Er vereinbarte mit dem Oberbefehlshaber der Western Approaches die leihweise Überlassung einiger der Geleitflugzeugträger, die dieser in seinem Seegebiet nicht mehr so dringend benötigte, nachdem die Schlacht im Atlantik gewonnen war und Flugzeuge von sehr großer Reichweite zur Verfügung standen. Dem nächsten Geleitzug, dem JW.57 mit 52 Frachtern und einem Tanker, wurden demnach der Flak-Kreuzer *Black Prince* (Flaggschiff von Vice Admiral I. G. Glennie), der Geleitträger *Chaser* (Captain H.V.P. McClintock RN), 13 Zerstörer, unter Captain I.M.R. Campbell RN, und eine

Unterstützungsgruppe der Western Approaches von 4 Schiffen, unter Commander Tyson RN auf der *Keppel*, beigegeben. Die Deckung gaben die Kreuzer *Kent* (Flaggschiff von Vice Admiral A. Palliser), *Jamaica* und *Dragon* (polnisch). Der Geleitzug verließ am 20. Februar Loch Ewe. Er wurde drei Tage später von einem Ju–88 Flugzeug festgestellt und dann von diesem, sowie von einem FW–200 Flugzeug, 10 Stunden lang beschattet. Nach dem enttäuschendem Ergebnis der Angriffe auf den vorangegangenen Geleitzug wurden die U-Boote mit vollem Aufgebot eingesetzt; und zwei Gruppen, »Werwolf« und »Hartmut«, insgesamt 14 U-Boote, wurden aufgestellt, um den JW.57 abzufangen.

Der Geleitzug JW.57 wird angegriffen

Am 24. Februar bekam ein FW–200 Flugzeug wieder Fühlung; und dieses wies, nachdem es die Angriffe von »Wildcat«- und »Martlet«-Jägern der *Chaser* überlebt hatte, vier U-Boote auf den Geleitzug ein. Eines dieser Boote, *U 713*, wurde von der *Keppel* versenkt. Diesen und den nächsten Tag hindurch wehrten die Geleitfahrzeuge, unterstützt durch ein »Catalina«-Flugboot von der Nr. 210 Squadron RAF und durch die »Swordfish«-Flugzeuge der *Chaser*, die U-Boote ab, die dann gegen Abend des 26sten keine Fühlung mehr hatten. Während des Kampfes hatten sie ein weiteres Boot aus ihren Reihen verloren, *U 601* wurde durch die »Catalina« versenkt; aber dagegen schoß *U 990* einen Zaunkönig auf den Zerstörer *Mahratta*, der kenterte, bevor die Besatzung übernommen werden konnte, und von ihr wurden nur 17 durch die *Impulsive* gerettet. Der Geleitzug wurde während der nächsten zwei Tage hartnäckig von Flugzeugen beschattet; aber obwohl es fünf U-Booten der Gruppe »Werwolf« gelang, wieder Fühlung zu bekommen, konnten sie niemals nahe genug an den Geleitzug herankommen, um einen Angriff anzubringen, und auch ihre Versuche, Gegenangriffe auf die Geleitfahrzeuge zu machen, blieben erfolglos. So erreichte der Geleitzug unversehrt die Kola-Bucht am 28. Februar.

Der Geleitzug RA.57

Der rückkehrende Geleitzug RA.57 mit 31 Schiffen lief am 2. März mit derselben Sicherung aus, die den JW.57 geleitet hatte, mit der Ausnahme der Unterstützungsgruppe, die bereits nach Erreichen der Bären-Insel zum Stützpunkt zurückgekehrt war. Zur Täuschung der U-Boote, die vermutlich in Wartestellung lagen und die, wie wir heute wissen, als Gruppe »Boreas« mit 4 Booten, die später um 8 weitere verstärkt wurde, aufgestellt waren, machte der Geleitzug nach dem Verlassen des Hafens einen weiten Umweg nach dem Osten, während sowjetische Schiffe und Flugzeuge vor der Einfahrt eine intensive Suche durchführten. Am 4. März stellten Feindflugzeuge jedoch den Geleitzug fest, und sehr bald hatten auch die U-Boote Fühlung. Wieder einmal sahen sie sich einer tatkräftigen und geschickten Verteidigung gegenüber gestellt. *U 472* (Oberleutnant z. See Freiherr von Forstner) versenkte sich selbst, nachdem es von einem der Flugzeuge der *Chaser* angeschlagen worden war und unter Beschuß durch die *Onslaught* lag. Die *Swift* und die *Milne* entkamen mit knapper Not den Zaunkönig-Torpedos, die von *U 739* und von *U 703* auf sie geschossen wurden. Diese neue Waffe, wie Captain Campbell berichtet hat, stellte für den Sonar-Bedienungsmann und für das Brückenpersonal eine beachtliche Nervenanspannung dar, weil in dem Augenblick, wenn die Annäherung entdeckt wurde, nur eine unverzügliche Reaktion mit dem Wurf einer Wasserbombe und mit Fahrterhöhung vor diesem gefährlichen Torpedo retten konnte.

Als der Geleitzug am 4. März 70 sm östsüdöstlich der Bären-Insel stand, gelang es *U 703* (Oberleutnant z. See Brünner), auf Torpedoschußweite heranzukommen. Es schoß einen Fächer mit programmgesteuerten Torpedos, von denen einer den Frachter *Empire Tourist* traf, der bald darauf sank. Das schlechte Wetter, das den Einsatz von Flugzeugen der *Chaser* sehr riskant gemacht hatte, besserte sich nun; und am 5. März fiel *U 336* dem Raketen-Angriff eines »Swordfish«-Flugzeugs zum Opfer. Am folgenden Tag erlitt *U 973* das gleiche Schicksal. Wegen der Vereisung hatten die U-Boote große Schwierigkeiten, ihre Flak einzusetzen. Als der Geleitzug dann nach Süden steuerte, fielen die U-Boote zurück, und er erreichte ohne weitere Verluste am 10. März Loch Ewe.

Erneute Angriffe auf die »Tirpitz«

Es gab nun Anzeichen dafür, daß die *Tirpitz* wieder seetüchtig werden könnte. Deshalb wurde, während die nächste Geleitzug-Operation im Gange war, unter dem Decknamen »Tungsten« ein schwerer Angriff auf sie vorbereitet. Hierfür war ein Verband unter dem Befehl von Vice Admiral Sir Henry Moore auf dem Schlachtschiff *Anson* mit den Flottenflugzeugträgern *Victorious* und *Furious* und den Geleitträgern *Emperor, Searcher* und *Pursuer* zusammengestellt worden, der von der *Duke of York* (Flaggschiff von Admiral Fraser) mit den Kreuzern *Belfast, Sheffield* und *Jamaica* und mit einer Zerstörersicherung unterstützt wurde. Der Angriff fand am 3. April statt. Er wurde in zwei Luftangriffen, jeweils von 21 »Barracuda«-Flugzeugen in Begleitung von 21 »Corsairs«- und 20 »Hellcat«-Jägern, durchgeführt und war ein voller Erfolg. Die *Tirpitz* wurde von 14 Bomben getroffen, die schweren Schaden anrichteten und sie für weitere drei Monate außer Gefecht setzten. Von ihrer Besatzung waren 122 gefallen und 196 wurden verwundet. Vier Flugzeuge gingen verloren.

Der Geleitzug JW.58

Inzwischen war der Geleitzug JW.58 am 27. März mit 49 Frachtern von Loch Ewe ausgelaufen. Er hatte die weitaus stärkste Sicherung, die jemals einem Nordmeer-Geleitzug zuvor mitgegeben worden war. Diese stand unter dem Oberbefehl von Vice Admiral F. H. G. Dalrymple-Hamilton, der seine Flagge auf dem Kreuzer *Diadem* gesetzt hatte. Sie wurde von den Geleitträgern *Tracker* und *Activity* begleitet und durch die Unterstützungsgruppen Nr. 2 und 8 von dem »Western Approaches Command« verstärkt. Insgesamt waren es 20 Zerstörer, 5 Geleitboote und 5 Korvetten. Der US Kreuzer *Milwaukee*, der an Stelle von Schiffen der ausgelieferten italienischen Flotte der sowjetischen Marine übergeben werden sollte, begleitete den Geleitzug. Ein Frachter mußte wegen Maschinenschadens Island anlaufen. Ein zufälliges Zusammentreffen mit *U 961*, das auf dem Marsch in den Atlantik war, führte zu dessen Versenkung durch das As der U-Boot Jäger, Captain Walker auf seinem Geleitboot (»Sloop«) *Starling*, den Führer der 2ten Unterstützungsgruppe.
Der Geleitzug wurde am 30. März von Flugzeugen festgestellt. »Martlet«-Jäger schossen ein Ju–88 Flugzeug der Fernaufklärungs-Gruppe 22 ab; und am nächsten Tag teilten drei FW–200 der K.G. 40 das gleiche Schicksal. Am 1. April wurde eine BV–138 der Seeaufklärungs-Gruppe 130 vernichtet; und am nächsten Tag wurde eine weitere Ju–88 der Fernaufklärungs-Gruppe 124 abgeschossen. Drei U-Boot Gruppen, »Thor« (*U 278, U 312, U 313* und *U 674*), »Blitz« (*U 277, U 355, U 711* und *U 956*) und »Hammer« (*U 288, U 315, U 354* und *U 968*), zusammen mit den auf dem Marsch befindlichen Booten *(U 716, U 739, U 360, U 361* und *U 990)* insgesamt 17 Boote, waren gegen den Geleitzug eingesetzt. Aber trotz wiederholter Zaunkönig-Angriffe auf die Geleitfahrzeuge hatten sie keinen Erfolg. Am 1. April wurde *U 355* (Oberleutnant z. See La Baume) nach Beschädigung des Bootes durch Flugzeug-Raketen von der *Beagle* versenkt; und am nächsten Tag wurde *U 360* (Kapitänleutnant Becker) von der *Keppel* versenkt. Am 3. April versenkten Flugzeuge *U 288* (Oberleutnant z. See Meyer), nachdem das Boot ein »Swordfish«-Flugzeug abgeschossen hatte. Der Geleitschutz hatte mit dem Abschuß von

6 Flugzeugen und mit der Versenkung von 4 U-Booten gegen den Verlust von 1 Flugzeug ohne Zweifel einen Sieg errungen. 4 sowjetische Zerstörer und 4 Minensuchboote verstärkten die Sicherung, als sich der Geleitzug der Kola-Bucht näherte, die er am 5. April unversehrt erreichte.

Der Geleitzug RA.58

Der rückkehrende Geleitzug RA.58, mit 36 Schiffen und mit derselben Sicherung wie der JW.58, lief am 7. April aus der Kola-Bucht aus. Die Luftwaffe sah sich durch die schweren Verluste, die sie an dem vorherigen ostwärts gehenden Geleitzug erlitten hatte, veranlaßt, die Aufklärung bei Tageslicht aufzugeben und diese Flüge auf nächtliche Radar-Aufklärung zu beschränken. Auf diese Weise wurde der Geleitzug am 9. April festgestellt. Die zwei U-Boot Gruppen »Donner« und »Keil« (*U 313, U 636, U 703, U 277, U 361, U 362, U 711, U 716, U 347* und *U 990*) waren auf ihn angesetzt. Sie konnten aber keinerlei Erfolge erzielen, und der Geleitzug erreichte heil Loch Ewe am 14. April.

Unterbrechung der Nordmeer-Geleitzüge

Die umfassenden Vorbereitungen für die Invasion in der Normandie bewirkten wiederum eine einstweilige Aussetzung der Nordmeer-Geleitzüge, da jedes verfügbare Geleitfahrzeug für dieses große Unternehmen benötigt wurde. Eine große Anzahl von leeren Schiffen lag jedoch noch in nordrussischen Häfen, die das Ministerium für Kriegstransporte dringend zurück haben wollte. Außerdem warteten 2.300 sowjetische Offiziere und Mannschaften auf Fahrgelegenheit nach England. Diese waren mit der Indienststellung von Schiffen beauftragt, die der sowjetischen Marine als Kompensation für ihren Beuteanteil an der italienischen Flotte zugeteilt worden waren. Ein Verband unter dem Kommando von Rear Admiral R. McGrigor auf dem Kreuzer *Diadem*, bestehend aus den Geleitträgern *Activity* und *Fencer*, 8 Zerstörern, den Unterstützungsgruppen Nr. 6 (kanadisch) und Nr. 8 sowie einer Korvette, marschierte zur Kola-Bucht, wo er, ohne entdeckt zu werden, am 23. April ankam. 16 Frachter, die mit sowjetischer Sicherung aus dem Weißen Meer kamen, vereinten sich am 27. April mit den 29 Frachtern in der Kola-Bucht, und am folgenden Tage lief der Geleitzug RA.59 mit 45 Schiffen aus. Er wurde gegen Mitternacht vom 28./29. April von Feindflugzeugen festgestellt; und die U-Boot Gruppen »Donner« und »Keil« wurden auf ihn angesetzt. Erbittert durch den Mangel an Erfolg gegen die letzten Geleitzüge setzten sich die U-Boote mit einer Serie von entschlossenen Angriffen sowohl gegen die Geleitfahrzeuge als auch gegen die Frachter voll ein. In der Nacht vom 30. April/1. Mai wurde ihre Unerschrockenheit mit der Versenkung des Frachters *William S. Thayer* durch *U 711* (Oberleutnant z. See Lange) belohnt. Am folgenden Tage wurde *U 277* von Flugzeugen der Träger versenkt; und am 2. Mai erlitten *U 959* und *U 674* das gleiche Schicksal. Diese Erfolge erlebte der Admiral Levčenko der sowjetischen Marine mit, der auf der *Fencer* die Überfahrt nach England machte. In keiner Weise entmutigt, setzten die U-Boote ihre Angriffe fort, und am 3. Mai verteidigte sich *U 278* erfolgreich gegen zwei »Swordfish«-Flugzeuge und einen »Martlet«-Jäger, wobei es den letzteren abschoß und selbst unbeschädigt davon kam. Weitere Zwischenfälle ereigneten sich nicht, und RA.59 erreichte mit 44 Schiffen am 6. Mai Loch Ewe.

Rückblick auf die während der Winterzeit durchgeführten Geleitzug Operationen

Das Ergebnis der Serie von Nordmeer-Geleitzügen des Winters 1943/44 zusammenfassend, schrieb der Oberbefehlshaber der »Home Fleet« in seinem Bericht:
»Im Ganzen gesehen, kann dieses Unternehmen als ein Erfolg angesehen werden. Eine beträchtliche Menge von wertvollen Nachschubgütern hat Rußland fast unversehrt erreicht, und der Feind hat bei dem Versuch, diese Lieferungen zu verhindern, weitaus größere Verluste erlitten, als er unseren Streitkräften zugefügt hat.«
Der Feind konnte es sich trotzdem nicht leisten, den Kampf aufzugeben; und als die Geleitzüge im Herbst wieder aufgenommen wurden, hatte er noch eine Überraschung zu bieten.

Die letzten Geleitzüge

Um die Zeit, als die Nordmeer-Geleitzüge im Herbst 1944 wieder aufgenommen wurden, hatte Admiral Sir Henry Moore den Admiral Sir Bruce Fraser als Oberbefehlshaber der »Home Fleet« abgelöst. Obwohl sich die Lage gegenüber dem Frühjahr sehr wenig verändert hatte, trat ein neuer Faktor auf, mit dem man rechnen mußte. Das war die schrittweise Einführung des »Schnorchels« bei den U-Booten, einer Luftröhre, welche diese in die Lage versetzte, im getauchten Zustand ihre Batterien aufzuladen und bei Marschfahrt auf Sehrohrtiefe ihre Hauptmaschinen zu benutzen. Dönitz sah in dieser Entwicklung eine Möglichkeit für die U-Boote, die verlorene Initiative zurückzugewinnen.

Erneute Angriffe auf die »Tirpitz«

Während des Sommers wurden mehrere Angriffe gemacht, um die *Tirpitz* für dauernd lahmzulegen. Aber verbesserte Methoden der Einnebelung und ungünstiges Wetter hatte die Piloten der Marineflugzeuge um den Erfolg gebracht, und es war offensichtlich, daß hierfür besser geeignete Flugzeugtypen benötigt wurden. Nach dem ersten dieser Angriffe im April, schlug Dönitz Hitler vor, das Schlachtschiff zu reparieren und es in Nordnorwegen zu belassen, da seine Gegenwart dort die Engländer dazu zwang, gleichwertige Streitkräfte bereitzuhalten, die andernfalls in Ostasien eingesetzt werden könnten. Gleichzeitig sah er aber keine weitere Gelegenheit für einen Einsatz, es sei denn, England und Rußland entzweiten sich. Da Göring gerade zugegen war, betonte er die Notwendigkeit von Jagdschutz, falls das Schiff in See ginge. Auch wies er darauf hin, wie erfolgreich die britischen Trägerflugzeuge den Angriff der U-Boote auf die Nordmeer-Geleitzüge verhinderten und was für leichte Ziele für die Luftwaffe die Träger selbst darstellten. Einigermaßen widerwillig versprach Göring, von Zeit zu Zeit einige Flugzeuge mehr nach Nordnorwegen zu verlegen. Dabei erinnerte er den Oberbefehlshaber der Marine daran, daß der Großteil der Luftwaffe voll zur Unterstützung der deutschen Heere eingesetzt war, die nun an drei Fronten kämpften.

Die Geleitzüge JW.59 und RA.59 A

Der erste der neuen Folge von Geleitzügen, JW.59 mit 33 Frachtern, einem Rettungsschiff und 11 U-Boot Jägern, die unter dem Pacht- und Leihvertrag an Rußland übergeben werden sollten, verließ Loch Ewe am 15. August. Die Sicherung bestand aus den Geleitträgern *Vindex* (Flaggschiff von Vice Admiral F. H. G. Dalrymple-Hamilton) und *Striker*, dem Kreuzer *Jamaica*, 7 Zerstörern, 4 Geleitbooten, 2 Fregatten und 5 Korvetten. Die Flagge des Admirals auf einem Träger zu setzen, war eine neue Verfahrensweise; aber diese sicherte ihm bessere Führungs-Informationen und ermöglichte ihm eine unmittelbare Beurteilung des Risikos und der Beschränkung von Luftoperationen unter den wechselnden Bedingungen des zu erwartenden Wetters.

Als der Geleitzug am 20ten um 08.20 Uhr östlich der Jan Mayen Insel stand, wurde er von einem Ju–88 Flugzeug der 5. Luftflotte gesichtet; und am folgenden Tag kreuzte er den Vorpostenstreifen der Gruppe »Trutz« mit 5 U-Booten. Um 06.00 Uhr am 21ten griff eines von diesen, *U 344* (Kapitänleutnant Pietsch), die Geleitfahrzeuge mit Zaunkönig-Torpedos erfolglos an, aber mit einem Fächer programmgesteuerter Torpedos traf er das Geleitboot *Kite* (Lieutenant-Commander A. N. G. Campell RN), das mit hohem Verlust an Menschenleben sank. Nur 9 Überlebende wurden gerettet. Eine sowjetische »Catalina« von dem 118. Aufklärungs-Regiment und Flugzeuge der Träger zwangen die U-Boote zum Tauchen; und bis zum 23. August war es nur drei von ihnen gelungen, sich wieder vor den Geleitzug zu setzen und weiter im Osten einen neuen Vorpostenstreifen zu bilden. Drei weitere kamen von achtern auf und schossen Zaunkönig-Torpedos auf die Geleitfahrzeuge, die alle fehl gingen. *U 344* wurde entdeckt, dann von der *Keppel*, *Mermaid*, *Peacock* und der *Lord Dunvegan* 12 Stunden lang gejagt und schließlich versenkt. Am 25. April erreichte der Geleitzug ohne Verluste die Kola-Bucht.

Der zurückkehrende Geleitzug RA.59 A von 9 Frachtern lief am 28. August mit der Sicherung des JW.59 aus und hatte eine fast ereignislose Reise. Am gleichen Tag beschädigte ein Flugzeug der *Vindex* das U-Boot *U 394* von der Gruppe »Trutz«, das dann nach gemeinsamer, sechsstündiger Jagd von der *Keppel*, *Peacock*, *Mermaid* und der *Whitehall* versenkt wurde. Alle Schiffe des Geleitzuges erreichten Loch Ewe am 6. September.

Weitere Angriffe auf die »Tirpitz«

Während die Geleitzug-Bewegungen im Gange waren, bereitete Admiral Moore mit einem größeren Verband von Trägern als zuvor einen weiteren Angriff auf die *Tirpitz* vor. Nach einer Verzögerung durch die ungünstige Wetterlage, wurde der Angriff am 22. August durchgeführt. Zwei Treffer wurden erzielt, von denen aber der eine, der vorn vor der Brücke schweren Schaden hätte anrichten können, ein Blindgänger war. Während des Abends, als die Geleitträger *Trumpeter* und *Nabob* gerade dabei waren, einige Geleitfahrzeuge des JW.59 zu beölen, stieß *U 354* (Oberleutnant z. See Sthamer) auf diese Gruppe. Er schoß auf die *Nabob* einen Fächer programmgesteuerter Torpedos, von denen einer traf; und mit einem Zaunkönig-Torpedo traf und versenkte er das Geleitboot *Bickerton*. Der Träger blieb jedoch schwimmfähig und erreichte den Hafen. Am 29. August wurde ein weiterer Angriff auf die *Tirpitz* gemacht, aber ohne Erfolg; und die Flotte kehrte am 1./2. September nach Scapa Flow zurück.

Überführung des Schlachtschiffes »Royal Sovereign« nach Rußland

Auch die Überführung des Schlachtschiffes HMS *Royal Sovereign* (umbenannt in *Archangelsk*) und der 8 frühereren US Zerstörer der »Town« Klasse zur sowjetischen Nordflotte fiel zeitlich mit den Geleitzug-Operationen zusammen. Der Verband stand unter dem Kommando von Admiral Levčenko, der seine Flagge auf der *Archangelsk* gesetzt hatte. Am 23. August stieß *U 711* (Kapitänleutnant Lange) auf ihn und schoß auf das Schlachtschiff einen Fächer programmgesteuerter Torpedos und auf einen der Zerstörer einen Zaunkönig-Torpedo. Alle Torpedos detonierten zu früh, und die Schiffe erreichten heil die Kola-Bucht.
Admiral Golovko war nicht allzu begeistert über diesen Zuwachs seiner Flotte.

> »Die Hauptsache sind natürlich nicht diese beiden »Dampfer«, wie nordische Seeleute das englische Schlachtschiff und den amerikanischen Kreuzer mit beißendem Spott betiteln. Der letztere ist wahrhaftig veraltet . . . Das Wesentliche an der Sache ist, daß wir jetzt die doppelte Anzahl von leichten Streitkräften besitzen . . . als wir im letzten Jahr hatten.«[41]

Die Geleitzüge JW.60 und RA.60

Auch das nächste Paar von Geleitzügen, der JW.60 und der RA.60, hatte verhältnismäßig ereignislose Reisen. Sie wurden von einem Verband gesichert, der sich aus den Geleitträgern *Campania* (Flaggschiff von Rear Admiral

41 Golovko, ebenda, Seite 191

McGrigor) und *Striker*, dem Kreuzer *Diadem* und aus 12 Geleitfahrzeugen zusammensetzte. Das Schlachtschiff *Rodney* mit 11 Zerstörern stand als Deckung für den Fall bereit, das die *Tirpitz* in See gehen sollte. Der Geleitzug JW.60 verließ mit 30 Frachtern am 15. September Loch Ewe. Die U-Boot-Gruppe »Grimm« war mit 6 Booten aufgestellt, um ihn abzufangen. Aber sie bekam keine Fühlung, und der Geleitzug kam unversehrt am 23. September in der Kola-Bucht an.
Der Geleitzug RA.60, der ebenfalls aus 30 Schiffen bestand, verließ die Kola-Bucht am 28. September. Zwei U-Boot Gruppen, »Grimm« und »Zorn«, insgesamt 12 Boote waren gegen ihn eingesetzt. Am Tage nach dem Auslaufen überlief der Geleitzug *U 310* (Oberleutnant z. See Ley), das die günstige Gelegenheit ergriff, um die Frachter *Samsuva* und *Edward H. Crockett* zu torpedieren, die dann beide sanken. Auf die Geleitfahrzeuge wurden erfolglos Zaunkönig-Torpedos geschossen. »Swordfish«-Flugzeuge von der *Campania* griffen *U 921* von der Gruppe »Grimm« an und versenkten es. Danach endeten die Angriffe, und die 28 überlebenden Schiffe des Geleitzuges erreichten am 5. Oktober Loch Ewe.

»Tirpitz« schwer beschädigt

Am 15. September flogen schwere Bomber der RAF, die von dem nordrussischen Flugplatz bei Jagodnik aus operierten, einen erfolgreichen Angriff auf die *Tirpitz*. Dabei wurde sie im Vorschiff von einer 5 1/2 Tonnen schweren Bombe getroffen, die so erhebliche Schäden verursachte, daß man sich entschloß, sie nicht zu reparieren, sondern sie nur noch als eine ortsfeste, schwimmende Batterie für den Fall eines Angriffs auf Norwegen zu verwenden. Zu diesem Zweck wurde sie einen Monat später, in der Nacht vom 15./16. Oktober von ihrem Liegeplatz im Altafjord auf einen flachen Ankerplatz westlich von Tromsö verlegt, der sich später als ihre letzte Ruhestätte erweisen sollte.

Der Feind wendet neue Taktiken an

Die deutsche Seekriegsleitung war über die dürftigen Erfolge der U-Boote bei den letzten Geleitzug-Operationen betroffen. Deshalb entschloß man sich, als mehr U-Boote mit Schnorchel-Ausrüstung in Dienst kamen, diese außerhalb der Einfahrt zur Kola-Bucht aufzustellen. Dort mußte es ihnen gelingen, die ein und auslaufenden Geleitzüge abzufangen; auch könnte sich dort eine günstige Gelegenheit bieten, Schiffe anzugreifen, bevor der Geleitzug sich for-

miert hatte. Admiral Moore hatte eine solche Aktion vorausgesehen und Gegenmaßnahmen geplant. Der Geleitzug JW.61 mit 29 Frachtern und 6 U-Boot Jägern, die gemäß Leih- und Pachtvertrag für die sowjetische Nordflotte vorgesehen waren, lief am 20. Oktober von Loch Ewe aus. Das Ozean-Geleit bestand aus den Trägern *Vindex* (Flaggschiff von Vice Admiral F.H.G. Dalrymple-Hamilton), *Nairana* und *Tracker*, dem Kreuzer *Dido* und 24 Geleitfahrzeugen. Die U-Boot Gruppe »Panther« war mit 19 Booten vor dem Eingang zur Kola-Bucht aufgestellt, deshalb traf der Geleitzug auf keine Gegenwehr während seiner Reise. Als er dann eine Position östlich der Bären-Insel erreicht hatte, wurden die 21. und die 24. Sicherungsgruppe vorausgeschickt, um die Zufahrtswege zum Hafen abzusuchen. Dort waren die Sonar-Bedingungen aber so schlecht, daß trotz der großen Anzahl von U-Booten in dem Seegebiet kein Kontakt zustande kam. Andererseits machten die U-Boote mehrere Angriffe auf die Geleitfahrzeuge, aber ebenfalls ohne Erfolg. Wie dem auch sei, die Maßnahmen gegen die Taktiken des Feindes erwiesen sich als erfolgreich; und nachdem sowjetische Zerstörer, Minensuchboote und U-Jäger die Sicherung am 28. Oktober noch verstärkt hatten, liefen alle Schiffe des JW.61 unversehrt in die Kola-Bucht ein.
Die gleichen Taktiken wurden vor dem Auslaufen des rückkehrenden Geleitzuges, RA.61 mit 33 Frachtern, angewandt. Dieses Mal schlugen die U-Boote zurück, indem die Fregatte *Mounsey* durch einen Zaunkönig-Torpedo von *U295* beschädigt wurde und in den Hafen zurückkehren mußte. Obwohl die U-Boote der Gruppe »Panther« sich die äußerste Mühe gaben, an den auslaufenden Geleitzug heranzukommen, gelang es ihnen nicht. Die Geleitfahrzeuge erwiesen sich als zu stark und zu gut geübt; und der Geleitzug erreichte ohne Verluste Loch Ewe am 9. November.

Das Ende der »Tirpitz«

Auf ihrem neuen Ankerplatz lag die *Tirpitz* jetzt 200 sm näher und gerade innerhalb der Reichweite von schweren Bombern, die von England aus operieren. Am 29. Oktober starteten 38 »Lancaster«-Bomber von den 9. und 617. Squadrons der Royal Air Force mit 5 1/2 Tonnen schweren Bomben bewaffnet. Als sie den Zielort erreichten, trafen sie auf eine niedrige Wolkendecke, die einen genauen Zielwurf unmöglich machte. Der einzige Schaden, der angerichtet wurde, entstand durch einen Nahtreffer, der den achteren Rudermaschinenraum unter Wasser setzte und eine Welle beschädigte. Nach diesem Angriff fühlte Göring sich veranlaßt, die Luftstreitkräfte in Norwegen zu verstärken, und er verlegte drei Staffeln Torpedo-Flugzeuge vom Mittelmeer auf die Flugplätze bei Banak und Bardufoss. Aber was gebraucht wurde, um das Schlachtschiff gegen Angriffe von landgestützten Bombern zu schützen, waren Jagdflugzeuge.

Dönitz, seinerseits, ordnete an, daß zwei ehemals norwegische Küstenpanzer, die zu Flak-Schiffen umgebaut worden waren, in dem Fjord, wo die *Tirpitz* lag, stationiert werden sollten und, daß Schritte zu unternehmen waren, um die Vernebelungseinrichtungen zu verbessern. Diese zusätzlichen Vorsichtsmaßnahmen erwiesen sich jedoch als nutzlos, als am 12. November 21 »Lancaster«-Bomber von den 9. und 617. Squadrons den Angriff wiederholten. Obwohl man eine Vorwarnung von ihrem Anflug erhalten hatte, und die Jagdflugzeuge in Bardufoss in Bereitschaftszustand versetzt worden waren, wurde durch irgendeinen unglücklichen Zufall der Einsatzbefehl widerrufen, und die Bomber hatten freie Bahn über dem Ziel. Mit dem Einsatz des neuen Mark XIV Bombenzielgeräts erzielten sie mehrere Treffer; und das große Schiff, eingehüllt in Rauch und Flammen und zerrissen von Explosionen, kenterte und blieb kieloben liegen. Nur 880 Mann seiner Besatzung wurden gerettet, während 28 Offiziere und 874 Mann umkamen. Alle Bomber kehrten heil zu ihrem Stützpunkt zurück, nachdem sie endlich die größte Bedrohung der Nordmeer-Geleitzüge beseitigt hatten, für deren Vernichtung so viele Anstrengungen gemacht worden waren.

Die Geleitzüge JW.61 A, JW.62 und RA.62

Es gab 11 000 Russen, frühere Kriegsgefangene, in England, die auf ihre Rückführung warteten, und einen Verband norwegischer Truppen, welcher die russische Armee begleiten sollte, die im Begriff war, in Nordnorwegen einzurücken. Hierfür wurde ein schneller Sondergeleitzug von zwei Truppentransportern unter der Bezeichnung JW.61 A zusammengestellt. Mit der Sicherung durch den Kreuzer *Berwick*, den Träger *Campania*, die 3. Sicherungsgruppe und durch 6 Zerstörer verließ er am 29. Oktober den Clyde und erreichte, ohne angegriffen zu werden, die Kola-Bucht am 6. November.

Der Geleitzug JW.62 von 30 Frachtern, gesichert durch die Träger *Campania* (Flaggschiff von Rear Admiral R. McGrigor) und *Nairana* sowie durch 21 Geleitfahrzeuge und unter der Deckung durch den Kreuzer *Bellona* mit 10 Zerstörern, lief am 29. November vom Loch Ewe aus. Obwohl die U-Boot Gruppen »Stock« und »Grube« mit insgesamt 17 Booten vor der Zufahrt zur Kola-Bucht aufgestellt waren und den Weg blockierten, wurden die bereits bei den zwei vorhergehenden Geleitzügen angewandten Taktiken wiederum so erfolgreich durchgeführt, daß kein Schiff verloren ging.

Der Geleitzug RA.62 von 28 Frachtern lief am 10. Dezember mit der Sicherung des JW.62 aus der Kola-Bucht aus. Am vorhergehenden Tag waren Jagdgruppen britischer und russischer Geleitfahrzeuge ausgelaufen, um die U-Boote abzudrängen. Dabei griff *U 997* die sowjetischen Zerstörer *Razumnyj* und *Živučij* ohne Erfolg an, während aber die Korvette *Bamborough Castle* das U-Boot *U 387* angriff und mit Wasserbomben versenkte. Am Tag nach dem Auslaufen des Geleitzuges torpedierte *U 365*, das einzige Boot, das noch Fühlung hatte, den Zerstörer *Cassandra* und jagte ihm den Vorsteven in die Luft. Daraufhin mußte dieser zurück zur Kola-Bucht geleitet werden. Nun griff die Luftwaffe ein, und am 12. Dezember, als der Geleitzug südwestlich der Bären-Insel stand, flogen 9 Torpedoflugzeuge des K.G. 26 einen Angriff, ohne jedoch irgendeinen Treffer zu erzielen. Aber zwei Ju–88 wurden abgeschossen. Am folgenden Tage wurde *U 365*, das hartnäckig am Geleitzug Fühlung gehalten hatte, von »Swordfish«-Flugzeugen der *Campania* versenkt. Der Geleitzug erreichte am 19. Dezember unversehrt Loch Ewe.

Die Geleitzüge JW.63 und RA.63

Der Geleitzug JW.63 mit 35 Frachtern, gesichert durch den Träger *Vindex* (Flaggschiff von Vice Admiral Sir Frederick Dalrymple-Hamilton), den Kreuzer *Diadem* und durch 20 Geleitfahrzeuge, verließ am 30. Dezember Loch Ewe. Es war der letzte Geleitzug von dort, deshalb entschloß man sich aus wirtschaftlichen Erwägungen, den Stützpunkt aufzugeben und die Einrichtungen an den Clyde zu verlegen. Nur die U-Boot Gruppe »Stier« war eingesetzt, um den Geleitzug abzufangen. Vier Boote waren südlich der Bären-Insel und drei waren vor der Zufahrt zur Kola-Bucht aufgestellt. Aber keines der Boote bekam Fühlung; so hatte der Geleitzug eine ereignislose Reise und kam heil am 8. Januar an. Mit derselben Sicherung lief der rückkehrende Geleitzug, RA.63, von 30 Frachtern am 11. Januar aus. Er hatte gleichfalls eine Reise ohne Zwischenfälle und erreichte Loch Ewe am 21. Januar, dann zwei Tage später den Clyde.

Die Geleitzüge JW.64 und RA.64

Im Gegensatz zu den beiden vorhergehenden Paaren von Geleitzügen sollte das nächste Paar nun auf Widerstand, sowohl von seiten des Feindes wie auch des Wetters, stoßen. Der Geleitzug JW.64 von 26 Frachtern und mit einem Ozean-Geleit, das aus den Trägern *Campania* (Flaggschiff von Rear Admiral R. McGrigor) und *Nairana*, dem Kreuzer *Bellona* und 17 Geleitfahrzeugen bestand, lief am 3. Februar vom Clyde aus. Er wurde am 4. Februar nordöstlich der Färöer-Inseln von einem Feindflugzeug gesichtet, das zu einem Wetterflug von Drontheim aus gestartet war. Am späten Nachmittag desselben Tages erschien eine Ju–88 als Fühlungshalter. Sie wurde prompt von zwei »Wildcat«-Jägern der *Campania* abgeschossen, wobei auch von diesen einer verloren ging. Die U-Boot Gruppe »Rasmus« war mit 12 Booten eingesetzt, um den Geleitzug abzufangen; von diesen waren 8 Boote südlich der Bären-Insel und 4 Boote vor der Kola-Bucht aufgestellt. Am 7. Februar starteten 48 Ju–88 des K.G. 26, um den Geleitzug zu finden und anzugreifen. Sie bekamen aber keine Fühlung, und 7 Flugzeuge kehrten nicht zurück. Während der nächsten zwei Tage wurden mehrfach Fühlung haltende Flugzeuge festgestellt, und es hatte den Anschein, daß sie die U-Boote auf den Geleitzug einwiesen. Dann begann am 9. Februar das Wetter schlechter zu werden; und gegen Abend mußten die Träger die Flugoperationen einstellen. Als der Geleitzug am 10. Februar südlich der Bären-Insel stand, machten 30 Ju–88 des K.G. 26 einen erneuten Angriffsversuch. Das Wetter war zu dieser Zeit: 10/10 bedeckt, Regenböen und eine Sicht von höchstens 5 sm. Die erste Welle der Flugzeuge erschien auf den Radar-Schirmen der Geleitfahrzeuge um 10.19 Uhr, und ihr gut geleitetes Abwehrfeuer sowie eine gleichzeitige Sofortwendung der Handelsschiffe machten es den Angreifern unmöglich, mit ihren Torpedos irgendeinen Treffer zu erzielen. Mehrere Flugzeuge wurden abgeschossen. Unglücklicherweise wurden auch einige der Jäger, die im Alarmstart von den Trägern aufgestiegen waren, um den Angriff abzuwehren, von dem Geschützfeuer der Schiffe beschädigt, als sie zur Landung anflogen. Nach einer kurzen Ruhepause kam die zweite Angriffswelle an. Auch diese wurde zersprengt, und wieder blieb der Geleitzug unversehrt. Bei diesen beiden Angriffen verlor der Feind sieben Flugzeuge, während ein britischer Jäger verloren ging, dessen Flugzeugführer gerettet wurde.

Die U-Boote, die südlich der Bären-Insel standen, sahen sich außerstande, in den Sicherungsgürtel einzudringen, und setzten sich nach Osten ab, um sich mit dem Rest ihrer Gruppe vor der Kola-Bucht zu vereinigen. Am 12. Februar wurde die Geleitsicherung durch sowjetische Zerstörer verstärkt, die dann die für das Weiße Meer bestimmten Schiffe übernahmen. Bei Schneeböen und schlechter Sicht liefen die übrigen Schiffe während der Nacht desselben Tages in die Kola-Bucht ein. Als kurz nach Mitternacht der letzte Frachter die Einfahrt sicher passiert hatte, wurde die Korvette *Denbigh Castle*, die ihn gedeckt hatte, von *U 992* (Oberleutnant z. See Falke) torpediert. Durch den tatkräftigen Einsatz ihrer Besatzung konnte sie sich über Wasser halten und von der *Bluebell* in den Hafen geschleppt werden. Sie mußte jedoch, um nicht zu sinken, auf Strand gesetzt werden, und wurde dann später ein Totalverlust.

Die U-Boote, enttäuscht über ihren Mangel an Erfolg, gingen nun auf Suche nach leichteren Zielen. Am 14. Februar stießen sie auf einen kleinen sowjetischen Geleitzug, BK3, vom Weißen Meer zur Kola-Bucht. Er wurde von *U 968* (Oberleutnant z. See Westphalen), *U 711* (Kapitänleutnant Lange) und *U 992* angegriffen, denen es gemeinschaftlich gelang, den Tanker *Norfjell* und den Frachter *Horace Grey* zu torpedieren. Beide Schiffe sanken.

Bevor der rückkehrende Geleitzug RA.64 in See ging, wurden 500 norwegische Patrioten, die sich auf der Insel Söröy vor dem Eingang zum Altafjord befanden und dringend um Hilfe gebeten hatten, von den Zerstörern *Zambesi*, *Sioux* und *Zest* abgeholt und auf die Schiffe des Geleitzuges verteilt. Trotz der gründlichen Nachsuche vor der Einfahrt am Vortage, lief der RA.64, kurz nachdem er am 17. Februar in See gegangen war, in sein Unglück. Die Nachsuche hatte zwar die Versenkung von *U 425* durch das Geleitboot *Lark* und die Korvette *Alnwick Castle* erbracht; es lagen aber 9 weitere U-Boote in Wartestellung auf den Geleitzug, der eine lange Zeit brauchte, um aus dem Hafen auszulaufen. Die *Lark* fuhr als Feger vor dem Geleitzug, als, um 10.24 Uhr, *U 968* sie mit einem Zaunkönig-Torpedo traf, der ihr das Heck wegriß. Sie hielt sich aber über Wasser und wurde in den Hafen zurückgeschleppt. Etwa 1 1/2 Stunden später gelang es *U 711,* den Frachter *Thomas Scott* zu torpedieren. Er wurde von der Besatzung verlassen und sank, während er von dem sowjetischen Zerstörer *Žestkij* zum Hafen zurückgeschleppt wurde. Im weiteren Verlauf des Tages krönte Lange seinen Erfolg, als er um 15.23 Uhr die Korvette *Bluebell* torpedierte. Sie flog in die Luft, und es gab nur einen Überlebenden.

Am 18. Februar nahm der Wind im Laufe des Nachmittags zu, und das Barometer fiel, das Aufkommen eines Sturmes ankündigend. Sehr bald mußten alle Flugoperationen eingestellt werden. Bei Sturm, der bald in den Böen mit 60 Knoten wehte, steiler See und starker Dünung zerstreuten sich während der Nacht die Schiffe des Geleitzuges. Erst am 19ten um 19.00 Uhr begann der Sturm abzuflauen; und am folgenden Morgen machten sich die Geleitfahrzeuge daran, — wie Schäferhunde eine Herde zusammentreiben — die Schiffe zu sammeln und die Formation wieder herzustellen. Eine besondere Dringlichkeit bekam diese Aufgabe durch die Kenntnis, daß der Geleitzug an diesem Morgen um 04.20 Uhr von einem Feindflugzeug gesichtet und gemeldet worden war. Gegen 09.00 Uhr waren 29 Schiffe beisammen, und nur 4 fehlten noch. Der Geleitzug war gerade wieder formiert, als auch schon 40 Ju–88 vom K.G. 26 gestartet waren, um ihn anzugreifen. Sie erschienen um 10.00 Uhr am Horizont; und die *Nairana* startete die Jäger, um ihre Angriffsformation aufzubrechen, während McGrigor den Geleitzug so manövrierte, daß er

die anfliegenden Flugzeuge achteraus hatte. Die Angreifer warfen eine große Zahl von Torpedos, von denen aber viele in der rauhen See vorzeitig detonierten. Treffer wurden nicht erzielt. 6 Ju–88 gingen verloren.
Gegen Mittag verstärkten 3 Zerstörer, die der Commander-in-Chief als Ersatz für die vor der Kola-Bucht erlittenen Verluste entsandt hatte, die Sicherung des RA.64. Am Abend gab es nur noch zwei Nachzügler. Einer von diesen fand am nächsten Tag den Anschluß, aber von dem anderen, der *Crosby Noyes*, hatte man eine ganze Woche lang keine Nachricht, bis er dann schließlich seinen Standort 300 sm achteraus vom Geleitzug meldete! Den 21. und 22. Februar hindurch beschatteten hin und wieder Feindflugzeuge den Geleitzug, und auch die U-Boote hielten Fühlung, aber sie waren nicht in der Lage, einen Angriff anzubringen. Dann brach ein zweiter, sogar noch stärkerer Sturm los, und wieder wurde der Geleitzug zerstreut. Einige Schiffe mußten mit Maschinenstörungen, Schäden am Rudergeschirr, übergehender Ladung und sogar mit aufgerissenen Decksnähten beidrehen. Die *Campania* schlingerte zu einer Zeit um 45° nach jeder Seite und mußte auch beidrehen. Am 23ten um 05.15 Uhr, als der Sturm noch wütete, sichtete und meldete ein feindliches Aufklärungsflugzeug den Geleitzug. Die Torpedoflugzeuge des K.G. 26, die zum Angriff gestartet waren, fanden aber nur einen der Nachzügler 50 sm hinter dem Geleitzug, die *Henry Bacon*, die versenkt wurde. Nach Erhalt der Feindmeldung von der *Henry Bacon* startete die *Nairana* trotz der erheblichen Schiffsbewegungen ihre Jäger. Ein Einsatz, der, wie Admiral McGrigor in seinem Bericht erwähnte, höchste Anerkennung verdiente. Ein Fall von großartiger Tapferkeit und Selbstaufopferung ereignete sich nach der Torpedierung des Frachters. Er hatte einige der Norweger, dabei auch Frauen und Kinder, als Passagiere an Bord, die von Söroy evakuiert worden waren. Die Besatzung bestand darauf, daß die Passagiere als erste in die Boote gingen; dadurch gingen viele dieser heroischen Männer mit ihrem Schiff unter, während alle, die in den Booten waren, gerettet wurden. Es war das letzte Schiff im Zweiten Weltkrieg, das durch deutsche Flugzeuge versenkt wurde. Der Sturm, in den Böen bis zu 70 Knoten, dauerte noch zwei weitere Tage an, und infolgedessen betrug die Vormarschgeschwindigkeit des Geleitzuges kaum mehr als 3 1/2 Knoten. Die Sorgen des Admirals wurden noch dadurch vermehrt, daß der Kreuzer *Bellona* und viele Zerstörer mit Brennstoff knapp wurden. Er mußte deshalb jeweils mehrere Schiffe auf einmal zum Beölen zu den Färöer-Inseln detachieren. Am 23. Februar stießen im Laufe des Abends noch drei von Scapa kommende Zerstörer dazu, von denen zwei dafür eingesetzt wurden, die Nachzügler zu den Färöer-Inseln zu geleiten. Eine Änderung der Windrichtung auf Nordwest während der Nacht vom 25./26. Februar ermöglichte es, wenn auch nur für kurze Zeit, die Fahrt auf 7 1/2 Knoten zu er-

höhen. Allmählich nahmen die Leiden des arg mitgenommenen Geleitzuges ein Ende, und er erreichte den Clyde am 1. März.

Dieses waren die letzten beiden Geleitzüge, die auf ernsthaften Widerstand stießen. In seinem Bericht betonte Admiral McGrigor »den andauernden schweren Seegang und die widrigen Stürme, die während der Fahrt des JW.64 nach Osten und fast während der ganzen Reise des RA.64 vorherrschten«, und die erneute Tätigkeit der feindlichen Luftwaffe. Er machte auch auf die Notwendigkeit des Einsatzes von Nachtjägern, um nächtliche Fühlungshalter abzuschießen, aufmerksam. Ebenfalls wies er auf die bedeutende Rolle hin, die das Radar Typ 277 bei der Erfassung tieffliegender Torpedoflugzeuge spielte. Um mit dem Problem der Konzentration von U-Booten vor der Kola-Bucht fertig zu werden, wären einige Geleitfahrzeuge mit langer Seeausdauer notwendig, die während des ganzes Zeitraumes zwischen der Ankunft des einen und der Abfahrt des nächsten Geleitzuges eine intensive Störung der U-Boote durchführen.

Die Geleitzüge JW.65, 66, 67 und RA.65, 66, 67

Die Geschichte der sechs letzten Nordmeer-Geleitzüge kann mit wenigen Worten geschrieben werden, da keiner von diesen mit ähnlichen Einwirkungen des Feindes oder des Wetters zu kämpfen hatte, wie es bei dem JW.64 und dem RA.64 der Fall war. Die verspätete Ankunft des RA.64 und die Wetterschäden, welche viele der Geleitfahrzeuge erlitten hatten, verzögerten die Ausreise des JW.65 bis zum 11. März. Er hatte 24 Frachter, und das Ozean-Geleit bestand aus den Trägern *Campania* (Flaggschiff von Vice Admiral Sir Frederick Dalrymple-Hamilton) und *Trumpeter*, dem Kreuzer *Diadem* und 19 Geleitfahrzeugen. Zuerst waren 6 Boote der U-Boot Gruppe »Hagen« südlich der Bären-Insel und 4 Boote vor der Kola-Bucht aufgestellt worden; jedoch am 17. März wurde die ganze Gruppe in zwei Vorpostenstreifen vor der Hafeneinfahrt eingesetzt. Flugzeuge der Träger, unterstützt durch russische Flugzeuge, patrouillierten das Gebiet bei Annäherung des Geleitzuges. Als dann wegen eines Schneesturmes die Flugtätigkeit für 1 1/2 Stunden eingestellt werden mußte, gelang *U 995* (Oberleutnant z. See Hess) um 09.00 Uhr am 20. März die Torpedierung des Frachters *Horace Bushnell*, der anschließend sank. Gegen Mittag passierte der Geleitzug die zweite U-Boot-Linie. Nun torpedierte *U 716* (Oberleutnant z. See Thimme) das Geleitboot *Lapwing* und *U 968* (Oberleutnant z. See Westphalen) den Frachter *Thomas Donaldson*, die beide sanken. Am folgenden Tag lief der Geleitzug in den Hafen ein.

Am 23. März lief der Geleitzug RA.65, der aus 25 Frachtern bestand, mit derselben Sicherung wie JW.65 aus. Er benutzte dabei einen neuen, von Minen freigesuchten Weg in die Kola-Bucht. Vor dieser Ausfahrt standen nur zwei U-Boote, und der Versuch, ihm mit einen Vorpostenstreifen von 9 Booten den Weg zu verlegen, schlug infolge der Änderung der Auslaufroute fehl. In ähnlicher Weise blieb ein Versuch der Luftwaffe, Fühlung mit dem Geleitzug zu bekommen, ebenfalls ohne Erfolg; und alle Schiffe erreichten heil den Clyde am 1. April.
Der Geleitzug JW.66, der aus 22 Frachtern, einem Rettungsschiff, einem Tanker und zwei norwegischen Hilfsschiffen bestand, hatte als Ozean-Geleit die Träger *Vindex* (Flaggschiff von Rear Admiral A. Cunningham-Graham) und *Premier*, den Kreuzer *Bellona* und 22 Geleitfahrzeuge. Um ihn abzufangen, waren 6 Boote der U-Boot Gruppe »Faust« westlich der Bären-Insel aufgestellt; jedoch wegen des Ausbleibens von Luftaufklärung wurden sie auf Positionen vor der Kola-Bucht verlegt, wo noch 10 weitere Boote dazukamen. Trotz dieser gewaltigen Konzentration verhinderten die Geleitfahrzeuge jeden Angriff, und alle Schiffe erreichten unversehrt den Hafen am 25. April.
Der rückkehrende Geleitzug RA.66 mit 24 Frachtern und mit der Sicherung des JW.66 war gleichfalls vom Glück begünstigt. Als er am 29. April auslief, standen 16 U-Boote vor der Einfahrt zur Kola-Bucht. Aber eine intensive U-Jagd in diesem Gebiet durch die 7. und 9. Sicherungsgruppe vor dem Auslaufen des Geleitzuges und dazu die Vortäuschung eines Auslaufens 24 Stunden vorher erwiesen sich als wirkungsvoll. *U 286* (Oberleutnant z. See Dietrich) wurde von den Fregatten *Loch Insh*, *Loch Shin* und *Cotton* der 19. Sicherungsgruppe versenkt. Indessen torpedierte *U 968* (Oberleutnant z. See Westphalen), nach einem erfolglosen Angriff auf die *Alnwick Castle*, die Fregatte *Goodall*, die mit schweren Verlusten an Menschenleben sank. *U 427* (Oberleutnant z. See Gudenus) griff die kanadischen Zerstörer *Haida* und *Iroquois* erfolglos an; und diese jagten das Boot mehrere Stunden lang, während denen insgesamt 678 Wasserbomben geworfen wurden, dennoch gelang es dem U-Boot mit Glück zu entkommen. Außer diesen Zwischenfällen, die sich alle am 29. April ereigneten, verlief die Reise ruhig. Der Geleitzug erreichte den Clyde am 5. Mai, drei Tage danach ging der Krieg in Europa zu Ende.
Zwei weitere Nordmeer-Geleitzüge, JW.67 und RA.67, machten die Reise nach und von Nordrußland, nachdem die Kampfhandlungen eingestellt worden waren. Für den Fall, daß irgendein U-Boot den Befehl zur Feuereinstellung nicht erhalten haben sollte, wurde ihnen auch noch eine gewisse Geleitsicherung beigegeben. Beide Reisen verliefen ohne Zwischenfall. Mit der Ankunft der 23 Schiffe des RA.67 im Clyde nahmen die Nordmeer-Geleitzüge ein Ende.

In Ermangelung irgendeiner zuverlässigen Information aus sowjetischen Quellen, ist es nicht leicht, die Bedeutung der Hilfeleistungen, die Rußland von den Alliierten erhielt, für die Erringung des Sieges über den gemeinsamen Feind zu bewerten. Mr. Alexander Werth, der die meisten Kriegsjahre in jenem Land zugebracht hat, ist jedoch durchaus qualifiziert, hierzu ein Urteil abzugeben. In seinem Buch »Russia at War« (»Rußland im Kriege«) sagt er:

> »Eine beträchtliche Anzahl von Panzern aus England und den USA wurden 1942 und 1943 empfangen; aber sowjetische Historiker haben an diesen sogar noch mehr auszusetzen als an den britischen Flugzeugen. 55 % der 1942 erhaltenen Panzer waren leichte Panzer; 1943 war der Anteil von leichten Panzern sogar noch höher — 70 %. Die erhaltenen Mengen wurden als unzureichend bezeichnet, und die Qualität ließ viel zu wünschen übrig.«

Einige Seiten weiter schreibt er:

> »Aus meiner persönlichen Beobachtung kann ich sagen, daß von 1943 an die Rote Armee unzweifelhaft die Hilfe vom Westen zu schätzen wußte . . . Und Tatsache bleibt, daß die Rohmaterialien der Alliierten eine enorme Hilfe für die sowjetischen Kriegsindustrien waren.«[42]

Der verstorbene Sir Basil Liddell Hart hat ebenfalls hierzu geschrieben, als die Sowjet Armee zur Offensive überging:

> »Das sprungweise Vorgehen wurde mit dem Fortgang des Krieges raumgreifender und schneller. Das war nicht nur auf wachsendes Können und auf nachlassende Gegenkräfte, sondern noch mehr auf die hereinströmenden Lieferungen von amerikanischen Lastkraftwagen und auch von Nahrungsmittelkonserven zurückzuführen.«[43]

Auf der deutschen Seite sagt Herr Wolfgang Schlauch in seiner Studie über die amerikanischen Hilfeleistungen für die Alliierten im Zweiten Weltkrieg:

> »Die eigentliche strategische Bedeutung der amerikanischen Waffen für die Kämpfe der Roten Armee gegen die Deutschen im Sommer 1942 kann nicht abgeschätzt oder bewertet werden, da fast keine Informationen seitens der Sowjets herausgegeben wurden . . . Es steht aber fest, daß die Lieferung amerikanischer Waren zu Beginn des Jahres 1942 von großer Bedeutung für die russische Armee waren. Die amerikanischen Lastwagen, die gelieferten Fernsprechanlagen, die Stiefel, füllten die bedenklichen Lücken der russischen Armee aus.«[44]

---

42 Alexander Werth, »Russia at War« (Barrie, Rockliff 1964) Seiten 624, 627

43 Herausgegeben von B. H. Liddell Hart »The Soviet Army«, Seite 5

44 Schlauch, ebenda, Seite 118

So weisen die zur Verfügung stehenden Gutachten auf die bedeutende Rolle hin, die eine große Menge der an Rußland während des Krieges gelieferten Ausrüstungen und Rohmaterialien gespielt hat. Zusätzlich zu den Verschiffungen mit den Nordmeer-Geleitzügen gab es einen ständigen Strom von Lieferungen über den Pazifik und später durch den Persischen Golf. Wie aus den Zahlen im Anhang X ersichtlich ist, wurde auf der Nordmeer Route etwa 1/4 der Gesamtmenge befördert. Diese war die am meisten gefährdete, obgleich sie bei weitem den kürzesten Weg hatte. Die Verlustrate belief sich auf 7 1/2 %, eine Ziffer, die weit höher lag als diejenigen irgendeiner anderen Geleitzugroute. Insgesamt gingen bei Operationen im Zusammenhang mit den Nordmeer-Geleitzügen 18 Kriegsschiffe, einschließlich 2 Kreuzer, 6 Zerstörer, 2 Geleitboote, 1 Fregatte, 2 Korvetten und 4 Minensuchboote, verloren; dabei beliefen die Verluste an Marinepersonal sich auf 1944 Gefallene oder Ertrunkene. Von den Schiffen in Geleitzügen gingen 87, als Einzelfahrer 6 und durch Flugzeugbomben gingen 5 Schiffe in russischen Häfen verloren. Die Verluste an Handelsmarinepersonal betrugen 829 Gefallene oder Ertrunkene.
Die Angriffe der Deutschen, um die Nordmeer-Geleitzüge zu unterbinden, kosteten ihnen 2 Schlachtschiffe, 3 Zerstörer, 32 U-Boote und eine im einzelnen nicht angegebene Anzahl von Flugzeugen.

Sowjetische Würdigung

Wenn die Russen auch schwierige Verbündete waren, wie wir gesehen haben, so ist es befriedigend, diese Geschichte der Nordmeer-Geleitzüge mit einem Zitat des sowjetischen Botschafters in London während des Krieges abschließen zu können, mit dem er allen denen seine Hochachtung bezeigt, die an diesem gefahrvollen und gewagten Unternehmen teilgenommen haben:

> »Die russischen Geleitzüge sind eine nordische Saga von Heldentum, Tapferkeit und Standhaftigkeit. Diese Saga wird nicht nur in den Herzen Ihres Volkes für immer fortleben, sondern auch in den Herzen des sowjetischen Volkes, das diese mit Recht als eine der eindrucksvollsten Auswirkungen der Zusammenarbeit zwischen verbündeten Regierungen ansieht, ohne die unser gemeinsamer Sieg unmöglich gewesen wäre.«

Anhang I

Aufstellung der Geleitzüge nach und von Nordrußland

1941–45

Geleitzug	Commodore	Abfahrtshafen und Datum	Anzahl der ausgelaufenen Schiffe	zurückgekehrt	Verlust	angekommen	Ankunftshafen und Datum	Bemerkungen
Dervish	Capt J.C.K. Dowding, DSO, RD, RNR	Hvalfjord 21.8.41	7	–	–	7	Archangelsk 31.8.41	
PQ. 1	Capt D. Ridley	Hvalfjord 29.9.41	10	–	–	10	Archangelsk 11.10.41	
PQ. 2		Scapa Flow 17.10.41	6	–	–	6	Archangelsk 31.10.41	
PQ. 3		Hvalfjord 9.11.41	8	1	–	7	Archangelsk 28.11.41	
PQ. 4		Hvalfjord 17.11.41	8	–	–	8	Archangelsk 28.11.41	
PQ. 5		Hvalfjord 27.11.41	7	–	–	7	Archangelsk 12.12.41	
PQ. 6		Hvalfjord 8.12.41	7	–	–	2	Murmansk 20.12.41	
						5	Molotovsk 23.12.41	
PQ. 7		Hvalfjord 26.12.41	2	–	1	1	Murmansk 12.1.42	
PQ. 7B		Hvalfjord 31.12.41	9	–	–	9	Murmansk 11.1.42	
PQ. 8	Capt R.W. Brundle	Hvalfjord 8.1.42	7	–	–	7	Murmansk 17.1.42	

Geleitzug	Commodore	Abfahrtshafen und Datum	Anzahl der ausgelaufenen Schiffe	zurückgekehrt	Verlust	angekommen	Ankunftshafen und Datum	Bemerkungen
PQ. 9 & 10		Hvalfjord 1.2.42	10	–	–	10	Murmansk	
PQ. 11		Loch Ewe 6.2.42	13	–	–	13	Murmansk 23.2.42	
PQ. 12	Capt H.T. Hudson, RD, RNR	Reykjavik 1.3.42	16	–	–	16	Murmansk 12.3.42	
PQ. 13	Capt D.A. Casey, CBE, DSO, RD, RNR	Reykjavik 20.3.42	19	–	5	14	Murmansk 31.3.42	HMS *Trinidad* torpediert, *Z 26* gesunken
PQ. 14	Capt E. Rees DSC, RD, RNR	Reykjavik 8.4.42	24	16	1	7	Murmansk 19.4.42	16 Schiffe wegen Eis- und Wetterschäden zur Rückkehr gezwungen
PQ. 15	Capt H.J. Anchor, OBE, RD, RNR	Reykjavik 26.4.42	25*	–	3	22	Murmansk 5.5.42	*einschließlich 2 Eisbrecher
PQ. 16	Capt N.H. Gale DSO, RD, RNR	Reykjavik 21.5.42	35	1	7	27	Murmansk 30.5.42 Archangelsk 1.6.42	
PQ. 17	Capt. J.C.K. Dowding, DSO, RD, RNR	Reykjavik 27.6.42	36	2	23	11	4 Archangelsk 11.7.42 6 Archangelsk 25.7.42 1 Molotovsk 28.7.42	Die Zahlen schließen nicht ein: 3 Rettungsschiffe, von denen 1 verloren ging
PQ. 18	RADM E.K. Boddam-Whetham, DSO	Loch Ewe 2.9.42	40	–	13	27	Archangelsk 17.9.42	
JW. 51 A	RADM C.E. Turle, DSO	Loch Ewe 15.12.42	16	–	–	16	Kola-Bucht 25.12.42 Molotovsk 27.12.42	

Geleitzug	Commodore	Abfahrtshafen und Datum	Anzahl der ausgelaufenen Schiffe	zurückgekehrt	Verlust	angekommen	Ankunftshafen und Datum	Bemerkungen
JW. 51B	Capt. R.A. Melhuish, RIN (Ret'd)	Loch Ewe 20.12.42	14	–	–	14	Kola-Bucht 3.1.43	von deutschen Überwasser-Streitkräften angegriffen
JW. 52	VADM Sir Malcolm Goldsmith, KBE, DSO	Loch Ewe 17.1.43	14	1	–	13	Kola-Bucht 27.1.43	
JW. 53	RADM E.W. Leir, DSO	Loch Ewe 15.2.43	28	6	–	22	Kola-Bucht 27.2.43 Weißes Meer 2.3.43	
JW. 54A	Capt B.B. Grant, RD, RNR	Loch Ewe 15.11.43	18	–	–	18	Kola-Bucht 24.11.43 Weißes Meer 28.11.43	
JW. 54B	Capt E.C. Denison, MVO, RN (Ret'd)	Loch Ewe 22.11.43	14	–	–	14	Kola-Bucht 2.12.43 Weißes Meer 4.12.43	
JW. 55A	Capt W.J. Mills, RD, RNR	Loch Ewe 12.12.43	19	–	–	19	Kola-Bucht 20.12.43 Weißes Meer 22.12.43	
JW. 55B	RADM M.W.S. Boucher, DSO	Loch Ewe 20.12.43	19	–	–	19	Kola-Bucht 29.12.43 Weißes Meer 31.12.43	*Scharnhorst* gesunken
JW. 56A	Capt I.W. Whitehorn, RN (Ret'd)	Loch Ewe 12.1.44	20	5	3	12	Kola-Bucht 28.1.44	HMS *Hardy* gesunken
JW. 56B	Capt M.J.D. Mayall, RD, RNR	Loch Ewe 22.1.44	16	–	–	16	Kola-Bucht 1.2.44	

Geleitzug	Commodore	Abfahrtshafen und Datum	Anzahl der ausgelaufenen Schiffe	zurückgekehrt	Verlust	angekommen	Ankunftshafen und Datum	Bemerkungen
JW. 57	Capt. R.D. Binks, OBE, RD, RNR	Loch Ewe 20.2.44	42	–	–	42	Kola-Bucht 28.2.44	HMS *Mahratta* gesunken
JW. 58	Capt. J.O. Dunn, RD, RNR	Loch Ewe 27.3.44	49	1	–	48	Kola-Bucht 5.4.44	
JW. 59	Capt. G.H. Creswell, CB, DSO, DSC, RN (Ret'd)	Loch Ewe 15.8.44	33	–	–	33	Kola-Bucht 25.8.44 Weißes Meer 27.8.44	HMS *Kite* gesunken
JW. 60	Capt. J. Smith RD, RNR	Loch Ewe 15.9.44	30	–	–	30	Kola-Bucht 23.9.44 Weißes Meer 25.9.44	
JW. 61	RADM M.W.S. Boucher, DSO	Loch Ewe 20.10.44	29	–	–	29	Kola-Bucht 28.10.44 Weißes Meer 30.10.44	
JW. 62	Capt E. Ullring, R NorN	Loch Ewe 29.11.44	30	–	–	30	Kola-Bucht 7.12.44 Weißes Meer 9.12.44	
JW. 63	RADM M.W.S. Boucher, DSO	Loch Ewe 30.12.44	35	–	–	35	Kola-Bucht 8.1.45 Weißes Meer 9.1.45	
JW. 64	Capt. E. Ullring, R NorN	Clyde 3.2.45	26	–	–	26	Kola-Bucht 13.2.45 Weißes Meer 15.2.45	

Geleitzug	Commodore	Abfahrtshafen und Datum	Anzahl der ausgelaufenen Schiffe	zurückgekehrt	Verlust	angekommen	Ankunftshafen und Datum	Bemerkungen
JW. 65	Capt W.C. Meek, RD, RNR	Clyde 11.3.45	24	–	2	22	Kola-Bucht 21.3.45	HMS *Lapwing* gesunken
JW. 66	Capt Sir Roy K. Gill, KBE, RD, RNR	Clyde 16.4.45	22	–	–	22	Kola-Bucht 25.4.45 Weißes Meer 28.4.45	
JW. 67	Capt G.E. Sutcliffe, RN (Ret'd)	Clyde 12.5.45	23	–	–	23	Kola-Bucht 20.5.45 Weißes Meer 22.5.45	
Summe 40			811	33	58*	720		*zusätzlich wurden 5 Schiffe nach Ankunft in der Kola-Bucht versenkt
QP. 1	Capt J.C.K. Dowding, DSO, RD, RNR	Archangelsk 28.9.41	14	–	–	14	Scapa Flow 9.10.41	
QP. 2		Archangelsk 2.11.41	12	–	–	12	Kirkwall 17.11.41	
QP. 3		Archangelsk 27.11.41	10	2	–	8	Seidisfiord 7.12.41	
QP. 4		Archangelsk 20.12.41	13	2	–	11	Seidisfiord 16.1.42	
QP. 5		Murmansk 13.1.42	4	–	–	4	Reykjavik 24.1.42	
QP. 6	Capt Davitt	Murmansk 24.1.42	6	–	–	6	Clyde 2.2.42	
QP. 7		Murmansk 12.2.42	8	–	–	8	Seidisfiord 22.2.42	

Geleitzug	Commodore	Abfahrtshafen und Datum	Anzahl der ausgelaufenen Schiffe	zurückgekehrt	Verlust	angekommen	Ankunftshafen und Datum	Bemerkungen
QP. 8		Murmansk 1.3.42	15	–	1	14	Reykjavik 11.3.42	
QP. 9	Capt H.T. Hudson RD, RNR	Murmansk 21.3.42	19	–	–	19	Reykjavik 3.4.42	
QP. 10	Capt D.A. Casey, CBE, DSO, DSC, RD, RNR	Murmansk 10.4.42	16	1	4	11	Reykjavik 21.4.42	
QP. 11	Capt W.H. Lawrence	Murmansk 28.4.42	13	–	1	12	Reykjavik 7.5.42	
QP. 12		Murmansk 21.5.42	15	1	–	14	Reykjavik 29.5.42	
QP. 13	Capt N.H. Gale, DSO, RD, RNR	Archangelsk 26.6.42 Murmansk 27.6.42	12 23 } 35	–	5	30	14 Reykjavik 7.7.42 16 Loch Ewe	
QP. 14	Capt. J.C.K. Dowding, DSO, RD, RNR	Archangelsk 13.9.42	15	–	3	12	Loch Ewe 26.9.42	HMS *Somali*, *Leda*, RFA *Grey Ranger* gingen verloren
QP. 15	Capt W.C. Meek, RD, RNR	Archangelsk 17.11.42	28	–	2	26	Loch Ewe 30.11. bis 3.12.42	Geleitzug durch Stürme zerstreut
RA. 51	RADM C.E Turle, DSO	Kola-Bucht 30.12.42	14	–	–	14	Loch Ewe 11.1.43	
RA. 52	Capt R.A. Melhuish, RIN (Ret'd)	Kola-Bucht 29.1.43	11	–	1	10	Loch Ewe 8.2.43	
RA. 53	VADM Sir M.L. Goldsmith, KBE, DSO	Kola-Bucht 1.3.43	30	–	4	26	Loch Ewe 14.3.43	

»Swordfish IIIs« des 813. Squadron (HMS *Campania)* in Murmansk, früh im Jahr 1945, bei Schnee und Schlammeis auf dem Flugdeck. Das Flugzeug im Vordergrund ist eine »Grumman FM-1 Wildcat« desselben Squadron (Imperial War Museum).

»Swordfish«-Flugzeuge auf dem Flugdeck des Handesschiff-Flugzeugträgers (Merchant Aircraft Carrier) MAC-ship *Ancylus* im Nordmeer (Imperial War Museum).

Der Geleitträger HMS *Trumpeter* schiebt sich durch das Packeis, während ein russischer Schlepper Hilfe leistet, um ihn an seinen Liegeplatz in der Kola-Bucht zu bringen, April 1944 (Admiralty).

Der Geleitträger *Nairana,* von der *Fencer* aus gesehen, während der Deckung des Geleitzuges RA.59A im April oder Mai 1944 (J. D. Brown).

Freifegen des Decks von Schnee für die »Swordfish«-Flugzeuge des 842. Squadron an Bord HMS *Fencer* im Mai 1944. Während dieser Reise versenkte die Squadron 4 U-Boote (Imperial War Museum).

Ein »Swordfish«-Flugzeug von HMS Activity, während diese im April 1944 die Geleitzüge Jw.58 und RA.59 deckte. Man beachte den ASV Radar-Dom für U-Boots-abwehr zwischen den Streben des Fahrwerks (Imperial War Museum).

Geleitzug	Commodore	Abfahrtshafen und Datum	Anzahl der ausgelaufenen Schiffe	zurück-gekehrt	Verlust	ange-kommen	Ankunftshafen und Datum	Bemerkungen
RA. 54A	Capt W.L.P. Cox, RNR	Archangelsk 1.11.43	13	–	–	13	Loch Ewe 14.11.43	
RA. 54B		Archangelsk 26.11.43	9	–	–	9	Loch Ewe 9.12.43	
RA. 55A	Capt B.B. Grant, RD, RNR	Kola-Bucht 23.12.43	22	1	–	21	Loch Ewe 1.1.44	
RA. 55B	Capt E.C. Denison, MVO, RN (Ret'd)	Kola-Bucht 31.12.43	8	–	–	8	Loch Ewe 8.1.44	
RA. 56	RADM M.W.S. Boucher, DSO	Kola-Bucht 3.2.44	37	–	–	37	Loch Ewe 11.2.44	
RA. 57	Capt M.J.D. Mayall, RD, RNR	Kola-Bucht 2.3.44	31	–	1	30	Loch Ewe 10.3.44	
RA. 58	Capt R.D. Binks, OBE, RD, RNR	Kola-Bucht 7.4.44	36	–	–	36	Loch Ewe 14.4.44	
RA. 59	Capt J.O. Dunn, RD, RNR	Kola-Bucht 28.4.44	45	–	1	44	Loch Ewe 6.5.44	
RA. 59A		Kola-Bucht 28.8.44	9	–	–	9	Loch Ewe 6.9.44	
RA. 60	Capt G.H. Creswell, CB, DSO, DSC, RN (Ret'd)	Kola-Bucht 28.9.44	30	–	2	28	Loch Ewe 5.10.44	
RA. 61	RADM M.W.S. Boucher, DSO	Weißes Meer 30.10.44 Kola-Bucht 2.11.44	33	–	–	33	Loch Ewe 9.11.44 Clyde 10.11.44	
RA. 62	Capt E. Ullring, RNorN	Kola-Bucht 10.12.44	28	–	–	28	Loch Ewe 19.12.44 Clyde 20.12.44	

Geleitzug	Commodore	Abfahrtshafen und Datum	Anzahl der ausgelaufenen Schiffe	zurückgekehrt	Verlust	angekommen	Ankunftshafen und Datum	Bemerkungen
RA. 63	RADM M.W.S. Boucher, DSO	Kola-Bucht 11.1.45	30	–	–	30	Loch Ewe 21.1.45 Clyde 23.1.45	
RA. 64	Capt E. Ullring, RNorN	Kola-Bucht 17.2.45	34*	1	2	31	Loch Ewe 28.2.45 Clyde 1.3.45	*2 Schiffe wurden vor der Kola-Bucht versenkt, bevor sie sich dem Geleitzug angeschlossen hatten
RA. 65	Capt W.C. Meek, RD, RNR	Kola-Bucht 23.3.45	25	–	–	25	Kirkwall 31.3.45 Clyde & Belfast 1.4.45	
RA. 66	Capt Sir Roy K. Gill, KBE, RD, RNR	Kola-Bucht 29.4.45	24	–	–	24	Clyde 8.5.45	
RA. 67	Capt. G.E. Sutcliffe, RN (Ret'd)	Kola-Bucht 23.5.45	23	–	–	23	Clyde 31.5.45	
Summe 35			715	8	27	680		

Einzelfahrer

Ostgehend Zwischen 29.10.42 & 2.11.42	Reykjavik	13	3	5	5	
Westgehend Zwischen 29.10.42 & 24.1.43	russische Häfen	28	–	1	27	Akureyri

Anhang II

Aufstellung der alliierten Handelsschiff-Verluste, gesondert nach Flaggen

Kategorie	Britisch	USA	Panamesisch	Russisch	Niederländisch	Norwegisch	Summe	Bruttoregistertonnen
Geleitzüge nach Nordrußland	21	29	5	2	1	–	58	353,366
Geleitzüge von Nordrußland	6	15	2	5	–	1	29	178,317
Einzelfahrer	3	1	–	2	–	–	6	42,004
In russischen Häfen	3	2	–	–	–	–	5	27,278
Auf andere Art und Weise	2	–	–	–	–	–	2	4,872
Gesamtsumme	35	47	7	9	1	1	100	604,837

Anhang III

Aufgliederung der alliierten Handelsschiff-Verluste nach Ursachen

Ursache	Im Geleitzug fahrende Schiffe				Einzeln fahrende Schiffe	
	ostgehend PQ–JW	westgehend QP–RA	unter Geleitsicherung	Nachzügler	ostgehend	westgehend
Überwasserangriff	1	2	–	3	–	1
U-Boote	23	18[1]	24	17[1]	4	–
Flugzeugbomben	17	2	9	10	–	–
Flugzeugtorpedos[2]	17	1	17	1	–	–
Minen	–	5[3]	5[3]	–	–	–
im Sturm gesunken	–	1	1	–	–	–
Strandung	–	–	–	–	1	–
Summe	58	29	56	31	5	1
Gesamtsumme	87		87		6	

[1] Einschließlich von zwei Schiffen, die vor Anschluß an den Geleitzug RA 64 vor der Kola-Bucht verlorengingen.

[2] Torpedo bewaffnete Flugzeuge kamen in größerer Zahl von Mai bis September 1942 zum Einsatz, dann aber in beschränktem Umfang wieder von September bis Februar 1945

[3] In britischem Minenfeld vor Island

Anhang IV

Auflistung der alliierten Kriegsschiffe, die bei der Sicherung der Nordmeer-Geleitzüge verloren gingen.

Schiff	Typ	Ursache
Trinidad	Kreuzer	Beschädigt durch ihren eigenen Torpedo bei der Deckung des PQ.13 29.3.42. Versenkt durch Sturzkampfbomber 14.5.42.
Edinburgh	Kreuzer	Torpediert durch *U 456* 30.4.42 und durch *Z 24* am 2.5.42, aufgegeben und versenkt
Matabele	Zerstörer	Torpediert und versenkt durch *U 454* vor der Kola-Bucht 17.1.42.
Punjabi	Zerstörer	gesunken nach Kollision mit *King George V* 1.5.42
Somali	Zerstörer	versenkt durch *U 703* 20.9.42 bei der Sicherung des QP. 14
Achates	Zerstörer	versenkt durch Artilleriefeuer von *Hipper* 31.12.42 (JW. 51B)
Hardy	Zerstörer	versenkt durch *U 278* 30.1.44 (JW. 56A)
Mahratta	Zerstörer	versenkt durch *U 990* 25.2.44 (JW. 57)
Kite	Sloop	versenkt durch *U 344* 21.8.44 (JW. 59)
Lapwing	Sloop	versenkt durch *U 716* 20.3.45 (JW. 65)
Goodall	Fregatte	versenkt durch *U 968* 29.4.45 (RA 66)
Denbigh Castle	Korvette	versenkt durch *U 992* 13.2.45 (JW. 64)
Bluebell	Korvette	versenkt durch *U 711* 16.2.45 (RA 64)
Gossamer	Minensuchboot	versenkt durch Bomben in der Kola-Bucht 24.6.42.
Niger	Minensuchboot	auf Mine gelaufen und gesunken 5.7.42. (QP 13)
Leda	Minensuchboot	versenkt durch *U 435* 20.9.42 (QP 14)
Bramble	Minensuchboot	versenkt durch *Hipper* und Zerstörer 31.12.42 (JW 51B)
Shera	bewaffnetes Walfangboot	gekentert und gesunken 9.3.42 (PQ 12)
P 551	Unterseeboot	versenkt durch Sicherungsfahrzeuge des PQ.15 2.5.42
Sokrušitelnyj[1]	Zerstörer	Durchgebrochen und gesunken bei Sicherung des QP 15 22.11.42
Dejatelnyj[1,2]	Zerstörer	versenkt durch *U 997* 16.1.45

[1] Russisch. Die Nord-Flotte verlor außerdem etwa 20 Unterseeboote bei Operationen vor der Küste

[2] ex HMS *Churchill* ex USS *Herndon*

Anhang V

Deutsche Kriegsschiffe, die während der Operationen der Nordmeer-Geleitzüge versenkt wurden

Schiff	Verlustursache	Datum	Bemerkungen
Tirpitz – Schlachtschiff	Bombardierung	29.10.44	Nach 22 Angriffen
Scharnhorst – Schlachtschiff	im Gefecht	26.12.43	JW. 55B HMS *Duke of York* und andere
Z 26 – Zerstörer	im Gefecht	29.3.42	PQ. 13
Hermann Schoemann – Zerstörer	im Gefecht	1.5.42	QP. 11
Friedrich Eckoldt – Zerstörer	im Gefecht	31.12.42	JW. 51B
U-Boote			
U 655	gerammt	24.3.42	QP. 9 HMS *Sharpshooter*
U 585	Mine	30.3.42	PQ. 13 Sperre „Bantos"
U 589	Wasserbomben	12.9.42	PQ. 18 HMS *Faulknor*
U 88	Wasserbomben	14. 9. 42	PQ. 18 HMS *Onslow*
U 457	Wasserbomben	16.9.42	PQ. 18 HMS *Impulsive*
U 253	Wasserbomben	28.9.42	QP. 14 „Catalina"-Flugzeug
U 644	torpediert	7.4.43	HMS/M *Tuna* auf Patrouillenfahrt
U 314	Wasserbomben	30.1.44	JW. 51B HMS *Whitehall* und *Meteor*
U 713	Wasserbomben	24.2.44	JW. 57 HMS *Keppel*
U 601	Wasserbomben	25.2.44	JW. 57 „Catalina"-Flugzeug
U 472	Rak.- u. Art.-Feuer	4.3.44	RA. 57 „Swordfish"-Flugzeug und HMS *Onslaught*
U 366	Rak.- u. Art.-Feuer	5.3.44	RA. 57 „Swordfish"-Flugzeug
U 973	Rak.- u. Art.-Feuer	6.3.44	RA. 57 „Swordfish"-Flugzeug
U 961	Wasserbomben	29.3.44	JW. 58 HMS *Starling*
U 355	Wasserbomben	1.4.44	JW. 58 HMS *Beagle* und *Avenger*-Flugzeuge
U 360	„Hedgehog"-Raketenwerfer	2.4.44	JW. 58 HMS *Keppel*
U 288	Wasserbomben	3.4.44	JW. 58 Flugzeuge von HMS *Tracker* and *Activity*
U 277	Wasserbomben	1.5.44	RA. 59 „Swordfish"-Flugzeug
U 674	Wasserbomben	2.5.44	RA. 59 „Swordfish"-Flugzeug
U 959	Wasserbomben	2.5.44	RA. 59 „Swordfish"-Flugzeug
U 361	Wasserbomben	17.7.44	„Liberator"-Flugzeug
U 347	Wasserbomben	17.7.44	„Catalina"-Flugzeug
U 742	Wasserbomben	18.7.44	„Catalina"-Flugzeug
U 354	Wasserbomben	22.8.44	JW. 59 „Swordfish"-Flugzeug
U 344	Wasserbomben	23.8.44	JW. 59 HMS*Keppel, Mermaid, Peacock* und *Loch Dunvegan*
U 394	Wasserbomben und Raketen	2.9.44	RA. 59A „Swordfish"-Flugzeug und HMS *Keppel, Whitehall, Mermaid* und *Peacock*
U 921	Wasserbomben	30.9.44	„Swordfish"-Flugzeug
U 387	Wasserbomben	9.12.44	RA. 62 HMS *Bamborough Castle*
U 365	Wasserbomben	13.12.44	RA. 62 „Swordfish"-Flugzeug
U 425	U-Bootabwehr-Salvenwerfer	17.2.45	Vor der Kola-Bucht HMS *Lark* und *Alnwick Castle*
U 307	Artilleriefeuer	29.4.45	RA. 66 HMS *Loch Ingh*
U 286	Artilleriefeuer	29.4.45	RA. 66 HMS *Loch Shin, Anguilla* und *Cotton*

Anmerkung: Im Januar 1942 waren nur vier U-Boote in Nordnorwegen eingesetzt, aber gegen April 1942 war die Zahl auf 20 gestiegen, und von dann bis zum Ende 1943 war der Durchschnitt 21. Während 1944 stieg die Zahl bis zu einer Spitze von 32 im Juli, aber gegen Januar 1945 hatte diese sich wieder auf 20 vermindert.

Anhang VI

Technische Daten der alliierten Kriegsschiffe, die an den Operationen der Nordmeer-Geleitzüge beteiligt waren

---

HMS *King George V, Duke of York, Anson* und *Howe* – Schlachtschiffe

---

Typverdrängung: 38.000 tons
Abmessungen: Länge 232 m, Breite 32,9 m, Tiefgang 10,9 m
Antrieb: Getriebeturbinen, 4 Wellen, 110.000 WPS
Geschwindigkeit: 27,5 Kn.
Bewaffnung: 10/35,6 cm-Kanonen (2 x 4 und 1 x 2)
16/13,2 cm-Seeziel- und Fla-Kanonen (8 x 2)
48/4 cm-Flak (6 x 8)
32/2cm-Oerlikon-Flak (*Anson* 40, *Duke of York* 56)
4 Flugzeuge
Panzerung:
Wasserlinie: 114 bis 140 mm, mittschiffs 355 bis 380 mm
Deck: 25 mm bis 142 mm
Artillerie: 230 mm bis 400 mm
Gefechtsleitstand: 400 mm
Besatzung: 1.555 Mann

USS *Washington* – Schlachtschiff der „North Carolina"-Klasse

---

Typverdrängung: 38.000 tons
Abmessungen: Länge 228 m, Breite 33 m, Tiefgang 10,7 m
Antrieb: Getriebeturbinen, 4 Wellen; 121.000 WPS
Geschwindigkeit: 28 Kn.
Bewaffnung: 9/40,6 cm-Kanonen (3 x 3)
20/12,7 cm-Seeziel- und Fla-Kanonen (10 x 2)
16/2,8 cm-Flak (4 x 4)
50/2 cm Flak
4 Flugzeuge
Panzerung:
Wasserlinie: 406 mm
Oberes Deck: 152 mm
Unteres Deck: 102 mm

HMS *Renown* – Schlachtkreuzer

Typverdrängung: 32.000 tons
Abmessungen: Länge: 242 m; Breite: 31,4 m[1]); Tiefgang: 8,2 m
Antrieb: Getriebeturbinen, 4 Wellen; 130.000 WPS
Geschwindigkeit: 29 Kn.
Bewaffnung: 6/38,1 cm-Kanonen (3 x 2)
20/11,4 cm-Seeziel- und Fla-Kanonen (10 x 2)
24/4 cm-Flak (3 x 8)
16/2 cm-Flak (4 x 4)
4 Flugzeuge
Panzerung:
Wasserlinie: 175 mm bis 76 mm
Deck: 63 mm bis 76 mm
Besatzung: 1181 Mann

HMS *Furious* – Flugzeugträger

Typverdrängung: 22.450 tons
Abmessungen: Länge: 240 m; Breite: 27,4 m; Tiefgang: 7,3 m
Antrieb: Getriebeturbinen, 4 Wellen; 90.000 WPS
Geschwindigkeit: 31.5 Kn.
Bewaffnung: 12/10,2 cm-Flak (6 x 2)
24/4 cm-Flak (3 x 8)
Panzerung:
Wasserlinie: Vorschiff: 50 mm; mittschiffs: 76 mm
Deck: 25 mm bis 76 mm
Flugzeuge: 15 „Swordfish"- und 18 Jagd-Flugzeuge
Besatzung: 748 Mann, ohne Fliegerpersonal

[1]) Außenkante Torpedowulste

HMS *Victorious* – Flottenflugzeugträger der „Illustrious"-Klasse

Typverdrängung: 23.000 tons
Abmessungen: Länge: 230 m; Breite: 29,2 m; Tiefgang: 7,3 m
Antrieb: Getriebeturbinen, 3 Wellen; 110.000 WPS
Geschwindigkeit: 31 Kn.
Bewaffnung: 16/11,4 cm-Seeziel- und Fla-Kanonen (8 x 2)
48/4 cm-Flak (6 x 8)
46/2cm-Oerlikon-Flak (12 x 1 und 17 x 2)
Flugzeuge: 12 „Albacores"- und 12 „Fulmar"-Flugzeuge
Panzerung:
Wasserlinie: 114 mm
Hangarseiten: 114 mm
Deck: 63 mm – 76 mm
Besatzung: 1392 Mann

HMS *Campania* –Hilfsflugzeugträger

Typverdrängung: 12.450 tons
Abmessungen: Länge: 165 m; Breite: 21 m; Tiefgang: 5,7 m
Antrieb: Diesel-Maschinen; 2 Wellen; 11.000 WPS
Geschwindigkeit: 17 Kn.
Bewaffnung: 2/10,2 cm-Flak (1 x 2)
16/4 cm-Flak (4 x 4)
16/2 cm-Flak (8 x 2)
Flugzeuge: 12 „Swordfish"-, 4 „Wildcat"-, 3 „Fulmar"-Flugzeuge (bei den Geleitzügen JW. 60 und JW. 62)
Ein zusätzliches „Fulmar"-Flugzeug und drei zusätzliche „Wildcat"-Flugzeuge wurden für den Geleitzug JW. 64 an Bord genommen.
Besatzung: 700 Mann

HMS *Avenger* und *Dasher* – Geleitflugzeugträger der „Archer"-Klasse

Typverdrängung: 8.200 tons
Abmessungen: Länge: 151 m; Breite: 20,2 m; Tiefgang: 7,1 m
Antrieb: 2 Diesel-Motoren; 1 Welle; 8.500 WPS
Geschwindigkeit: 16,5 Kn.
Bewaffnung: 3/10,2 cm-Flak (3 x 1)
15/2 cm-Flak (4 x 2 und 7 x 1)
Flugzeuge: 12 „Hurricane"-, „Swordfish"-Flugzeuge
Besatzung: 555 Mann

HMS *Activity* – Geleitflugzeugträger ex Motorschiff *Breconshire*

Typverdrängung: 11.800 tons
Abmessungen: Länge: 156 m; Breite: 20,2 m; Tiefgang: 7,6 m
Bewaffnung: 2/10,2 cm-Flak (1 x 2)
20/2 cm-Flak (10 x 2)
Flugzeuge: 3 „Swordfish"- und 7 „Wildcat"-Flugzeuge

HMS *Nabob, Premier, Queen, Trumpeter* und *Tracker* – Geleitflugzeugträger der „Ruler"-Klasse

Typverdrängung: 11.420 tons
Abmessungen: Länge: 150 m; Breite: 21,2 m; Tiefgang: 7,1 m
Antrieb: Getriebeturbinen; 1 Welle; 9.350 WPS
Geschwindigkeit: 17 Kn.
Bewaffnung: 2/10,2 cm-Flak (2 x 1)
8/4 cm-Flak (4 x 2)
15/2 cm-Flak (15 x 1)
Flugzeuge: *Nabob* – 14 „Swordfish"-, 6 „Wildcat"-Flugzeuge
Premier – 12 „Avenger"-Flugzeuge
Queen – 8 „Avenger"-, 8 „Wildcat"-Flugzeuge
Trumpeter – 8 „Avenger"-, 8 „Wildcat"-Flugzeuge
Tracker – 10/12 „Avenger"-, 6/7 „Wildcat"-Flugzeuge

HMS *Chaser, Fencer, Striker* – Geleitflugzeugträger der „Attacker"-Klasse

Technische Daten ähnlich wie vorstehend bei der „Ruler"-Klasse
Flugzeuge: *Chaser* – 11 „Swordfish"-, 11 „Wildcat"-Flugzeuge
Fencer – 11 „Swordfish"-, 9 „Wildcat"-Flugzeuge
Striker – 12 „Swordfish"-, 10 „Wildcat"-Flugzeuge
Besatzung: 646 Mann

HMS *Vindex* und *Nairana* – Geleitflugzeugträger

Typverdrängung: *Vindex* 13.455 tons; *Nairana* 14.050 tons
Abmessungen: *Vindex:* Länge: 159,7 m; Breite: 21 m; Tiefgang: 6,4 m
Nairana: Länge: 161 m; Breite: 21 m; Tiefgang: 6,4 m
Antrieb: 2 Diesel-Motoren; 2 Wellen; 11.000 WPS
Geschwindigkeit: 17 Kn.
Bewaffnung: 2/10,2 cm-Flak (1 x 2)
16/4 cm-Flak (4 x 4)
16/2 cm-Flak (8 x 2)
Flugzeuge: *Vindex* – 12 „Swordfish"-, 6 „Hurricane"-, oder bis 12 „Wildcat"-Flugzeuge
Nairana – 14 „Swordfish"-, 6 „Wildcat"-Flugzeuge
Besatzung: *Vindex:* 700 – *Nairana:* 728 Mann

HMS *Belfast* und *Edinburgh* – Kreuzer

Typverdrängung: 10.550 tons
Abmessungen: Länge: 187 m; Breite: 19,4 m; Tiefgang: 5,2 m
Antrieb: Getriebeturbinen; 4 Wellen; 80.000 WPS
Geschwindigkeit: 32 Kn.
Bewaffnung: 12/15,2 cm-Kanonen (4 x 3)
12/10,2 cm-Flak (6 x 2)
16/4 cm-Flak (2 x 8)
6/53,3 cm-Torpedorohre (2 x 3)
3 Flugzeuge
Panzerung:
Wasserlinie: 114 mm
Deck: 51 mm
Geschütztürme: 25 mm bis 63 mm
Besatzung: 850 Mann

HMS *Kent, Cumberland, Berwick* und *Suffolk* – Schwere Kreuzer der „County"-Klasse

Typverdrängung: 9.750 tons (*Kent* 9.850 tons)
Abmessungen: Länge: 192 m; Breite: 20,8 m; Tiefgang: 4,9 m
Antrieb: Getriebeturbinen; 4 Wellen; 80.000 WPS
Geschwindigkeit: 31,5 Kn.
Bewaffnung: 8/20,3 cm-Kanonen (4 x 2)
8/10,2 cm-Flak (4 x 2)
8/4 cm-Flak (2 x 4)
8/53,3 cm-Torpedorohre (nur *Kent*)
Panzerung:
Wasserlinie: 89 mm
Deck: 38 mm
Geschütztürme: 38 mm bis 51 mm
Gefechtsleitstand: 76 mm
Besatzungsstärke: 679 Mann, als Flaggschiff: 710 Mann

HMS *Bermuda, Nigeria, Trinidad, Jamaica* und *Kenya* – Kreuzer der „Colony"-Klasse

Typverdrängung: 8.000 tons
Abmessungen: Länge: 169 m; Breite: 19 m; Tiefgang: 5 m
Antrieb: Getriebeturbinen; 4 Wellen; 72.500 WPS
Geschwindigkeit: 32,3 Kn.
Bewaffnung: 12/15,2 cm – Kanonen (4 x 3)
8/10,2 cm-Flak (4 x 2)
9/4 cm-Flak (2 x 4 und 1 x 1)
6/53,3 cm-Torpedorohre (2 x 3)
3 Flugzeuge
Panzerung:
Wasserlinie: 83 mm
Deck: 50 mm
Geschütztürme: 50 mm
Gefechtsleitstand: 101 mm
Besatzung: 730 Mann

HMS *Devonshire, London* und *Norfolk* – Schwere Kreuzer

Typverdrängung: 9.850 tons (*Norfolk:* 9.925 tons)
Abmessungen: Länge: 193 m; Breite: 20 m; Tiefgang: 5,2 m
Antrieb: Getriebeturbinen; 4 Wellen; 80.000 WPS
Geschwindigkeit: 32 Kn.
Bewaffnung: 8/20,3 cm-Kanonen (4 x 2)
8/10,2 cm-Flak (*London* und *Norfolk:* 4 x 2; *Devonshire:* 8 x 1)
8/(*Devonshire*), 16/(*London* und *Norfolk*) 4 cm-Flak (2 x 4) und (2 x 8)
8/53,3 cm-Torpedorohre (2 x 4)
1 bis 3 Flugzeuge
Panzerung:
Wasserlinie: 89 mm
Deck: (nur *London*) 38 mm bis 101 mm
Geschütztürme: 38 mm bis 51 mm
Gefechtsleitstand: 76 mm
Besatzung: 650 Mann

HMS *Glasgow, Liverpool, Manchester* und *Sheffield* – Kreuzer der „Town"-Klasse

Typverdrängung: *Glasgow* und *Sheffield:* 9.100 tons; *Liverpool:* und *Manchester:* 9.400 tons
Abmessungen: *Glasgow* und *Sheffield* – Länge: 180 m; Breite: 18,8 m; Tiefgang: 5,2 m
Liverpool und *Manchester* – Länge: 180 m; Breite: 19 m; Tiefgang: 5,3 m
Antrieb: Getriebeturbinen; 4 Wellen;
Glasgow und *Sheffield* 75.000 WPS
Liverpool und *Manchester* 82.500 WPS
Geschwindigkeit: 32 Kn. beziehungsweise 32,5 Kn.
Bewaffnung: 12/15,2 cm-Kanonen (4 x 3)
8/10,2 cm-Flak (4 x 2)
8/4 cm-Flak (2 x 4)
6/53,3 cm-Torpedorohre (2 x 3)
3 Flugzeuge
Panzerung:
Wasserlinie: 76 mm bis 101 mm
Deck: 51 mm
Geschütztürme: 25 mm bis 51 mm
Besatzung: 700 Mann

HMS *Bellona, Black Prince, Diadem* und *Scylla* – Flak-Kreuzer der „Dido"Klasse

Typverdrängung: 5.770 tons, mit Ausnahme von *Scylla* 5.450 tons
Abmessungen: Länge: 156 m; Breite: 15 m; Tiefgang: 4,4 m *(Scylla* 4,2 m)
Antrieb: Getriebeturbinen; 4 Wellen; 62.000 WPS
Geschwindigkeit: 33 Kn.
Bewaffnung: 8/(*Scylla* 10/) 13,3 cm-Seeziel- und Fla-Kanonen (4 x 2), *Scylla* (5 x 2)
  12/(*Scylla* 8/) 4 cm-Flak (3 x 4) und (2 x 4)
  12/2 cm-Flak (6 x 2) mit Ausnahme von *Scylla*
  6/53,8 cm-Torpedorohre (2 x 3)
Panzerung:
  Wasserlinie: 51 mm bis 76 mm
  Deck: 13 mm bis 51 mm
  Geschütztürme: 25 mm bis 51 mm
  Gefechtsleitstand: 25 mm
Besatzung: 535 Mann

USS *Tuscaloosa* – Schwerer Kreuzer

Typverdrängung: 9.975 tons
Abmessungen: Länge: 179 m; Breite: 18,8 m; Tiefgang: 5,9 m
Antrieb: Parsons Getriebeturbinen; 4 Wellen; 107.000 WPS
Geschwindigkeit: 32 Kn.
Bewaffnung: 9/20, 3 cm-Kanonen (3 x 3)
  12/12,7 cm-Flak (6 x 1 und 3 x 2)
  Zahlreiche 4 cm- und 2 cm-Flak
Panzerung: Wasserlinie: vorn und achtern 38 mm
  mittschiffs 127 mm
  Geschütztürme: Vorderseite 127 mm bis 152 mm
  Seiten 76 mm
  Gefechtsleitstand: 203 mm
Besatzung: 1200 Mann

USS *Wichita* – Schwerer Kreuzer

Typverdrängung: 9.324 tons
Abmessungen: Länge: 187 m; Breite: 18,8 m; Tiefgang: 6,1 m
Antrieb: Getriebeturbinen; 4 Wellen; 100.000 WPS
Geschwindigkeit: 32,5 Kn.
Bewaffnung: 9/20,3 cm-Kanonen (3 x 3)
12/12,7 cm-Seeziel- und Fla-Kanonen (4 x 2 und 4 x 1)
Zahlreiche 4 cm- und 2 cm-Flak
Panzerung: Wasserlinie: vorn und achtern 38 mm
mittschiffs 127 mm
Geschütztürme: Vorderseite 127 mm bis 152 mm
Seiten 76 mm
Gefechtsleitstand: 203 mm
Besatzung: 1250 Mann

HMS *Alynbank* – Flak-Schiff

Wasserverdrängung: 5.150 BRT
Abmessungen: Länge: 132 m; Breite: 16,5 m; Tiefgang: 7,8 m
Antrieb: Diesel-Motoren; 2 Wellen; 2.500 WPS
Geschwindigkeit: 12 Kn.
Bewaffnung: 8/10,2 cm-Flak (4 x 2)
8/4 cm-Flak (2 x 4)
6/2 cm-Flak (6 x 1)

HMS *Palomares* und *Pozarica* – Flak-Schiffe

Wasserverdrängung: 1.895 BRT
Abmessungen: Länge: 93 m; Breite: 13,7 m; Tiefgang: 5,2 m
Antrieb: Dieselmotor; 1 Welle; 2.640 WPS
Geschwindigkeit: 16,3 Kn.
Bewaffnung: 6/10,2 cm-Flak (3 x 2)
8/4 cm-Flak (2 x 4)
8/2 cm-Flak (8 x 1)

HMS *Ulster Queen* – Flak-Schiff

Wasserverdrängung: 3.791 BRT
Abmessungen: Länge: 109 m; Breite: 14 m; Tiefgang: 4,6 m
Antrieb: Dieselmotoren; 2 Wellen; 4.155 WPS
Geschwindigkeit: 18 Kn.
Bewaffnung: 6/10,2 cm-Flak (3 x 2)
  8/4 cm-Flak (2 x 4)
  10/2 cm-Flak (10 x 1)

Bemerkung: Auf *Palomares* und *Ulster Queen* wurden die drei 10,2 cm-Flak-Geschütze in Zwillingslafetten durch drei 15,2 cm-Flak (3 x 1) ersetzt.

ORP *Dragon* – Polnischer Leichter Kreuzer

Typverdrängung: 4.850 tons
Abmessungen: Länge: 144 m; Breite: 14,2 m; Tiefgang: 4,4 m
Antrieb: Getriebeturbinen; 2 Wellen; 40.000 WPS
Geschwindigkeit: 29 Kn.
Bewaffnung: 6/15,2 cm-Kanonen (6 x 1)
  3/10,2 cm-Flak (3 x 1)
  2/4 cm-Flak (2 x 1)
  12/53,3 cm-Torpedorohre (4 x 3)
Panzerung:
  Wasserlinie: 38 mm bis 76 mm
  Deck: 25 mm
  Geschütze: 25 mm
Besatzung: 450 Mann

UdSSR *Baku* – Flottillenführerzerstörer der „Leningrad"-Klasse

Typverdrängung: 2.225 tons
Abmessungen: Länge: 128 m; Breite: 11,7 m; Tiefgang: 4,1 m
Antrieb: Getriebeturbinen; 3 Wellen; 66.000 WPS
Geschwindigkeit: 36 Kn.
Bewaffnung: 5/13 cm-Kanonen (5 x 1)
2/7,5 cm-Flak (2 x 1)
2/4,5 cm-Flak
8/53,3 cm-Torpedorohre (2 x 4)
32 Wasserbomben. Einrichtungen für 84 Minen
Besatzung: 250 Mann

UdSSR *Gremjaščij, Razumnyj, Sokrušitelnyj, Stremitelnyj, Razjarennyj, Gromkij, Groznyj* – Typ VII – Zerstörer

Typverdrängung: 1.660 tons
Abmessungen: Länge: 113 m; Breite: 10,2 m; Tiefgang: 3,7 m
Antrieb: Getriebeturbinen; 2 Wellen; 48.000 WPS
Geschwindigkeit: 38 Kn.
Bewaffnung: 4/13 cm-Kanonen (4 x 1)
2/7,6 cm-Flak (2 x 1)
4/3,7 cm-Flak
1/2 cm-Flak
6/53,3 cm-Torpedorohre (2 x 3)
15 Wasserbomben oder 60 Minen
Besatzung: 197 Mann

Anmerkung: Die Seetüchtigkeit dieses Typs ließ viel zu wünschen übrig. Die *Razumnyj* und die *Razyryennyj* zusammen mit der *Baku*, von Vladivostok über die Nord-Passage kommend, erreichten die Kola-Bucht am 14. Oktober 1942.

Der deutsche Schwere Kreuzer *Admiral Hipper* (links) und ein Zerstörer in nördlichen Gewässern im Juli 1942, vom Schlachtschiff *Tirpitz* aus gesehen (J. D. Brown).

Die kanadische Korvette HMCS *Cobalt,* hier in Island zu sehen. Diese war typisch für die kleinen Kriegsschiffe, welche die Nordmeer-Geleitzüge sicherten. Sie konnten 16 Knoten laufen und waren mit einer 10,2-cm-Kanone, einer Flugabwehr Maschinenkanone in Einzellafette und mit Wasserbomben armiert (Imperial War Museum).

Handelsschiffe eines Nordmeer-Geleitzuges, die bei Annäherung an die Kola-Bucht an der Grenze des Packeises entlang fahren (National Maritimes Museum).

Die Bedienungsmannschaft eines 15,2-cm-Geschützturmes auf einem Kreuzer versucht, etwas Schlaf zu ergattern oder zum Zeitvertreib zu lesen. Geschützmannschaften waren oft für lange Zeitabschnitte abgeschlossen, und wenn der Turm dem Wetter ausgesetzt war, unter harten Bedingungen (National Museum).

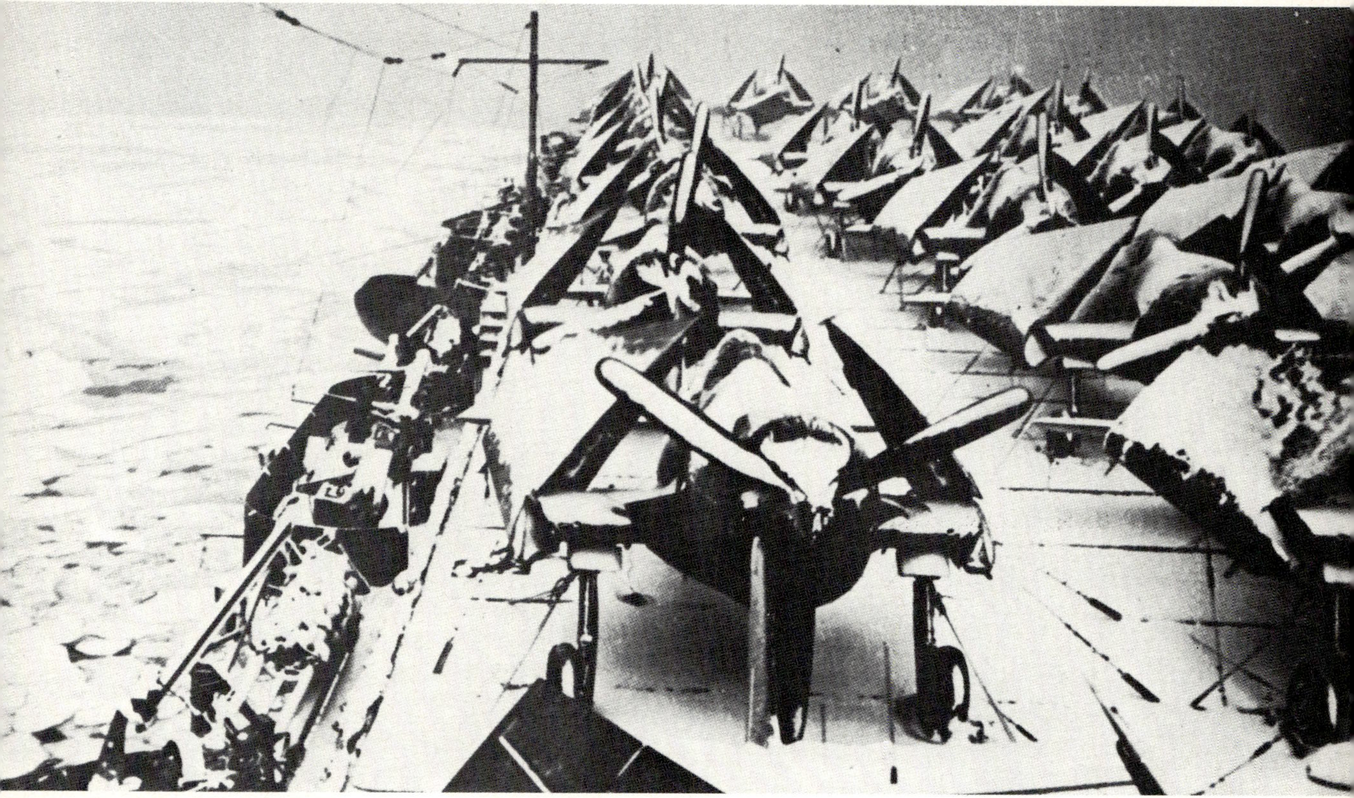

Schneebedeckte »Hellcat«-Flugzeuge an Bord eines Geleitträgers, der im Scheibeneis fährt (National Maritime Museum).

HMS *Anchusa.* Eine der Korvetten der »Flower«-Klasse mit anderer Ausführung. Bei ihr wurde das Vorschiff verlängert, um die Seetüchtigkeit zu verbessern und die Unterbringungsmöglichkeiten zu erweitern (Admiralty).

Der deutsche Zerstörer *Z 28*, der als Führerzerstörer anstelle von einem 15-cm-Geschütz auf den achteren Aufbauten mit einem zusätzlichen Stabsraum ausgerüstet war. Er begleitete die *Tirpitz* bei ihrem Auslaufen wegen des Geleitzuges PQ.17, 1942 (Foto Drüppel).

UdSSR *Urickij*

Typverdrängung: 1.440 tons
Abmessungen: Länge: 98 m; Breite: 9,3 m; Tiefgang: 3,2 m
Antrieb: 4 Thornycroft-Kessel; Parsons-Turbinen; 2 Wellen; 32.000 WPS
Geschwindigkeit: 24 Kn.
Bewaffnung: 4/10,2 cm-Kanonen (4 x 1)
2/4,5 cm-Flak (2 x 1)
2/3,7 cm-Flak (2 x 1)
3/1,3 cm-Flak (3 x 1)
9/Maschinengewehre
6/4,5 cm-Torpedorohre
60 Minen
Besatzung: 160 Mann

UdSSR *Kujbyšev, Karl Liebknecht*

Typverdrängung: 1.260 tons
Abmessungen: Länge: 98 m; Breite: 9,4 m; Tiefgang: 3,8 m
Antrieb: 4 Norman-Kessel; Turbinen; 2 Wellen; 31.500 WPS
Geschwindigkeit: 24 Kn.
Bewaffnung: 4/10,2 cm-Kanonen (4 x 1)
1/7,6 cm-Flak
2/4,5 cm-Flak (2 x 1)
2/3,7 cm-Flak (2 x 1)
3/1,3 cm-Flak (3 x 1)
9/Maschinengewehre
9/45 cm-Torpedorohre
70 Minen
15 Wasserbomben
Besatzung: 168 Mann

Doblestny ex HMS *Roxborough* ex USS *Foote*
Dostojnyj ex HMS *St Albans* ex USS *Thomas*
Djerzkij ex HMS *Chelsea* ex USS *Crowninshield*
Dejatelnyj ex HMS *Churchill* ex USS *Herndon*
Družnyj ex *Lincoln* ex USS *Yarnall*
Žarkij ex HMS *Brighton* ex USS *Cowell*
Žgučij ex HMS *Leamington* ex USS *Twiggs*
Živučij ex HMS *Richmond* ex USS *Fairfax*
Žostkij ex HMS *Georgetown* ex USS *Maddox*

Diese neun „Flush Deck" oder „Four Pipe" Zerstörer waren ein Teil von den 50, die 1940 von der United States Navy an die Royal Navy übergeben wurden. 1944 wurden sie der Sowjet-Marine übergeben.
Typverdrängung: 1.090 tons
Abmessungen: Länge: 95,7 m; Breite: 9,2 m; Tiefgang: 3,6 m
Antrieb: Getriebeturbinen; 2 Wellen; 25.200 WPS
Geschwindigkeit: 35 Kn.
Bewaffnung: 4/10,2 cm-Kanonen (4 x 1)
1/7,6 cm-Flak
6/53,3 cm-Torpedorohre (3 x 2)
Besatzung: 153 Mann

Anmerkung: Die Bewaffnung dieser Schiffe wurde im Laufe des Krieges in verschiedener Weise verändert.

Walfangboote

Die nachstehend aufgeführten requirierten Walfangboote wurden im Jahre 1942 der Nord-Flotte der sowjetischen Marine überstellt und als Minensuchboote eingesetzt.

Name	Bruttoregistertonnen
Shera	253
Shusa	251
Silja	251
Stefa	253
Sulla	251
Sumba	251
Svega	253

Name	Klasse	Wasserverdrängung Tons	WPS	Geschwindigkeit Kn.	Artillerie 12 cm	10,2 cm	7,6 cm	4 cm	40 mm	20 mm	Torpedo Rohre 53,3 cm	„Hedgehog" U-Abwehr Raketenwerfer	Besatzung
Zerstörer													
Ashanti													
Bedouin													
Eskimo													
Matabele	Tribal	1870	44,000	36	8	–	–	4	–	–	4	–	190/219
Punjabi													
Somali													
Tartar													
Athabaskan													
Haida	RCN Tribal	1927											240
Huron													
Iroquois													
Worcester	Mod W	1120	27,000	34	4	–	–	2	–	–	6	–	134
Woolston	W (T)	1120	30,000	35	–	4	–	2	–	4	–	–	125
Verdun	Escort	1090	27,000	34	–	4	–	2	–	4	–	–	125
Windsor	SR Escort	1100	27,000	35	3	–	–	2	–	4	3	1	125
Keppel	Shakespeare	1480	43,500	36½	2	–	1	–	–	4	6	1	164
Broke													
Amazon	Prototyp	1352	39,500	37	4	–	–	2	–	–	6	–	138
Campbell					3	1	–	–	–	4	6	–	
Mackay					–	3	1	–	–	4	6	–	
Douglas	Scott	1530	40,000	36	2	–	1	2	–	2	3	1	164

Name	Klasse	Wasser-verdrängung Tons	WPS	Geschwindigkeit Kn.	Artillerie 12 cm	10,2 cm	7,6 cm	4 cm	40 mm	20 mm	Torpedo Rohre 53,3 cm	„Hedgehog" U-Abwehr Raketenwerfer	Besatzung
Zerstörer													
Malcolm	Scott	1530	40,000	36	2	1		6 2	–	2	6		
Montrose													
Westcott		1100			–	2	1	2	–	2	–	1	
Wrestler													
Venomous	LR Escort	1090	18,000	25	2	–	1	2	–	2/4	–	1	125
Volunteer													
Whitehall		1120											
Newmarket													
Lancaster													
St Albans	Town	1090	25,200	35	–	3	1	–	–	–	3	1	146
Leamington													
Beverley													
Wells													
Achates	A	1350	34,000	35	4	–	–	2	–	–	8	–	138
Beagle													
Boadicea	B	1360	34,000	35	4	–	–	2	–	–	8	–	138
Bulldog													
Echo													
Eclipse	E	1375	36,600	35½	4	–	–	–	–	–	8	–	145
Escapade													

Name	Klasse	Wasser-verdrängung Tons	WPS	Ge-schwin-digkeit Kn.	Artillerie 12 cm	10,2 cm	7,6 cm	4 cm	40 mm	20 mm	Torpedo Rohre 53,3 cm	U-Abwehr-Waffen	Besatzung
Zerstörer													
Fury													
Forester	F	1350	36,000	36	4	–	–	–	–	–	8		145
Foresight													
Faulknor	(Flottillenführer)		38,000										
Garland	G (poln.)	1335	34,000	35½	4	–	–	–	–	–	8		145
Inglefield	(Flottillenführer)	1530	38,000	36	5	–	–	–	–	–	10	–	175
Icarus													
Impulsive	I	1370	34,000	36	4	–	–	–	–	–	10	–	145
Intrepid													
Javelin	J	1690	40,000	36	6	–	–	4	–	–	10	–	183
Lookout	L	1920											
Milne	(Flottillenführer)	1935											
Mahratta													
Marne													
Matchless			48,000	36	6 DP	–	–	4	–	–	8	–	221
Meteor	M	1920											
Musketeer													
Myrmidon													
Martin													
Onslow	(Flottillenführer)	1550	40,000	36¾	4	–	–	4	–	8	8	–	217

Name	Klasse	Wasser-verdrängung Tons	WPS	Ge-schwin-digkeit Kn.	Artillerie						Torpedo Rohre 53,3 cm	U-Abwehr-Waffen	Besatzung
					12 cm	10,2 cm	7,6 cm	4 cm	40 mm	20 mm			
Zerstörer													
Obdurate		1550											217
Obedient													
Offa													
Onslaught	O	1540	40,000	36¾	4	–	–	4	–	8	8	–	175
Opportune													
Oribi													
Orwell													
Nerissa	N	1690	40,000	36	6	–	–	4	–	2	10	–	183
Quadrant	Q												
Queenborough		1705	40,000	36¾	4	–	–	4	–	8	8	–	175
Raider	R												
Saumarez	(Flottillenführer)	1730											225
Savage													
Scorpion			40,000	36¾	4	–	–	–	2 oder	8 12	8	–	180
Scourge	S	1710											
Serapis													
Stord	(RNorN)												
Hardy	(Flottillenführer)	1730											225
Venus													
Vigilant	V	1710	40,000	36¼	4	–	–	–	2 oder	8 12	8	–	180
Virago													

Name	Klasse	Wasserverdrängung Tons	WPS	Geschwindigkeit Kn.	Artillerie 12 cm	10,2 cm	7,6 cm	4 cm	40 mm	20 mm	Torpedo Rohre 53,3 cm	U-Abwehr-Waffen	Besatzung
Zerstörer													
Sioux	V(RCN)	1710	40,000	36¼	4	–	–	–	2 oder 12	8	8	–	180
Myngs	(Flottillenführer)	1730											222
Zambesi													
Zealous	Z	1710	40,000	36¼	4 (11,4 DP)			–	2 oder 4 oder 6	8 4	8	–	186
Zebra													
Zest													
Cassandra													
Cavalier	C	1710	40,000	36¾	4 (11,4 DP)			–	4	–	8		186
Meynell													
Pytchley	Hunt	907			–	4	–	5	–	2	–	–	
Badsworth													
Blankney													
Bramham													
Cowdray													
Grove													
Lamerton	Hunt	1050	19,000	26	–	4	–	4	–	2	–	–	146
Ledbury													
Middleton													
Oakley													
Wheatland													
Wilton													

Name	Klasse	Wasser-verdrängung Tons	WPS	Ge-schwin-digkeit Kn.	Artillerie 12 cm	10,2 cm	7,6 cm	4 cm	40 mm	20 mm	Torpedo Rohre 53,3 cm	U-Abwehr-Waffen	Besatzung
Zerstörer													
Inconstant (ex *Turkish*)		1360	34,000	35½	4	–	–	–	–	–	8	–	145
Emmons	USS	1700							4	4	5		210
Mayrant	USS												
Rhind	USS	1500	42,800	36½	4 (12,7 cm)		–	–	4	8	8		200
Rowan	USS												
Wainwright	USS	1570	50,000	37	4 (12,7 cm)		–	–	–	–	8		

Name	Klasse	Wasser-verdrängung Tons	Antrieb WPS	Ge-schwin-digkeit Kn.	Artillerie 12 cm	7,6 cm	40 mm	20 mm	U-Abwehr-Waffen	Besatzung
Fregatten										
Monnow	RCN									
Nene	RCN	1370	5500	20	2	–	10	20	„Hedge-hog" Ra-ketenwerfer	140
Matane	RCN									
St Pierre	RCN									

Name	Klasse	Wasser-verdrängung Tons	Antrieb WPS	Ge-schwin-digkeit Kn.	Artillerie 10,2 cm	7,6 cm	40 mm	20 mm	U-Abwehr-Waffen	Besatzung
Fregatten										
Loch Dunvegan *Loch Alvie*	Loch	1435	4-Zyl.-Kolben-maschine 5500	20	1	4 cm	6		2 Salven werfer	114
Bazely *Drury* *Goodall* *Mounsey* *Louis* *Lawson* *Loring* *Inglis* *Pasley*	Captain ex US DE	1085	Diesel/ Elektrisch 6000	20	–	3	2	10	–	200
Bentinck			Turbinen	26	–	3	2 oder	8 10	–	200
Byard	Captain ex US DE	1300	Diesel/ Elektrisch 12,000							

Name	Klasse	Wasser-verdrängung Tons	Antrieb WPS	Ge-schwin-digkeit Kn.	Artillerie 10,2 cm	4 cm		20 mm	U-Abwehr-Waffen	Besatzung
Korvetten										
Acanthus *Bergamot* *Bluebell* *Bryony* *Camelia* *Campanula* *Dianella* *Eglantine* *Heather*	Flower	925	4-Zyl.-Kolben-maschine 2750	16	1	1/4 cm oder 4 MG			–	85

Name	Klasse	Wasserverdrängung Tons	Antrieb WPS	Geschwindigkeit Kn.	Artillerie 10,2 cm	Artillerie 4 cm	Artillerie 20 mm	U-Abwehr-Waffen	Besatzung
Korvetten									
Honeysuckle									
Lotus									
Oxlip									
Poppy									
Rhododendron			4-Zyl.-Kolbenmaschine						
Saxifrage	Flower	925	2750	16	1	1/4 cm oder 4 MG		–	85
Starwort									
Sundew									
Sweetbriar									
Snowflake									
La Malouine	FFS								
Alnwick Castle			4-Zyl-Kolben-maschine						
Bramborough Castle	Castle	1010	2880	16½	1	–	10	Salven-werfer	120
Denbigh Castle									

Name	Nr.	Verdrängung Tons über/unter Wasser	Antrieb	Geschwindigkeit üb./unt. Wasser	Bewaffnung Artillerie	Torpedorohre 53,3 cm	Besatzung
Unterseeboote							
Unison	P43						
Unrivalled	P45	545/740	Diesel/Elektrisch 615/825	11¼/9	1/7,6 cm	4 (Bug)	31
Unshaken	P54						
Sahib	P21	715/990	Diesel/Elektrisch 1900/1300	14¾/9	1/7,6 cm	7 (6 Bug, 1 Heck)	44
Shakespeare	P221						
Jastrzab (polnisch)	P551	854/1062	Diesel/Elektrisch 1200/1500	14/11	1/10,2 cm	4 (Bug)	42
–	P614	683/856	Diesel/Elektrisch 1550/1300	13¾/10	1/7,6 cm	5 (4 Bug, 1 Heck)	–
–	P615						
Seadog	P216	715/990	Diesel/Elektrisch 1900/1300	14¾/9	1/7,6 cm	7 (6 Bug, 1 Heck)	44
Sea Nymph	P223						
Seawolf	N47	670/960	Diesel/Elektrisch 1500	15/10	1/7,6 cm	6 (Bug)	38
Sealion	N72						
Sturgeon	N73	640/927	Diesel/Elektrisch 1550	15/10	1/7,6 cm	6 (Bug)	38
Taurus	P339	1090/1575	Diesel/Elektrisch 2500/1450	15/9	1/10,2 cm 1/2 cm	11 (8 Bug, 3 Heck)	65
Trespasser	P312						
Tigris	N 63						
Torbay	N79						
Tribune	N76	1090/1575	Diesel/Elektrisch 2500/1450	15¼/9	1/10,2 cm	10 (8 Bug, 2 Heck)	59
Trident	N52						
Tuna	N94						

Name	Nr.	Verdrängung Tons über/unter Wasser	Antrieb	Geschwindigkeit üb./unt. Wasser	Bewaffnung Artillerie	Torpedorohre	Besatzung
Unterseeboote							
Ursula	N59	540/730	Diesel/Elektrisch 615/825	11¾/9	1/7,6 cm	6/53,3 cm (Bug)	27
Unique	N95						
Unruly	P49	545/740	Diesel/Elektrisch 615/825	11¼/9	1/7,6 cm	4/53,3 cm (Bug)	31
Junon		597/825	Diesel/Elektrisch 1800/1000	14/9	1/7,6 cm	7/55,1 cm 2/39,9 cm	42
Minerve (Freifranz.)	FFS						
Rubis		669/925	Diesel/Elektrisch 1300/1000	12/9	1/7,6 cm	5/55,1 cm 32 Minen	40
0.14 (Niederländ.)	R Neth N	546/704	Diesel/Elektrisch 1800/600	15/8	2/4 cm	5/53,3 cm (4 Bug, 1 Heck)	38
Uredd RNorN (Norw.)	P41	545/740	Diesel/Elektrisch 615/825	11¼/9	1/7,6 cm	4/53,3 cm (Bug)	31
Graph ex *U 570*	N46	769/871	Diesel/Elektrisch 2800/750	17/7½	1/8,8 cm 1/3,7 cm 2/2 cm	5/53,3 cm (4 Bug, 1 Heck)	44

Name	Klasse	Verdrängung Tons	Antrieb WPS	Geschwindigkeit Kn.	Artillerie 10,2 cm	7,6 cm	4 cm	20 mm	U-Abwehr-Waffen	Besatzung
Geleitboote („Sloops")										
Cygnet *Kite* *Lapwing* *Lark*	neugebaute „Black Swan"-Klasse	1350	Getriebeturbinen 4300	20	6 Flak	–	–	12	–	192

Name	Klasse	Verdrängung Tons	Antrieb WPS	Geschwindigkeit Kn.	Artillerie				U-Abwehr-Waffen	Besatzung
					10,2 cm	7,6 cm	4 cm	20 mm		
Geleitboote („Sloops")										
Mermaid *Peacock*	neugebaute „Black Swan"-Klasse	1350	Getriebeturbinen 4300	20	6 Flak	–	–	12	–	192
Minensuchboote										
Halcyon *Harrier* *Hussar* *Speedwell* *Niger* *Salamander*	Halcyon	815	Kolbenmaschinen 1770	16½	1 Flak	–	–	–	–	
Gleaner *Hazard* *Hebe* *Sharpshooter* *Gossamer* *Jason* *Leda* *Seagull*	Halcyon	835	Kolbenmaschinen 2000	17	2 Flak	–	–	–	–	80
Bramble *Britomart* *Speedy*	Halcyon	875	Getriebeturbinen 1750	17	2 Flak	–	–	–	–	

Name	Tons	Bemerkungen
Fischdampfer („Trawler")		
Ayrshire	540	
Blackfly	482	
Cape Argona	494	
Cape Mariato	497	
Daneman	516	
Lady Madeleine	464	
Lord Austin	473	
Lord Middleton	464	Requirierte Trawler, die bei Einsatz für U-Bootsabwehraufgaben mit einer 10,2 cm-Kanone und bei Einsatz für Minensuchaufgaben mit einer 7,6 cm-Kanone bewaffnet waren. Ursprünglich waren sie mit „Lewis"-Kanonen als Fla-Armierung ausgerüstet, aber diese wurden nach und nach durch 2 cm Oerlikon-Flak ersetzt. Alle Schiffe waren mit „Scotch"-Kesseln und Kolbenmaschinen ausgestattet.
Northern Gem	655	
Northern Pride	655	
Northern Spray	655	
Northern Wave	655	
Paynter	472	
Retriever	869	
St Elstan	564	
St Kenan	565	
Vizalma	608	

Anhang VII

Technische Daten der deutschen Kriegsschiffe, die an den Operationen gegen die Nordmeer-Geleitzüge beteiligt waren.

Tirpitz – Schlachtschiff

Typverdrängung: 42.900 tons
Abmessungen: Länge: 241 m; Breite: 36 m; Tiefgang: 8 m
Antrieb: Getriebeturbinen; 3 Wellen; 138.000 WPS
Geschwindigkeit: 29 Kn.
Bewaffnung: 8/38 cm-Kanonen (4 x 2)
12/15 cm-Seeziel- und Fla-Kanonen (6 x 2)
16/10,5 cm-Flak (8 x 2)
16/3,7 cm-Flak (8 x 2)
16/später verstärkt auf 58/2 cm-Flak
8/53,3 cm Torpedorohre (2 x 4)
6 Arado-Flugzeuge
Panzerung: Wasserlinie: 320 mm
Türme: 355 mm
Deck: 203 mm
Besatzung: 2400 Mann

Scharnhorst – Schlachtschiff

Typverdrängung: 31.850 tons
Abmessungen: Länge: 226 m; Breite: 30 m; Tiefgang: 7,5 m
Antrieb: Getriebeturbinen; 3 Wellen; 165.000 WPS
Geschwindigkeit: 31,5 Kn.
Bewaffnung: 9/28 cm-Kanonen (3 x 3)
12/15 cm-Seeziel- und Fla.-Kanonen (6 x 2)
14/10,5 cm-Flak (7 x 2)
16/3,7 cm-Flak (8 x 2)
10/später verstärkt auf 28/2 cm-Fla. MG
6/53,3 cm-Torpedorohre
4 Flugzeuge
Panzerung: Wasserlinie: 305 mm bis 330 mm
Türme: 305 mm
Deck: 152 mm
Besatzung: 1800 Mann

Admiral Scheer, Lützow – Schwere Kreuzer

Typverdrängung: *Admiral Scheer:* 12.100 tons, *Lützow:* 11.700 tons
Abmessungen: Länge: 185,6 m; Breite: 21,7m; Tiefgang: 6,5 m
Antrieb: Dieselmotoren; 2 Wellen; 54.000 WPS
Geschwindigkeit: 26 Kn.
Bewaffnung: 6/28 cm-Kanone (2 x 3)
8/15 cm-Kanonen (8 x 1)
6/10,5 cm-Flak (3 x 2)
8/3,7 cm-Flak
10/ – später erhöht auf 28/2 cm – Fla-MG
8/53,3 cm-Torpedorohre (2 x 4)
2 Flugzeuge
Panzerung: Wasserlinie: 102 mm
Türme: 51 mm bis 140 mm
Deck: 38 mm bis 76 mm
Gefechtsleitstand: 51 mm bis 127 mm
Besatzung: 1150 Mann

Admiral Hipper – Schwerer Kreuzer

Typverdrängung: 13.900 tons
Abmessungen: Länge: 195 m; Breite: 21 m; Tiefgang: 4,6 m
Antrieb: Getriebeturbinen; 3 Wellen; 132.000 WPS
Geschwindigkeit: 32 Kn.
Bewaffnung: 8/20,3 cm-Kanonen (4 x 2)
12/10,5 cm-Flak (6 x 2)
12/3,7 cm-Flak (6 x 2)
8/später verstärkt auf 28/2 cm-Fla-MG
12/53,3 cm-Torpedorohre (4 x 3)
3 Flugzeuge
Panzerung: Wasserlinie: 127 mm
Deck: 102 mm
Türme: 127 mm
Besatzung: 1600 Mann

Anmerkung: Ein Schwesterschiff der *Hipper* war die *Prinz Eugen*. Diese nahm jedoch an den Operationen gegen die Nordmeer-Geleitzüge nicht teil, nachdem sie während der Überfahrt nach Drontheim von HMS *Trident* torpediert worden war.

Friedrich Eckoldt, Friedrich Ihn, Hans Lody, Hermann Schoemann, Paul Jacobi, Richard Beitzen, Theodor Riedel – Zerstörer der „Leberecht Maass"-Klasse

Typverdrängung: 2.200 tons
Abmessungen: Länge: 114 m; Breite: 11,3 m; Tiefgang: 2,8 m
Antrieb: Getriebeturbinen; 2 Wellen; 70.000 WPS
Geschwindigkeit: 36 Kn.
Bewaffnung: 5/12,7 cm-Seeziel- und Fla-Kanonen (5 x 1)
4/3,7 cm-Flak (2 x 2)
6/später verstärkt auf 8/2 cm-Fla.-MG
8/53,3 cm-Torpedorohre (2 x 4)
Einrichtungen für 60 Minen
Besatzung: 315 Mann

Karl Galster – Zerstörer der „Diether von Roeder"-Klasse

Typverdrängung: 2.400 tons
Abmessungen: Länge: 117 m; Breite: 11,7 m; Tiefgang: 2,9 m
Antrieb: Getriebeturbinen; 2 Wellen; 70.000 WPS
Geschwindigkeit: 38 Kn.
Bewaffnung: 5/12,7 cm-Seeziel- und Fla.-Kanonen (5 x 1)
6/3,7 cm-Flak (2 x 2 und 2 x 1)
12/2 cm-Fla.-MG (5 x 2 und 2 x 1)
8/53,3 cm-Torpedorohre (2 x 4)
Einrichtungen für 60 Minen
Besatzung: 313 Mann

Z 24 bis *Z 31* – Zerstörer

Typverdrängung: 2.600 tons
Abmessungen: Länge: 119 m; Breite: 12 m; Tiefgang: 3 m
Antrieb: Getriebeturbinen; 2 Wellen; 70.000 WPS
Geschwindigkeit: 38,5 Kn.
Bewaffnung: 4/15 cm-Seeziel- und Fla-Kanonen (4 x 1)
4/3,7 cm-Flak (2 x 2)
14/2 cm-Fla.-MG (6 x 2 und 2 x 1)
8/53,3 cm-Torpedorohre (2 x 4)
Besatzung: 321 Mann

T 1 bis *T 12* – Torpedoboote

Typverdrängung:
T 1 bis *T 8:* 844 tons
T 9 bis *T 12:* 839 tons
Antrieb: Getriebeturbinen; 2 Wellen; 31.000 WPS
Geschwindigkeit: 35,5 Kn.
Bewaffnung: 1/10,5 cm-Flak
8/2 cm-Fla.-MG (4 x 2)
6/53,3 cm-Torpedorohre
Einrichtungen für 30 Minen
Besatzung: 119 Mann

Anmerkung: Auf einigen Schiffen wurde die Bewaffnung verändert und anstelle eines 2 cm-Fla.-MG eine 3,7 cm-Flak eingebaut.

Unterseeboote

Die Deutschen benutzten während des Krieges etwa 20 verschiedene Typen von U-Booten. Diejenigen, die für Operationen gegen die Nordmeer-Geleitzüge eingesetzt wurden, waren vorwiegend Typ VII-Boote, von denen es sieben verschiedene Ausfertigungen gab. Typ VIIA hatte eine Verdrängung von 626/745 tons und Geschwindigkeiten von 16/8 kn. während Typ VIIF 1084/1181 tons verdrängte bei einer Geschwindigkeit von 17/8 Kn. Normal waren die kleineren Boote mit 11 und die größeren mit 14 Torpedos ausgerüstet.

Anhang VIII

Einsatz deutscher Luftstreitkräfte bei Operationen gegen die Nordmeer-Geleitzüge.

Erst im Mai 1942 und nach Vorhaltungen von Großadmiral Raeder befahl „Reichsmarschall" Göring den in Nordnorwegen stationierten Einheiten der Luftwaffe die Zusammenarbeit mit der Marine bei Angriffen gegen die Nordmeer-Geleitzüge. Zu der Zeit verfügten diese über insgesamt 120 Flugzeuge, die sich aus 60 Ju-88 Langstreckenbombern, 30 Ju-87 Sturzkampfbombern und 30 Jagdflugzeugen zusammensetzten. Außerdem hatte auch die Marine 15 He-115 torpedobewaffnete Seeflugzeuge.

Die verstärkte Defensivbewaffnung der Handelsschiffe veranlaßte die Luftwaffe, dem Torpedo im Vergleich zur Bombe stärkere Beachtung zu schenken; und am 1. Mai 1942 kamen die ersten 12 Besatzungen, die im Torpedoangriff ausgebildet waren, auf dem Flugplatz von Bardufoss an. Einen Monat später erreichte die Luftwaffe in diesem Frontabschnitt mit 264 Flugzeugen ihre Höchststärke. In Auswirkung der alliierten Landung in Nordafrika, im November 1942, wurden die meisten Einheiten der Luftwaffe abgezogen. Dabei blieben nur noch eine Seefernaufklärungs-Gruppe zur Erfassung der Geleitzüge in Zusammenarbeit mit den U-Booten und dazu einige wenige Sturzkampfbomber sowie die Seeflugzeuge der Marine zurück.

Anhang IX

Operationsbefehl für die Operation »Rösselsprung«.

Flottenchef/B. d. S.
B. Nr. Gkdos. 404/42 Chefs

An Bord, den 14. 6. 42

Geheime Kommandosache!

Chefsache! Nur durch Offizier!

Operationsbefehl.

Einsatz der Flottenstreitkräfte im Nordraum gegen einen PQ-Geleitzug

(Deckname: »Rösselsprung«).

I. Aufgabe:

Vernichtung des PQ-Geleitzuges im Zusammenwirken mit U-Booten und Luftwaffe.

II. Feindnachrichten:

1. Mit Anlaufen des nächsten PQ-Geleitzuges im Seegebiet Jan Mayen ist etwa um den 20. 6. zu rechnen.

2. Die letzten PQ-Geleitzüge marschierten dicht an der Treibeisgrenze in breiter, 4- bis 5gliedriger Formation. 1 bis 2 Kreuzer und mehrere U-Boote innerhalb des Geleitzuges, Sicherung bei PQ 16 im Bereich der Bäreninsel durch etwa 5 Zerstörer 3 bis 10 sm vor, einzelne Zerstörer und Korvetten etwa 2 bis 4 sm seitlich und hinter dem Geleitzug. Ab ungefähr 35° Ost weitere Verstärkung durch russische Zerstörer und U-Boote wahrscheinlich.

   Eine schwere Bedeckungsgruppe, bestehend aus 1 bis 2 Schlachtschiffen, 1 Träger, schweren und leichten Kreuzern mit Zerstörern, stand im Raume Island—Jan Mayen in See. Bei QP 16 befand sich eine zusätzliche Sicherungsgruppe von 2 schweren und 2 leichten Kreuzern mit Zerstörern bis ungefähr 10° Ost in der Nähe des Geleitzuges, wo sie sich nach Westen absetzte.

   Vor und während der Überführung des Geleitzuges wurde vom Gegner eine laufende Luftaufklärung über Drontheim und Narvik durchgeführt.

3. Eine Übersicht über die im Bereich Schottland—Island—Nordmeer voraussichtlich zu erwartenden englischen und amerikanischen See- und Luftstreitkräfte enthält Anlage 1. (Siehe auch die laufenden Feindlageberichte Gruppe Nord.)

4. Minengefahr besteht außerhalb der Schärenwege vorwiegend auf Wassertiefen unter 200 m, besonders an den An- und Einsteuerungspunkten in die Schären.

   Innerhalb der Schärenwege wurden bisher Minen nur im Polargebiet vereinzelt festgestellt (besonders von Vannsund bis Altafjord).

   Nach Auslegen der Flankensperren ist mit einem Mineneinsatz durch Feind-U-Boote auf den Schärenwegen kaum noch zu rechnen. Abwurf von LM's durch Flugzeuge von Osten her muß bis etwa 20° Ost in Rechnung gestellt werden. Am 2. 6. wurden russische Flugzeugminen im östlichen Magaröysund und Laafjord geworfen.

   Fernzündungsminen wurden bisher nicht festgestellt.

   Nähere Angaben über eigene und Feindminen im Küstenvorfeld siehe Minenlage Admiral Norwegen.

III. Eigene Streitkräfte:

1. **Seestreitkräfte usw.:**

   a) Auf den Schärenwegen, im Küstenvorfeld und im Vestfjord ist mit eigenen Minensuch-, Vorposten- und U-Jagdstreitkräften zu rechnen; auf den Schärenwegen außerdem mit laufendem Schiffsverkehr.

      Der Weg durch den Andfjord wird von eigenen U-Booten als Ein- und Auslaufweg benutzt, die im allgemeinen aufgetaucht ein- und auslaufen. Für Bewachung und U-Bootsgeleit steht im Andfjord (Punkt A 1) Schiff 31 (Typ englischer Fischdampfer) oder ein Vorpostenboot.

   b) Mit Durchführung von Minenaufgaben durch Minenschiffe zur Verstärkung der Flankensperren im Raume Tromsö bis Nordkap ist bis Ende Juni zu rechnen.

   c) Im Küstenvorfeld ist im allgemeinen die Fischerei bis zu 30 sm von der Küste ab erlaubt.

   d) Das Seegebiet zwischen 68° 30′ und 71° 30′ N, ostwärts begrenzt durch 23° Ost, ist für 2 Walfänger mit norwegischer Besatzung zum Walfang freigegeben.

2. U-Boote:

3 eigene U-Boote stehen ab etwa 10.6. im Seegebiet Groß-Quadrat AB 21–26–31 mit der Aufgabe, frühzeitig am nächsten PQ-Geleitzug Fühlung zu gewinnen und zu halten sowie etwaige Bedeckungsstreitkräfte zu melden.

Aufstellung weiterer U-Bootsgruppen im Seegebiet Jan Mayen, gegebenenfalls auch in Höhe Bäreninsel, ist vorgesehen, weitere Nachrichten folgen.

3. Luftstreitkräfte:

a) Im Bereich Fliegerführer Lofoten:
Flugplätze: Bodö, Elvenes, Bardafoss, Sörreisa (See) und Tromsö (See).
Flugzeugmuster: Me 109, Ju 87, He 111, Ju 88, He 115, BV 138; He 111 und He 115 auch als Torpedoflugzeug.

b) Im Bereich Fliegerführer Nord (Ost) (nur bis Banak):
Flugplätze: Altengard bei Alta, Banak, Billafjord (See).
Flugzeugmuster: He 109, Ju 88, He 111, He 115; He 111 und He 115 auch als Torpedoflugzeuge.

c) Für den Jagdschutz der Seestreitkräfte vor der Küste ist eine Verstärkung der Jagdkräfte in Nord-Norwegen beantragt (Altengard, Elvenes). Mit Zerstörerflugzeugen ist nicht zu rechnen.

IV. Allgemeine Anordnungen:

A) Befehlsgliederung:

1. Für Verlegung der I. Kampfgruppe von Drontheim nach dem Lofotengebiet (Absprungpunkt):
Operative Führung: Gruppe Nord in Befehlsstelle Kiel.
Taktische Führung: Flottenchef auf »Tirpitz«.
Für Verlegung der II. Kampfgruppe von Narvik in Alta-Gebiet (Sordy) hat operative Führung Adm. Nordmeer auf »Tanga«, taktische Führung B. d. K. auf »Lützow«.

2. Für Vorstoß Flottenstreitkräfte in das Operationsgebiet von den Absprungpunkten aus:

a) Gesamtleitung der Operation der Überwasserstreitkräfte und U-Boote: Gruppe Nord in Befehlsstelle Kiel.
Operative Führung von abgesetzten Teilkräften, z. B. S-Booten, durch Adm. Nordmeer behält sich Gruppe Nord vor.

b) Taktische Führung der Überwasserstreitkräfte:
Gesamtführung Flottenchef auf »Tirpitz«.
Taktische Führung der I. Kampfgruppe durch Flottenchef auf »Tirpitz«, der II. Kampfgruppe durch B. d. K. auf »Lützow«.

c) Eine unmittelbare Führung der U-Boote durch den Flottenchef ist nicht vorgesehen. Für U-Boote tritt Befehlsstelle Adm. Nordmeer als Funkwiederholer ein.

B) Teilnehmende Streitkräfte:

I. Kampfgruppe (z. Z. Drontheim):
»Tirpitz,
»Hipper«,
5. Z-Flottille,
»Ihn« mit Chef 5. Z-Flottille,
»Beitzen« (schließt im Gimsöystraumen heran),
6. Z-Flottille,
✗ »Galster« mit Chef 8. Z-Flottille,
✗ »Lody«,
✗ »Riedel«,
zugeteilt: T-Boote »T 7« und »T 15«.

II. Kampfgruppe (z. Z. Narvik):
»Lützow«,
»Adm. Scheer«,
8. Z-Flottille,
»Z 28« mit Chef F. d. Z.,
»Z 24«,
»Z 27«,
»Z 29«,
»Z 30«,
Änderungen in der Kräfteverteilung der Zerstörer und T-Boote bleiben vorbehalten.

C) Aufmarsch:

1. Auf Stichwortbefehl der Gruppe Nord verlegen nach den Absprungpunkten:

   Die I. Kampfgruppe von Drontheim nach dem Gimsöystraumen (Vestfjord),

   die. II. Kampfgruppe nach dem Nordausgang Altafjord (etwa Schärengebiet von Soröy).

   Auf den Absprungpunkten Brennstoffergänzung für Zerstörer von T-Boote gem. VI (Höchstfüllung).

2. Beide Kampfgruppen müssen 24 Stunden nach Verlassen ihrer Stützpunkte auf den Absprungpunkten auslaufbereit sein.

3. Sonderbefehl für die Verlegung der I. Kampfgruppe von Drontheim nach Gimsöystraumen s. Anl. 3.

V. Durchführung der Operation:

A. Anmarsch:

1. Auslaufen beider Kampfgruppen von den Absprungplätzen auf Stichwortbefehl Gruppe Nord, und zwar I. Kampfgruppe beschleunigt, II. Kampfgruppe zeitgerecht zum Erreichen des Treffpunktes mit I. Kampfgruppe gem. 3.

2. Vormarsch der I. Kampfgruppe beabsichtigt vom Absprungplatz durch Gimsöystraumen über Punkt G 3, von dort — je nach Lage —

   auf Schärenweg durch Hadselfjord, Sortland-Sundet, Gavlfjord bis Punkt GH 1 (69° 08′ N, 15° 20′ O), dann Kurs 310° bis zur 200 m-Linie (Punkt Alpha auf 69° 15′ N, 14° 56′ O) oder

   über Punkt G 1, dann Kurs 310° bis zur 200 m-Linie (Punkt Beta auf 68° 47′ N, 12° 55′ O).

   Von dort Vorstoß auf tiefem Wasser zur Aussteuerung des Feindgeleitzuges auf Grund übermittelter Fühlungshaltermeldungen.

3. II. Kampfgruppe heranschließt während des Vormarsches etwa Quadrat 47 AC (Punkt Gamma).

4. Während des Aufenthaltes im Gimsöystraumen werden durch Funkspruch mitgeteilt:

   a) Zeitpunkt des Auslaufens der I. Kampfgruppe vom Absprungplatz,

   b) Zeitpunkt des Passierens Punkt Alpha oder Beta,

   c) Zeit und Ort des Treffpunktes beider Kampfgruppen (Punkt Gamma) sowie

   d) voraussichtlicher Zeitpunkt des Eintreffens im Operationsgebiet (Geleitzugweg östlich Bäreninsel — Gebiet Delta), (z. B. »Rösselsprung Uhrzeit, Alpha Uhrzeit, Gamma Uhrzeit und Quadrat Delta Uhrzeit«).

5. Während des Vormarsches wird — spätestens 4 Stunden vorher — die ungefähre Uhrzeit des Angriffs, die Angriffsrichtung und der voraussichtliche Standort bei Auftreffen auf den Gegner durch Funkspruch von abgesetzten Bordflugzeugen mitgeteilt.

6. T-Boote »T 7« und »T 15« werden nach Vereinigung beider Kampfgruppen zur Brennstoffergänzung in das Alta-Gebiet entlassen. Dort zunächst dreistündige Bereitschaft.

   Ihr Einsatz zur Aufnahme der Seestreitkräfte bei Rückmarsch in das Schärengebiet ist vorgesehen.

B. Sicherung für den An- und Rückmarsch.

Es sind bzw. werden erbeten:

1. **Von Adm. Nordmeer bzw. Adm. Polarküste:**

   a) Minenkontrolle und U-Jagd auf den beabsichtigten Auslaufwegen der I. Kampfgruppe gemäß A 2).

   b) Entsprechende kurzfristige Sicherungsmaßnahmen zum Einlaufen durch Einsteuerungen in Schären des Polarbereichs, auf Grund Kurzsignal von Seestreitkräften gemäß C 3. h).

   c) Bereitstellung von Lotsen für Schiffe und Zerstörer zum Einlaufen, außerhalb der Einsteuerungen auf schnelleren Fahrzeugen (Übersteigen der Lotsen erst mit Eintritt in die Schären).

   d) Soweit erforderlich laufende Beratung der in See befindlichen Seestreitkräfte über die jeweils nach U-Boots- und Minenlage günstigsten Einlaufwege im Polarbereich.

2. **Von Luftflotte 5 bzw. Fliegerführer Lofoten und Fliegerführer Nord (Ost):**

   a) Luftaufklärung des Küstenvorfeldes am Auslauftage von den Absprungplätzen der I. und II. Kampfgruppe bis zu 200 sm von der Küste ab zwischen 68° Nord und 25° Ost, etwa ab 5 Std. vor dem Auslaufzeitpunkt, der rechtzeitig mitgeteilt wird.

   b) Enge Sicherung an den Kampfgruppen bzw. am Flottenverband von den Absprungplätzen während des Vormarsches in das Operationsgebiet sowie auf dem Rückmarsch, soweit reichweitenmäßig möglich.

   c) Bereitstellung von Jagdschutz während des Aufenthaltes auf den Absprungplätzen, des Vormarsches zum Operationsgebiet sowie des Rückmarsches bis zur Grenze der Reichweite der vorhandenen Jagdkräfte.

C. Angriff auf den Geleitzug.

1. Die bei der Operation wahrscheinlich gegebene Feindlage und die operative Aufgabe erfordern schnelles Anpacken und Vernichten des Gegners durch zusammengefaßten Ansatz der Flottenstreitkräfte.

Im Vordergrunde steht die Vernichtung des feindlichen Schiffsraumes. Die **Ausschaltung feindlicher Sicherungsstreitkräfte** ist notwendig, soweit diese der sicheren Erreichung des Operationszieles im Wege stehen.

Die gestellte Aufgabe ist von den Seestreitkräften um so schneller, wirksamer und sicherer zu lösen, je verläßlicher die von der Aufklärung durch Luftwaffe und U-Boote gegebenen Unterlagen für den Ansatz der Seestreitkräfte sind.

Die günstigsten Bedingungen für den Angriff sind z. Z. im Raum östlich der Bäreninsel etwa zwischen 20° und 30° Ost gegeben.

2. Absichten für den Ansatz der Kampfgruppen:

a) Solange eine kampfkräftige Sicherung beim Geleitzug vorhanden ist, beabsichtige ich, die Kampfgruppen von einer Seite, unter Aufrechterhaltung des taktischen Zusammenhanges, in lockerem aber zusammengefaßtem Angriff mit der Möglichkeit unmittelbarer gegenseitiger Unterstützung anzusetzen.

Die Niederkämpfung der stärksten Gegner wird dabei in erster Linie der I. Kampfgruppe zufallen.

Ich strebe an, den Gegner von vorne, d. h. aus ostwärtiger Richtung anzugreifen.

Umstellung des Gegners erst, wenn dessen Kampfkraft gebrochen.

b) Ergeben sich eindeutige Nachrichten, daß die feindliche Nahsicherung nur wenig Kampfkraft besitzt (z. B. keine oder nur ein bis zwei Kreuzer), so kann der umfassende Angriff der Kampfgruppen von zwei Seiten schon von Anfang an in Betracht kommen und so eine schnellere Vernichtung des Geleitzuges selbst möglich machen.

c) Die Nähe einer **Fern-Bedeckungsgruppe** aus Kreuzern (so, daß ihr Eingreifen in die Kampfhandlungen möglich ist) bei nur wenig kampfkräftiger Nahsicherung am Geleitzug selbst, kann Ansatz und Angriffsrichtung der beiden Kampfgruppen beeinflussen.

d) Die **Wetterlage**, vor allem die Sicht, Windrichtung und -Stärke, können die Wirksamkeit eines Angriffs aus bestimmten, sonst günstigen Richtungen stark beeinträchtigen. Es wird angestrebt werden, dem Gegner ein dauerndes wirksames Einnebeln des Geleitzuges durch Vermeiden der reinen Leestellung zu erschweren, da sonst die schnelle und völlige Vernichtung des Geleitzuges wesentlich behindert, wenn nicht in Frage gestellt werden kann.

e) Sollte der Gegner — wie bisher — nahe der Eisgrenze marschieren, so kann es zweckmäßig sein, den Gegner umfassend von Norden anzupacken, um ihn vom Ausweichen in die Eiszone abzudrängen, wo, besonders für Zerstörer, ungünstige Angriffsbedingungen durch Eisbehinderung bestehen.

f) Werden wider Erwarten **schwere Feindstreitkräfte** beim Geleitzug angetroffen, so beabsichtige ich, den Angriff durchzuführen, sofern die Voraussetzungen für eine wirksame und schnelle Niederkämpfung des Gegners hinsichtlich Kräfteverhältnis und Waffeneinsatz günstig sind.

3. Richtlinien für die Gefechtsführung.

a) Beide Kampfgruppen melden das Insichtkommen des Geleitzuges durch Kurzsignal, die II. Kampfgruppe gegebenenfalls optisch.

Bis zum Angriffsbefehl des Flottenchefs verhält die II. Kampfgruppe an der Grenze der Sichtweite

b) Der Gegner wird seine Sicherung voll einsetzen, um das Ausweichen des Geleitzuges unter starker Nebelverwendung zu decken. Er wird dabei immer wieder versuchen, die eigenen Schiffe mit der Torpedowaffe der Zerstörer anzugreifen und sie über die beim Geleitzug befindlichen U-Boote zu ziehen.

c) Die zu erwartenden Gegenmaßnahmen des Gegners erfordern eine **bewegliche Kampfführung**. Die Leitung der Waffen auf den Schiffen hat sich von vornherein hierauf und auf die Notwendigkeit einzustellen, mehrere Ziele beschießen zu müssen.

d) Hauptaufgabe der Schiffe ist zunächst die Vernichtung der Feindkreuzer beim Geleitzug — in erster Linie durch »Tirpitz« und »Hipper« —, aber bei sich bietender Gelegenheit auch durch die Schiffe der II. Kampfgruppe, vor allem, wenn Stärke und Zahl der Feindkreuzer dies erfordern.

Schon in diesem Gefechtsabschnitt sind sich bietende gute Erfolgsaussichten gegen Dampfer zu nutzen, sofern nicht eigene Kampfaufgaben oder die Notwendigkeit, andere eigene Schiffe zu unterstützen, dies ausschließen.

e) Die **eigenen Zerstörer** haben im ersten Gefechtsabschnitt die Aufgabe, die feindliche Zerstörer-Sicherung in erster Linie durch Artillerie zu binden und abzudrängen, um sie an der Einnahme einer torpedotaktisch günstigen Stellung zu den eigenen Schiffen zu hindern. Dabei sind günstige Angriffsmöglichkeiten für den Torpedoeinsatz gegen die Feindkreuzer, bei besonders großen Erfolgsaussichten (geringe Entfernung) auch gegen Zerstörer oder Dampfer auszunutzen. Hierdurch darf jedoch die Hauptaufgabe — die Sicherung der eigenen Schiffe — nicht in Frage gestellt werden. Der Erhaltung der eigenen Kampfkraft ist hierbei gebührend Beachtung zu geben.

f) Nach Ausschaltung der Feindkreuzer ist die Vernichtung der feindlichen Zerstörer der Nahsicherung erforderlich, wenn sie sich dem Hauptziel des Angriffs — der Vernichtung des Geleitzuges — entgegenstellen. Diese Aufgabe muß durch Zusammenwirken der Schiffe und Zerstörer gelöst werden.

g) Nach Zerschlagen der Feindsicherung ist **schnellste Vernichtung des feindlichen Schiffraums** das mit allen Mitteln anzustrebende Ziel. Es kommt darauf an, zunächst möglichst viele Schiffe lahm zu schießen. Dies ist vorerst wichtiger als die Versenkung weniger Dampfer, da die Feindlage nur eine kurze Operationsdauer von wenigen Stunden ermöglichen wird.

Unter Umständen muß U-Booten und Luftwaffe die endgültige Versenkung der beschädigten Dampfer überlassen bleiben.

Neben der Vernichtung feindlichen Schiffsraums ist das Einbringen von Prisen — besonders Tankern — wichtig; diese Aufgabe fällt den Zerstörern zu. Sie kommt nur in Betracht, wenn die operative Lage es gestattet, z. B. ein Abjagen gemachter Prisen durch herankommende neue Feindstreitkräfte, nicht zu erwarten steht. Gegebenenfalls ist das Einbringen von Dampfern durch Kurseinweisung unter Bedrohung — ohne Anbordgabe von Prisenkommandos zu versuchen.

h) Zum **Abbruch der Operation** erfolgt Befehl sowie Meldung an operative Führung durch Funksignal unter gleichzeitiger Angabe über Zeitpunkt und Ort des beabsichtigten Eintritts in die Schärengewässer.

4. Allgemeine Richtlinien für das taktische Verhalten.

a) Die Durchführung der Aufgabe wird wahrscheinlich — zumindest mit dem Fortschreiten der Kampfhandlung — **weitgehende Selbständigkeit der Kampfgruppen**, im weiteren Verlauf des Angriffs auch der einzelnen Einheiten erfordern, wenn in kürzester Zeit bei ständig wechselnden Lagen schnelle Erfolge erreicht werden sollen.

Andererseits muß der Zusammenhang insbesondere innerhalb der Kampfgruppen sowie zwischen den einzelnen Schiffen und den ihnen zugeteilten Zerstörergruppen so lange wie irgend möglich gewahrt bleiben. Vor allem müssen die Zerstörer ständig in optischer Reichweite der Kampfgruppe bzw. »ihres« Schiffes bleiben, um andere — insbesondere Sicherungsaufgaben — sofort übernehmen zu können. Die Führer der Zerstörergruppen bei den einzelnen Schiffen stellen sicher, daß auch während der abschließenden Kampfhandlungen (Versenkungen von Dampfern) immer jeweils 1 Zerstörer für dringende Sicherungsaufgaben bei dem zugewiesenen Schiff verfügbar ist.

b) Während des Angriffs sind **schnell wechselnde Lagen** sowie eine starke **Verqualmung und Vernebelung** des Gefechtsfeldes zu erwarten. Daher müssen getrennt oder selbständig operierende eigene Streitkräfte die Verbandsführung und den eigenen Unterverband unterrichten über

aa) wesentliche Bewegungen des Gegners, soweit sie nicht von der Gefechtsaufklärung der Luftwaffe oder von Bordflugzeugen gemeldet wurden,

bb) auf Grund neuer Lagen erforderlich werdende selbständige taktische Entschlüsse von Bedeutung, die den weiteren Verlauf der Kampfhandlungen des Verbandes beeinflussen können.

Bei Abgabe der Meldungen S. N. II c beachten.
Aufklärungsmeldungen auf Verbandskurzwelle gem. Nachrichtenbefehl.

Die zu erwartende Unübersichtlichkeit des Gefechtsfeldes kann die Gefahr einer Verwechslung zwischen Freund und Feind besonders bei einer Umstellung des Gegners zur Folge haben. Daher ist — neben der Unterrichtung des Verbandes gem. bb) — sorgfältigster E. S.-Gebrauch und bei unklaren Lagen zunächst unter Umständen Zurückhaltung im Waffeneinsatz (besonders von Torpedos) notwendig. Auf die Möglichkeit, eigene Streitkräfte durch gegenseitige Funkmeß-Ausstrahlung zu erkennen, wird hingewiesen.

c) Für das allgemeine taktische Verhalten bei Lösung der Kampfaufgabe ist als Richtlinie die Weisung der operativen Führung zu beachten, welche die Notwendigkeit der Erhaltung der Einsatzbereitschaft der Schiffe hervorhebt, solange nicht die Lage den **vollen** Einsatz erfordert, z. B. bei einem unvermeidlichen Kampf mit überlegenem Gegner.

d) Für den Einsatz der S. A. und der Torpedowaffe (insbesondere der Zerstörer) muß die Möglichkeit eines späteren Zusammentreffens mit schweren Feindstreitkräften in Rechnung gestellt werden. Daher:

aa) Bei Einsatz der S. A. gegen leichte Gegner — gegebenenfalls auch zum Lahmschießen von Dampfern — den Munitionsverbrauch möglichst gering halten und laufend überwachen.

bb) Zerstörer behalten für einen möglichen späteren Kampfeinsatz zunächst je mindestens 3 Torpedos zurück. Freigabe auch dieser Torpedos zum Einsatz gegen den Geleitzug erfolgt je nach Feindlage durch den Verbandsführer.

e) Hinweise für die **artilleristische Bekämpfung von Handelsschiffen** enthält Anlage 4.

f) Die Anwesenheit zahlreicher Feindzerstörer und U-Boote beim Geleitzug erfordert zwingend eine ständige Beachtung der **Torpedogefahr**, vor allem durch die Schiffe. Dabei sorgfältigste Torpedolaufbahn- und Abschußbeobachtung, wechselnde Kurse und hohe Fahrt (keinesfalls Stilliegen von Schiffen). Anstreben, dem Gegner die schmale Seite zu zeigen, auch unter vorübergehender Inkaufnahme etwaiger Nachteile für den Einsatz der Artillerie (Bestreichungswinkel).

g) Aus operativen Gründen (Feindaufklärung) ist die **Mitnahme einiger Gefangener** durch Zerstörer anzustreben, sofern dies in kurzer Zeit ohne Beeinträchtigung der operativen Aufgabe und ohne wesentliche Gefährdung des Bootes möglich ist. Längere Aufenthalte dürfen hierbei nicht entstehen.

h) Für das **Verhalten gegen U-Boote** gelten folgende Richtlinien (weitere Befehle folgen):

aa) Während des Angriffs auf den Geleitzug Verhalten mit Rücksicht auf die mögliche Anwesenheit eigener U-Boote so einrichten, als wenn alle angetroffenen U-Boote feindliche seien. U-Boote jedoch nicht bekämpfen, sondern nur unter Wasser drücken.

Die eigenen U-Boote erhalten bei Annäherung des eigenen Verbandes Angriffsverbot gegen Seestreitkräfte, soweit sie nicht einwandfrei als feindlich erkannt sind.

bb) Auf dem An- und Rückmarsch wie im ganzen übrigen Bereich des Nordmeeres ist die U-Bootsbekämpfung freigegeben, sofern sie nicht von der operativen Führung bzw. Adm. Nordmeer ausdrücklich für das Gesamtgebiet oder Teilgebiete durch Funkspruch gesperrt wurde.

Zerstörer bekämpfen Feind-U-Boote während des Anmarsches nur so weit und so lange es das taktische Ziel, das Abdrängen des U-Bootes und Verhindern des Torpedoschusses, erfordert. Im übrigen ist je nach Lage gem. T. B. F. Nr. 3 (insbesondere unter A III und IV sowie C V und VI) zu verfahren.

i) **Verwendung der Bordflugzeuge.**

aa) Hauptaufgabe der Bordflugzeuge ist die enge Sicherung und der Einsatz als Behelfsjäger (gegen Trägerflugzeuge) im Operationsgebiet, d. h. in erster Linie während der Kampfhandlungen. Einsatz für Gefechtsaufklärung nur, wenn die Aufklärung durch die Luftwaffe keine ausreichende Klarheit in die Feindlage bringt.

bb) Bordflugzeuge werden nach Durchführung der Aufgabe zum nächsten Stützpunkt an der Polarküste entlassen. Erfordert die operative Lage die volle Ausnutzung der Flugdauer am Feind, so erhalten Bordflugzeuge den Befehl, in Nähe eigener Zerstörer zu wassern. Die Besatzungen sind aufzunehmen, die Maschinen nach Vernichtung der Waffen, Geheimsachen usw. zu versenken.

cc) Nach Landstützpunkten entlassene Bordflugzeuge halten sich zum erneuten Einsatz in erster Linie zur engen Sicherung oder Behelfsjagd an den auf Rückmarsch befindlichen Seestreitkräften bereit.

dd) Einsatzhäfen in erster Linie Hammerfest, Tromsö, Harstad. Reparaturmöglichkeiten und Flugsicherungsschiff in Tromsö.

D. **Zusammenarbeit mit der Luftwaffe.**

1. **Aufklärung:**

Von der Luftflotte 5 sind erbeten:

a) laufendes Fühlunghalten am nächsten PQ-Geleitzug, sobald dieser erfaßt ist. Dabei baldige Feststellung seiner Zusammensetzung und Stärke seiner Sicherung.

b) gleichzeitige Aufklärung im Raum Shetlands–Färöer–Island–Jan Mayen zur Feststellung und gegebenenfalls zum laufenden Fühlunghalten an schweren Feindstreitkräften, ferner Erkundung der Flottenstützpunkte in Nordost-Schottland, Scapa und Island.

c) Bei Nichtauffinden einer schweren Feindgruppe laufende lückenlose Aufklärung vom Auslaufen der Kampfgruppen aus ihren Stützpunkten an im Radius von 250 sm um den Geleitzug herum, einschließlich des eisfreien Seeraums SSW-lich Spitzbergens.

d) lückenlose verstärkte Aufklärung (vorübergehender Schwerpunkt am Geleitzug) während des Anmarsches der Seestreitkräfte zum Operationsgebiet, etwa ab Sammelpunkt »Gamma« (gem. Ziffer V, A 3) sowie Gefechtsaufklärung während der Durchführung des Angriffs, damit während dieser Zeit beim Flottenverband größtmögliche Klarheit über die augenblickliche Gegnerlage durch entsprechende laufende Meldungen besteht.

Von dieser Aufklärung werden folgende, für den Ansatz der Seestreitkräfte besonders wesentliche Unterlagen erwartet:

aa) Feststellung der im Operationsgebiet (etwa zwischen 15° und 30° Ost) unmittelbar am bzw. im Geleitzug stehenden Sicherungsstreitkräfte nach Zahl und Schiffstypen (insbesondere Schlachtschiffe bzw. schwere oder leichte Kreuzer).

bb) Aufstellung und ungefährer Abstand der außerhalb des Geleitzuges vor, seitlich und hinter ihm stehenden leichten Streitkräfte vom Geleitzug,

cc) etwaige Anwesenheit von U-Booten und Feindjägern beim Geleitzug,

dd) ungefährer Abstand des Gegners von der Treibeis- und Festeisgrenze sowie deren Verlauf zwischen 15° und 30° Ost,

ee) augenblickliche Sichtverhältnisse, Windrichtung und -stärke in Nähe des Geleitzuges,

ff) während des Gefechtes Aufklärung in erster Linie über Bewegungen der Kreuzer usw. sowie des Geleitzuges selbst (Kehrtmachen oder Ausweichen in Treibeis oder Auflösen in verschiedenen Richtungen usw.).

2. Kampfeinsatz:

a) Eigenen Flugzeugen ist bei Gefechtshandlungen eigener Seestreitkräfte nur der Angriff gegen Flugzeugträger und Handelsschiffe freigegeben, sofern die Lage für die Flugzeuge in der Luft nicht eindeutig klar ist oder von Gruppe Nord bzw. dem Seebefehlshaber besondere Wünsche geäußert werden.

b) Von der Luftflotte 5 wird erbeten:
ein zusammengefaßter Angriff von Luftstreitkräften auf den Geleitzug möglichst kurz (etwa 1 bis 2 Stunden) vor dem Angriff der Seestreitkräfte, dessen ungefährer Zeitpunkt spätestens 4 Stunden vorher durch Funkspruch mitgeteilt werden wird (siehe unter Ziffer V, A, 5).

Es wird besonderer Wert darauf gelegt, daß die Seestreitkräfte bei ihrem Angriff auf den Geleitzug nach Möglichkeit noch aus den Auswirkungen eines vorhergegangenen Luftangriffes Nutzen ziehen können. Ein gleichzeitiges Zusammenwirken der See- und Luftstreitkräfte wird entsprechend Weisung der operativen Führungsstellen nur in besonderen Lagen auf Funkanforderung des Seebefehlshabers in Betracht kommen.

3. Erkennungsdienst:

a) Luftflotte 5 wird gebeten, während des In-See-seins der Flottenstreitkräfte eine laufende Funkunterrichtung über Anzahl, Muster und Aufgabe der im Operationsgebiet der Seestreitkräfte, insbesondere zwischen 15° und 30° Ost eingesetzten Aufklärungs- und Kampfflugzeuge sicherzustellen, damit beim Seebefehlshaber laufend ausreichende Klarheit über die eigene Luftlage besteht und Verwechslungen, z. B. zwischen der Ju 88 und den ihr ähnlichen russischen Flugzeugen vom Typ »SB 2« bzw. »PE 3« vermieden werden.

b) Zur Kenntlichmachung der eigenen Seestreitkräfte gegenüber eigenen Kampfflugzeugen werden Fliegerbuntfeuer gem. E. S.-Vorschrift »Der Erkennungsdienst«, Ziffer 38, im Falle gemeinsamen Kampfeinsatzes gezeigt werden.

c) Als Sichtzeichen gegenüber eigenen Flugzeugen sind auf Schiffen und Zerstörern Turmdecken und Geschützschutzschilde leuchtend gelb gemalt, ferner auf Vor- und Achterschiff Hakenkreuzflaggen.

VI. Verschiedenes:

1. Brennstoffergänzung:

a) Zerstörer und T-Boote der I. Kampfgruppe während Aufenthaltes auf dem Absprungpunkt im Gimsöystraumen aus »Nordmark« und »Tiger«, ferner erforderlichenfalls Ölabgabe aus »Tirpitz« (Höchstfüllung),

b) Zerstörer der II. Kampfgruppe auf dem Absprungpunkt im Alta-Gebiet aus »Dithmarschen«.

c) Heizöl ist außerdem vorhanden auf den Stützpunktschiffen »Südmeer« in Kirkenes, »C. A. Larsen« in Tromsö und »Pelagos« in Narvik.

d) Weitere Anweisungen betr. Brennstoffversorgung im Polargebiet erfolgen durch Adm. Nordmeer.

2. Schleppergestellung:

Mit Auslaufen der I. Kampfgruppe vom Absprungpunkt liegen Schlepper »Atlantik« und »Pelworm« in Narvik in Sofortbereitschaft. Einsatz erfolgt auf besonderen Befehl Gruppe Nord.

VII. Nachrichtenanordnungen: siehe Anlage 2*).

gez.: Schniewind.

*) Hier nicht aufgenommen.

Anl. 1 zum Op.-Befehl Flottenchef
B. Nr. GKdos 404/42 Chefsache

Geheime Kommandosache!

A. Britische und amerikanische Seestreitkräfte im Bereich Schottland-Island.
(Anhalt auf Grund vorliegender Unterlagen v. 1. 6. 42).

1. **Brit. Schlachtschiffe:**
   »King George V.«,
   »Duke of York«,
   1 »Rodney«-Klasse,
   »Howe« (in Dienst, nicht vollständig armiert),
   »Anson« (nach Presse vor Indienststellung).

2. **U. S. A.-Schlachtschiffe:**
   »Washington« (nach Luftbild 31. 5. in Scapa),
   »Tennessee« (wird im Geleitdienst auf der Nordatlantik-Route vermutet).

3. **Brit. Flugzeugträger:** »Formidable« (Westküste?)
   »Victorious«, »Implacable« (in Dienst?)
   »Furious«, »Unicorn« (in Dienst?)

4. **Brit. schwere Kreuzer:**
   »Kent«, »Cumberland«, »Berwick«, »Norfolk«, »Shropshire«.

5. **U. S. A. schwere Kreuzer:**
   »Tuscaloosa«, »Wichita« (beide nach Luftbild Mitte April Scapa),
   »Chester«, »Chicago«, »Louisville« (beide letzteren nach V-Mann-Meldung, einer am 15. 3. vor der Murmanküste vor Anker gelegen)

6. **Brit. leichte Kreuzer:**
   »Nigeria«, »Uganda«, »Sheffield«, »Argonaut« (?) usw. »Aurora« (in Reparatur?).

7. **U. S. A. leichte Kreuzer:**
   »Concord«, »Richmond«, »Savannah« (alle drei im Geleitdienst auf der Nordatlantik-Route vermutet).

8. **Luftbilderkundung Scapa 31. 5. 42:**
   1 Schlachtschiff der »King George«-Klasse,
   1 Schlachtschiff der »Rodney«-Klasse,
   1 U. S. A.-Schlachtschiff der »Washington«-Klasse,
   2 schwere Kreuzer der »London«-Klasse,
   2 leichte Kreuzer der »Southampton«-Klasse,
   je ein leichter Kreuzer der »Leander«- und »Frobisher«-Klasse,
   1 schwerer U. S. A.-Kreuzer der »Wichita«-Klasse
   und 22 Zerstörer.

9. **U-Boote:**
   Mit dem Auftreten feindlicher U-Boote (britischer, U. S. A. und weiter ostwärts auch russischer) muß an der nordnorwegischen Küste (besonders an den Ansteuerungspunkten vor dem Vest-, Hadsel- und Andfjord, sowie unter der freien Küste von Nordkyn bis Kirkenes) aber auch überall im freien Seeraum des Nordmeeres gerechnet werden.

   Innerhalb der Schären und auf den Schärenwegen zwischen Narvik und dem Nordkap sind seit dem Auslegen der Flankensperren U-Boote nicht mehr aufgetreten.

B. Britische, U.S.A.- und russische Luftstreitkräfte.

Im Nordmeer sind bisher aufgetreten:

1. engl. Flugboote: »Catalina«, »Consolidated 29«, »Consolidated 31«,
2. engl. Träger-Flugzeuge: »Fairey-Swordfish«, »Fulmar«, »Albacore«, »Blackburn-Skua und »Roc«, »Buffalo«, »Hurricane«,
3. russische Flugzeuge: »OB 2«, »OB 3«, »SB 2«, »SB 3«, »PE 3«.
   Englische und amerikanische viermotorige Maschinen sind bisher in Nordnorwegen nicht gesichtet worden.

3810 44 RB

Anhang X

Lieferungen von Kriegsmaterial von den USA an die UdSSR auf den Wegen über Persien, über den Pazifischen Ozean und über das Nordmeer zwischen dem 22. Juni 1941 und dem 20. September 1945.

Jahr	Persischer Golf Tons	%	Pazifik Tons	%	Nordmeer Tons	%	Summe Tons
1941[1]	13,502	3.7	193,299	53.6	153,977	42.7	360,778
1942	705,259	29.5	734,020	30.7	949,811	39.7	2388,990
1943	1606,979	34.4	2388,579	51.1	681,043	14.6	4676,601
1944	1788,864	29.4	2848,181	46.8	1452,775	23.8	6089,820
1945[2]	44,513	1.5	2079,320	73.0	726,725	25.5	2850,558
Insgesamt	4159,117	25.5	8243,399	50.3	3964,231	24.2	16366,747

[1] Juni bis September [2] Januar bis September

(Quelle: Wolfgang Schlauch, Rüstungshilfe der USA an die Verbündeten im Zweiten Weltkrieg)

Anhang XI

Lieferungen von Kriegsmaterial von Großbritannien an die UdSSR über die Nordmeer-Route zwischen dem 10. Oktober 1941 und dem 31. März 1946.

Durch Großbritannien
3830 Panzer + 1388 von Kanada
7411 Flugzeuge (davon 3129 von den USA)
4932 Panzerabwehrkanonen
4005 Gewehre und Maschinengewehre
1805 Sätz von Radar-Geräten
4338 Sätze von Funk-Geräten
2000 Fernsprechanlagen
743 Millionen Geschosse
9 Schnellboote
4 Unterseeboote
14 Minensuchboote

Zusätzlich wurden Rohmaterialien, Nahrungsmittel, Maschinen, Industrieanlagen, sanitäres Versorgungsmaterial und Lazarettausrüstung im Gesamtwert von 120 Millionen Pfund geliefert.

(Quelle: Rechenschaftsbericht des Premierministers vor dem Unterhaus am 16. April 1946 sowie die dritte Lesung der Gesetzesvorlage für die „Mutual Aid".)

Anmerkung: Nach sowjetischen Quellen lieferte Kanada etwa 710.000 tons an Waffen, Kriegsmaterial und Nahrungsmittel an die Sowjetunion.

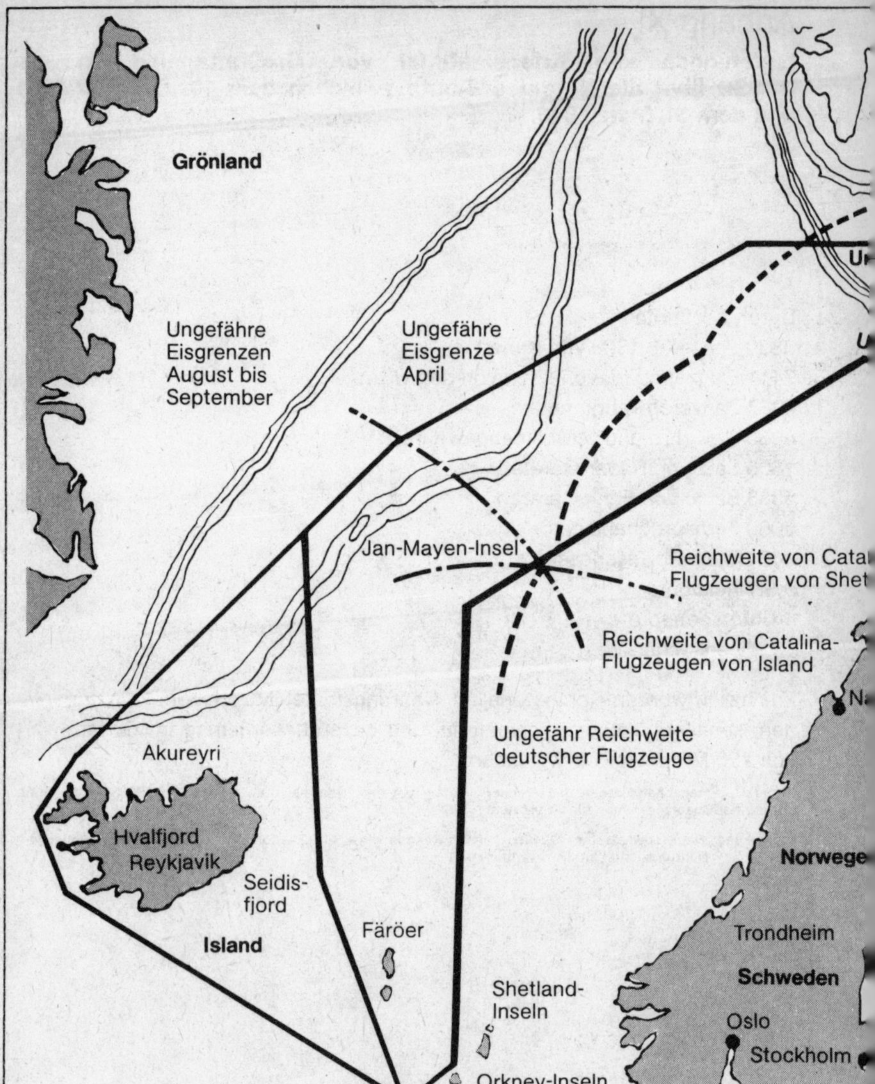

Grönland
Ungefähre
Eisgrenzen
August bis
September
Ungefähre
Eisgrenze
April
Jan-Mayen-Insel
Reichweite von Catal
Flugzeugen von Shet
Reichweite von Catalina-
Flugzeugen von Island
Ungefähr Reichweite
deutscher Flugzeuge
Akureyri
Hvalfjord
Reykjavik
Seidis-
fjord
Island
Färöer
Shetland-
Inseln
Orkney-Inseln
Scapa Flow
Loch
Ewe
Norwege
Trondheim
Schweden
Oslo
Stockholm
0°

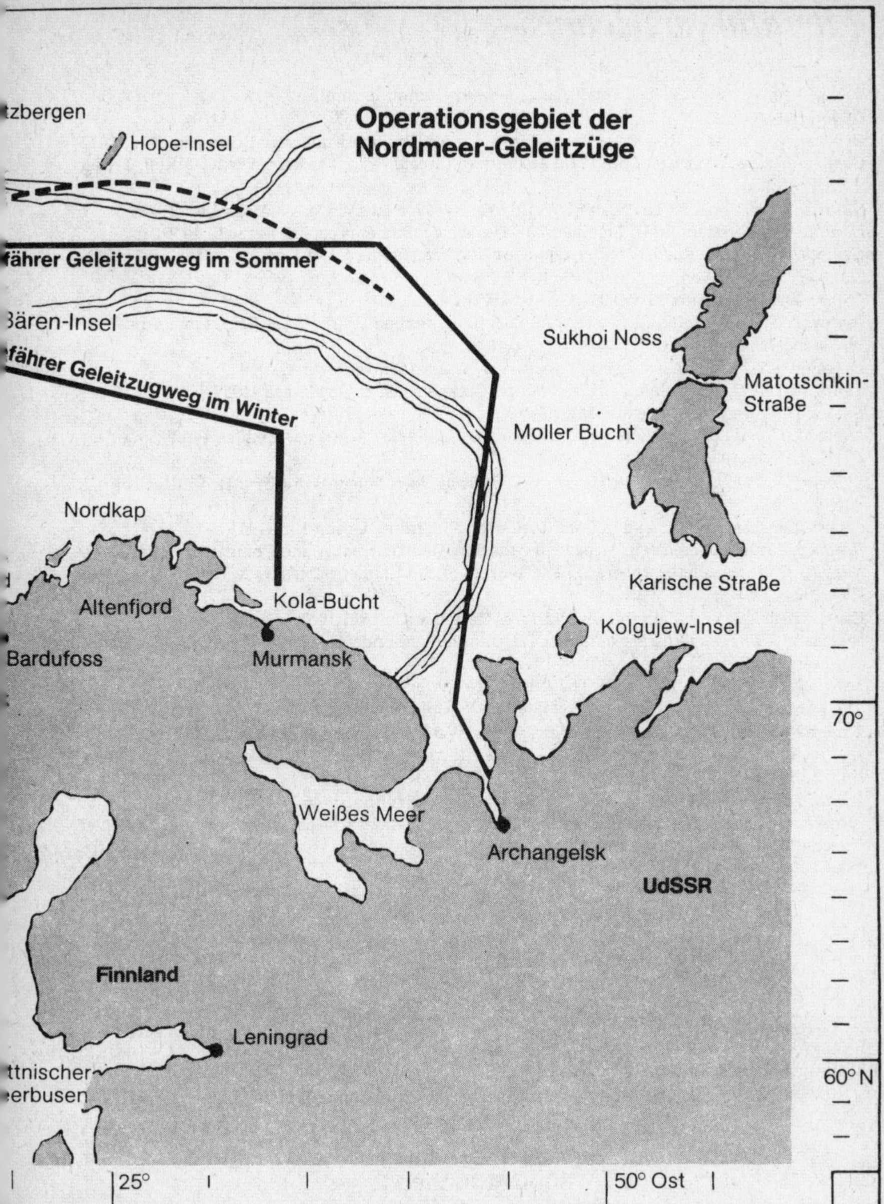
Operationsgebiet der
Nordmeer-Geleitzüge
tzbergen
Hope-Insel
fährer Geleitzugweg im Sommer
Bären-Insel
efährer Geleitzugweg im Winter
Sukhoi Noss
Matotschkin-
Straße
Moller Bucht
Nordkap
Altenfjord
Kola-Bucht
Karische Straße
Kolgujew-Insel
Bardufoss
Murmansk
Weißes Meer
Archangelsk
UdSSR
Finnland
Leningrad
ttnischer
eerbusen
70°
60° N
25°
50° Ost

1.7.83

Literaturverzeichnis

Beesly, Patrick, Very Special Intelligence, Hamish Hamilton Limited, 1977

Brennecke, Jochen, The Tirpitz, Robert Hale & Company, 1963

Broome, J. (Kapitän, RN, ret.), Convoy is to Scatter, William Kimber and Company Ltd, 1972

Campbell, Sir Ian (Vice Admiral) and *Macintyre, Donald* (Kapitän, RN), The Kola Run, Frederick Muller Ltd, 1958

Churchill, Sir Winston, The Second World War, Volumes I-IV, Cassell & Co Ltd, 1948-53

Dönitz, Karl (Großadmiral), Memoirs, George Weidenfeld & Nicolson Limited, 1959

Gemsell, Carl Axel, Raeder, Hitler und Skandinavien, Bernard und Graefe, 1965

Golovko, Arseni (Admiral), With the Red Fleet, Putnam & Co Ltd, 1965

Irving, The Destruction of PQ 17, Cassell & Co Ltd, 1968

Isakov, I. S. (Flottenadmiral), The Red Fleet in the Second World War, The Hutchinson Publishing Group Ltd, 1947

Leach, Barry, German Strategy against Russia, Oxford University Press, 1973

Lewis, Michael, History of the British Navy, George Allen & Unwin Ltd, 1957

Liddell Hart, Basil H., The Soviet Army

Mitchell, Donald W., A History of Russian and Soviet Sea Power, Macmillan Publishing Co., New York, 1974

Morison, S. E. (Rear Admiral), History of US Naval Operation in World War II, Little, Brown & Co, 1963

Ogden, Graeme, My Sea Lady, The Hutchinson Publishing Group Ltd, 1963

Raeder, Erich (Großadmiral), Struggle for the Sea, William Kimber and Company Limited, 1959

Roskill, S. W. (Kapitän, RN, ret.), The War At Sea, Volumes I-III, Her Majesty's Stationery Office, 1954-61

Ruge, Friedrich (Vizeadmiral), Sea Warfare, Cassell & Co Ltd, 1962

Schlauch, Wolfgang, Rüstungshilfe der USA an die Verbündeten im Zweiten Weltkrieg, Darmstadt, 1967

Schofield, B. B. (Vice Admiral), The Russian Convoys, B. T. Batsford Ltd, 1964

The Führer Naval Conferences, Her Majesty's Stationery Office, 1948

Tippelskirch, Kurt von, Geschichte des Zweiten Weltkrieges, Athenäum Verlag, 1951

Wallis, Ransome, Two Red Stripes, Ian Allan Ltd, 1973

Werth, Alexander, Russia at War, Barrie, Rockcliff, 1964

Werth, Alexander, The Year of Stalingrad, Hamish Hamilton, 1946

Ziemke, E. F., ‚The German Northern Theatre of Operations', Department of Army Pamphlet No 20-271, Washington, 1959